업의 본질

業의 本質

초판 1쇄 발행 2016년 6월 15일

지은이 | 송신철
펴낸이 | 이의성

펴낸곳 | 지혜의나무
등록번호 | 제1-2492호
주소 | 서울시 종로구 관훈동 198-16 남도빌딩 3층
전화 | (02)730-2211 팩스 | (02)730-2210

ISBN 979-11-85062-13-6 03190

業의 本質

저자 宋臣哲

지혜의나무

추천사

뜻밖의 제안을 받고 망설였다. 업의 본질을 꿰뚫지 못한 처지에 <업의 본질>을 추천한다는 게 주제넘은 짓이라 영 자신이 없었다. 저자 송신철은 내 보성중학교 동기로 미국에서 조지아자산투자회사를 운영하는 탄탄한 사업가다. 30년 전 미국유학시절 뉴저지 송회장 집에서 하룻밤 과객으로 묵었던 추억도 있다. 송회장은 특히 내가 삼성 이건희 회장의 3세 편법상속에 맞서 싸워온 점을 높이 평가한다. 이것만으로도 사업가 중 좀 별난 점을 알 수 있다.

순리와 지혜를 추구하며 사업에 몰두해온 저자는 영감의 원천을 동양고전에서 발견한다. 평생 공부한 덕에 지식세계가 아주 해박하다. 게다가 글쓰기를 좋아해서 미주한인신문에 끊임없이 칼럼을 발표해왔다. 최근에는 페이스북에 소소한 생활얘기를 가감 없이 풀어놓는 재미까지 들였다.

덕분에 통 크고 인맥 넓은 다문화 미국부자의 생활을 들여다보는 즐거움을 선사한다. 그러나 송신철은 언제나 겸손하고 소박하다. 부를 뽐내거나 지위를 우쭐대지 않는다.

이 책에는 비즈니스세계에 대한 송신철의 통찰과 잠언이 가득하다. 가슴에 와 닿는 몇 개만 건져올려 현실에 적용해도 사업과 인생의 진보가 동시에 일어날 것 같은 혜안이 도처에서 번득인다. 그의 문체는 고전풍에 일본풍까지 섞여 몹시 독특하다. 일본의 명문사학 게이오 대학에서 공부했고 평생 동양고전을 지혜의 나침반으로 삼아온 점과 무관하지 않을 터다. 이 책의 문체는 이 책만의 또 다른 매력 포인트라 할 수 있다.

"나는 젊어서 많은 부유한 사람을 만나게 된다. 그들은 가르쳐 준 것이 없으나 나는 배운 것이 많았다." 간결하고 함축적인 이 문장 하나만으로도 나는 <업의 본질>을 한달음에 끝까지 읽지 않고는 배길 수 없었다. 도대체 무엇을 배워서 어떻게 소화하고 발전시켰을지 궁금하지 않은가.

저자 송신철은 선언한다. "나는 상인이다. 나는 상인을 본받는다." 물론 여기서 상인은 현대적 용어로 사업가나 기업인을 의미한다. 일반적으로 상인은 이문을 남기기 위해 간사하고 치졸하며 미천한 일을 마다지 않는 존재로 그려진다. 그러나 저자는 달리 본다. 상인은 사고파는 행위로 "사물의 다과를 평준하게 만드는" 균형추구자이자 타인의 일상생활, 특히 "오관의 만족을 위해 수고하는" 이타적 존재다. 저자는 남을 만족시키는 것만으로도 안빈낙도를 삼을 수 있는 달관의 존재로까지 상인을 그려낸다. 저자가 진실로 도달하고자 하는 상인의 모습은 수도자의 모습이다.

송신철에게 "부는 쓰고 싶은 것을 참고 모아진 절제의 소산물"이다. 미국정부가 아무리 절묘한 부양책을 쏟아내도 사람들이 부유해지지 않는 이유는 개개인이 절제하지 않기 때문이라고 진단한다. "치명적인 소비지향 가치관과 과잉소비성향"에서 빠져나오지 않는 이상 "소비하는 노예"의 길밖에 없다고 단언한다. 당연히 2008년 금융위기 이래 근검절약을 사업과 부의 제1토대로 다시 강조하는 시대변화를 반긴다.

유무상통과 다과균형을 지향하는 상업도 근검절약 위에서만 성장한다. 부지런하고 검소하며 끊고 맺을 줄 아는 근 · 검 · 절 · 약 · 은 각각 상업의 기회를 더 빈번하고 더 크게, 더 효율적으로 일으킨다. 업의 본질은 근검절약을 요구하고 지향한다. 근검절약은 크든 작든 사업과 부를 만들어내는 지름길이다.

송신철에 따르면 상인=기업가는 상업=기업을 개인소유로 생각하지 않는다. 기업은 자본을 넘어 부채와 자산은 물론 훨씬 종합적인 일체의 유무형 사업상의 권리로 구성된다. 따라서 경영권 승계는 사업상의 권리 전체를 가장 잘 유지, 확대할 수 있는 역량과 인내를 가진 자에게 이뤄져야 한다. 사업을 자본가의 개인소유를 넘는 사회적이고 종합적인 실체로 파악하는 송신철의 입장은 자연스레 기업의 사회적 책임론과 맞닿아있다. 재벌가의 3,4세 혈통상속, 그것도 무세금 편법상속에 강한 문제의식을 갖는 배경이 아닐까 추측한다.

송신철의 책에선 세련된 미시경제이론이나 거시경제정책, 혹은 비교경제체제나 비교경제제도를 찾아보기 어렵다. 그는 현상의 인과관계를 해명

하는 사회과학자라기보다는 더 본질적인 것과 씨름하는 수도자의 자세로 업의 세계를 접근한다. 복잡해 보이는 사물 안에도 반드시 간단한 속성이 존재한다는 믿음과 사물은 반드시 사물의 이익이 있는 곳을 향하여 움직인다는 믿음으로 나름의 직관과 통찰을 풀어보인다.

현대사회에서 대부분의 사업은 이미 관료제적 대형조직에 의해 수행된다. 소유구조와 지배구조 또한 매우 복잡하고 다양하다. 기회가 된다면 송신철이 본인이 밝혀낸 업의 본질에 가장 잘 어울리는 기업소유지배구조와 시장경제체제를 규명하는 작업까지 나아가서 <업의 본질>에 이어 멋진 3부작을 완성하기 바라는 마음이다.

곽노현(전 서울시 교육감)

서문

업業의 본질

사람들이 입고 먹는 것을 이어가는 것이 업業이다. 업의 자연성은 사람들이 좋아하는 것으로 살아가는데 필수적인 먹는 것이고 입는 것이다. 업이란 외부로부터 강제적으로 행하여지는 것은 아니다. 사람의 능력에 따라 그 힘을 다해 원하는 것을 손에 넣는다는 단순한 행위이다. 그래서 사람들은 힘들여 자신의 업을 지킨다. 사람들은 누구나 본능적으로 먹을 것을 공급하고(農), 자재를 공급하고(虞), 물건을 만들거나(工) 이것을 유통(商)시키는 것으로 기본적으로 농업, 우업, 공업, 상업이라 한다.

업이 큰사람은 부유해지고, 업이 작은 사람은 빈곤해지는데, 업이 크거나 작아진다는 것은 남이 주는 것도 아니고, 그 사람에게서 빼앗을 수 있는 것이 아니며 그 사람의 본연의 재능여하에 따른 것이다. 기교 있는 사람은 업이 커서 부유해 지고 무능한 사람은 업이 작아 가난해 진다. 그러므로 사람들은 각자가 자기의 업에 힘쓰고, 업을 즐기는 상태가 되어 마치 물이 높은 곳에서 낮은 곳으로 흐르는 것과 같이 멈추지를 않는다. 업은 자연의 이치로 되는 것으로 강제로 시키는 것도 아니고 강제할 수도 없는 것이다.

본능本能

사람들의 귀와 눈은 아름다운 소리와 색을 좋아하여 모두들 극한의 아름다운 소리와 극한의 아름다운 색을 추구하며, 사람들의 입과 코는 맛있는 것을 찾아 모두들 극한의 맛을 보려하고 극한의 향을 취하려 모두들 노력한다. 몸은 편하고 즐거운 것을 좋아하여 한없는 편함과 극단의 즐거움을 찾아 헤매는 것이다. 그리고 이것을 사람들은 극한에 이르기까지 경주하는 것이다.

업이란 이러한 사람들의 본능을 충족시켜주는 것으로 바로 극한의 아름다운 소리와 극한의 아름다운 색을 추구하는 본능을 만족시키는 것이며, 극한의 맛과 극한의 향을 취하려는 본능을 충족시키는 것이라 할 수 있다.

속담에 "천하 사람들이 화락하여 모두 이익을 위해 모이고, 모두 이익을 위해 떠난다."고 했는데, 업이란 바로 천하사람이 모두 이익을 위해 모이도록 하는 것이고, 모두 이익을 위해 떠나게 되는 본연의 상태를 대對하는 것을 일컷는다.

업業은 오직 자연의 시기에 의할 뿐으로 사람의 노력에는 의지되지 않는다. 그러므로 업은 시기의 변화에 따른 변동을 중요시한다.

노력努力

사람들은 업을 통해 무엇을 하려는 것일까? 결국 몸의 부귀를 위한 것이다. 부는 사람의 본성인지라 배우지 않아도 누구나 갖기를 바라는 것이다. 사람들의 모든행위는 후한 부를 찾아 헤매는데, 이러한 것은 자신이 얻은 부귀에 따른 영화를 사람들에게 자랑하기 위함이다. 그러므로 사람들은 본능적으로 농 · 우 · 공 · 상農 · 虞 · 工 · 商인이 업을 통하여 재화, 물자의 이식에 경주하는 것도 원래가 사람들의 본능인 부를 구하고 재산을 불리려하는 것으로 자연적인 현상이다.

부를 쌓는 일이란 입고 먹고사는 것을 이어가기를 풍부하게 하는 것으로 지혜와 능력을 쏟아 있는 힘을 다하는 것이 인간의 상도인데, 그리하지 않으면 자신이 노력하여 쌓아놓은 부를 남에게 빼앗기는 일이 일어나지 않을까 불안하기 때문이다.

재화와 물자가 없는 사람은 몸으로 힘써 일하고, 약간의 재화와 물자가 있는 사람들은 지혜를 써서 더욱 더 불리려하고, 이미 많은 재화와 물자를 가진 사람들은 시기를 노려 더 큰 비약을 꾀하려 한다. 이것이 작은업에서 큰업으로 진화하여 나가는 것으로 대개 사람들은 상대방의 재산이 자기 것의 열배가 되면 몸을 낮추고, 상대방의 재산이 자기 것의 백배가 되면 이를 무서워하고 꺼리며, 상대방이 재산이 자기 것의 천배가 되면 그의 부림을 기쁘게 받고, 상대방의 재산이 자기 것의 만 배가 되면 기꺼이 그의 하인이 되는데 이것은 만물의 이치라 하였다.

업을 가진자들은 사물의 이치를 추측하여 미리 행동함으로서 시운時運에 순응하여 이익을 얻고, 상업에 의해 재화와 물자를 쌓는다. 곧 처음에는 과단성을 가지고 시時에 맞추어 성과를 거두고, 거둔 후에는 도리道理를 지켜 성과를 얻었다. 시운時運의 변화에 절도가 있고(鈍) 오랜 세월의 순서(根)가 있어 업을 이룬 것이다.

아껴쓰고 부지런히 일하는 것 근검절약勤儉節約은 삶의 정도를 걷는 길임에 틀림이 없으나 업을 이루는 사람들은 근검절약이외에도 반드시 독특한 기교로 업을 세워간다.

이로 미루어 볼 때 태사공 사마천은 사기 제 129편 화식열전에서 말하기를 업을 이루는 데는 정해진 업이 없고, 재화와 물자에는 정해진 주인이 없다. 재능이 있는 사람에게는 재화와 물자가 모이고, 무능한 사람에게는 재화와 물자가 홀연히 흩어지고 만다고 한 것은 바로 재능을 가진 자들은 시운의 변화에 절도가 있고 오랜 세월의 인내함으로 업을 이룬 것이고, 무능한자들은 시운의 변화에 절도가 없고 오랜세월 인내하지 못함으로서 업을 이루지 못한 것이라 한 것이 아니겠는가?

그러므로 사람들이 입고 먹는 것을 이어가는 것이 업業이며, 업의 자연성은 사람들이 좋아하는 것으로 살아가는데 필수적인 먹는 것과 입는 것을 만들어 내는 것이라 할 수 있으며, 업이란 외부로부터 강제적으로 행하여지는 것은 아니며, 사람의 능력에 따라 그 힘을 다해 원하는 것을 손에 넣는다는 단순한 행위라는 말이 아니겠는가?

宋臣哲

목차

근본을 든든히 하라

보리를 수확하기를 간함

195년 조조가 승지현에 군사를 주둔시키자, 이 해에 심한 기근이 들어 사람들이 서로 잡아먹는 일까지 생겼다. 서주의 도겸이 죽자 조조는 서주를 빼앗고, 연이어 서둘러 여포를 평정하려 하였다. 그때 순욱이 "옛날 한고조가 관중을 보존하고, 광무제가 하내를 근거로 하였던 것은 모두 근본을 깊고 공고하게 함으로써 천하를 제패하려는 뜻이었습니다. 나아가면 적을 충분히 이기고, 물러나면 충분히 지킬 수 있기에 마침내 한고조와 광무제는 대업을 이룰 수 있었던 것입니다."라 하여 연이어 여포를 평정하려는 것을 막고 우선은 근본을 확실히 세우기를 제안하였다.

"장군께서는 본래 연주를 근거지로 삼아 일을 도모하여 산동의 환란을 평정하였으니, 백성들이 마음속으로 기뻐하며 따르고 있습니다. 군대를 나누어 동쪽으로 진궁을 공격하면 진궁은 반드시 서쪽을 넘보지 못할 것입니다. 그 틈을 타서 군대를 단속하여 보리를 수확하고 식량을 절약하여 곡식을 비축하면 한 번의 싸움으로 여포를 쳐부술 수가 있습니다. 만약에 여포를 내버려두고 동쪽으로 출정하면서, 여포를 방비하기 위해 병력을 많이 남겨둔다면 이는 아무짝에도 쓸모가 없는 일을 하는 것이고, 병력을 조금 남겨둔다면 대신에 백성들이 모두 성을 지키느라 밖으로 나가 땔나무조차도 못하게 됩니다. 이때 여포가 빈틈을 타서 포악하게 되면 백성의 마음은 다급해질 것이고, 견성, 범현, 위읍의 3성은 지킬 수 있을지언정 나머지 성들은 우리 소유가 아니게 될 것입니다. 이것은 곧 근본인 연주조차 잃어버리는 것이 됩니다. 만약 장군께서 서주를 평정하지 못한다면 장군께서는 어디로 돌아가시겠습니까? 대체로 일이란 것은 이것을 버리고 저것을 취하는 것인데, 큰 것으로 작은 것과 바꾸고 편안함으로 위태로움과 바꾸며, 한때의 형세를 헤아려 보아 근본이 아직 굳지 않음을 염려하지 않을 수 없습니다."라고 했다.

보리를 수확하는 일은 아주 작은 일이나 근본을 든든히 하는 일이다. 여포를 평정하려는 큰 국면에서 보면 하찮은 보리수확의 일은 여포를 평정한 후에 하여도 충분한 일일지도 모른다.

순욱의 제언을 들은 조조는 근본을 깊고 공고하게 하라는 순욱의 뜻을 받아들인다. 그래서 즉시 여포를 평정하려는 전략을 중지하였다. 순욱의 지략대로 서주를 빼앗았으나 아직 인민이 평정되지 않았고, 욕심으로 연이어 여포를 평정하려 한 것은 아직 준비되지 않은 상태에서 요행수를 바라는 것과 같은 것으로 조조는 마음을 자제하고 군사를 쉬게 하며 보리를 수확하며 식량을 생산하여 곡식을 비축하며 연주의 근본을 확실히 세웠다. 보리를 수확한 후 다시 싸워 여포가 패하여 도망하자 조조는 마침내 연주를 평정하게 되었다. 조조가 순서를 바꾸어 얻어낸 것은 피로한 군사를 쉬게 하였다.

보리를 수확하여 식량을 비축하였다.

군사를 나누지 않고 연주에 응집시켰다.

백성이 안심하고 생업에 종사하였다.

군민이 배불리 먹을 수 있고 또 앞으로도 충분히 먹을 식량을 얻었다.

연주에 근본을 확실히 굳히었다. 그리고 충분한 힘을 축적하였다.

여포를 패주시켰다.

연주를 바탕으로 서주를 확보하여 남쪽으로 양주를 연계하였다.

연주를 바탕으로 한고조, 광무제와 같이 대업을 이루는 근본이 되었다.

작은 일에 충실한 결과로 큰일을 이루게 된 것이다. 순욱의 전략대로 일이란 것은 이것을 버리고 저것을 취하는 것인데, 작은 것으로 큰 것과 바꾸고, 위태로움으로 편안함과 바꾸며 한때의 형세를 헤아려 보아 근본을 우선 굳힌 것에 조조는 성공한 것이라 하겠다. 순욱이 업의 본질을 잘 파악하고 있었던 것이다.

순욱, 근본을 파악한 참모

순욱은 자가 문약이고 영천군 영음현 사람이다. 나이가 어렸을 때 남양의 하옹이 순욱을 보고 "제왕을 보좌할 재능을 가지고 있구나."라고 했다. 189년에 순욱은 원소에게 임용되었다. 그러나 순욱은 원소의 인물됨을 헤아리면서 원소는 결국에는 대업을 이룰 수 없다고 판단하였다. 그 당시 조조는 분무장군으로 동군에 주둔하였다.

191년 순욱은 원소를 떠나 조조에게 귀의하였다. 조조는 순욱을 "나의 장자방이로다." 하며 사마에 임명하였다. 순욱의 나이 29세였다.

이때 조조가 순욱에게 동탁의 정세에 대해 물었다. 순욱은 "동탁의 포악함이 극히 심하니 반드시 환란이 일어 목숨을 잃을 것이므로 아무것도 이루지 못할 것입니다." 하고 예견하였다.

194년 조조가 서주의 도겸을 정벌할 때 순욱에게 진을 수비하도록 맡겼다. 이때 장막과 진궁이 조조에게 반란을 일으켰다. 이 반란을 수습하는 데 순욱은 조조의 부재중에 3가지 중요한 전략을 세워 조조의 3성을 지켰다. 순욱의 참모로서의 역량을 밝히는 첫 시련이었으나 순욱은 형세를 정확히 판단하여 해결책을 찾았다.

첫째는 형세 파악의 능력이다.

장막과 진궁의 반란을 확인하자, 순욱은 즉시 진중의 군대를 정비하고 파발을 띄워 동군 태수 하후돈에게 진중의 반란을 보고하였다. 하후돈은 즉시 출동하여 난에 공모하였던 반란군 수십 명을 처단하고 반란을 평정하였다.

둘째는 아군과 적군의 분별력으로 아직 적군이 되지 않은 세력을 아군으로 이끌었다.

이때 예주자사 곽공이 군대 수만 명을 이끌고 장막의 반란에 합류하고자 성 밑까지 와 순욱을 만나기를 청했다. 하후돈이 순욱에게 성을 나가기를 만류하자 순욱은 "곽공과 장막은 본래부터 결탁한 것이 아닙니다. 곽공이 수만의 군대를 이끌고 이렇게 빨리 올 수 있는 것을 보면, 곽공과 장막의 계략이 아직 이루어지지 않은 것이 틀림없습니다. 아직 일이 결정되지 않았을 때 제가 잘 설득하면 비록 곽공이 장막의 반란에 가담하지 않도록 할 수는 없을지라도 중립을 지키게 할 수는 있습니다. 그러나 우리가 먼저 곽공을 의심하면 곽공도 화를 내며 우리를 배반하려 계략을 꾸밀 것입니다." 하였다. 순욱은 위험을 무릅쓰고 성을 나가 곽공을 만났다. 곽공은 순욱에게서 두려운 기색을 찾을 수 없고, 견성 또한 쉽게 공략당할 곳이 아니라 판단하여 군대를 이끌고 물러났다.

셋째는 형세파악으로 향후 가능성을 사전 제거하였다.

순욱은 정욱과 전략을 세우고 반란의 조짐을 보일 수 있는 범현과 동아현의 태수를 설득하여 조조 측으로 회유하는 데 성공하였다. 순욱은 이 3성을 견고히 확보하고 조조가 서주의 도겸을 정벌한 후 회군하기를 기다렸다.

이 반란은 조조가 서주의 도겸을 정벌하려 본진을 떠난 사이 일어난 일로서 순욱의 치밀한 반란 평정의 전략이 없었다면 조조는 돌아올 본거지를 잃게 되어 재기가 불가능하게 될 수 있는 상황이었다. 그후 조조는 이 3성을 기반으로 대업을 이루는 초석으로 삼았다. 이 3성을 바탕으로 삼아 195년 조조는 서주의 도겸이 죽자 서주를 쳐서 빼앗았으며 강력한 영토를 구축하기에 이른다.

조조의 군세 확립 과정

진수의 정사 삼국지 위서 무제기를 분석하여 184년 조조는 어떻게 혼자 몸으로 1,000명이 되고 4,000명이 되고 그후 급격히 30만 명이 되었는지를 분석하고자 한다.

조조의 군사 1인을 기업의 자본금 1천 불이라 가정해 보면 조조는 184년 자신의 가산을 팔고 일가친척, 친지의 도움으로 군자금을 모아 소규모의 군사를 조달하게 된다. 이후로 창업을 한 지 8년만인 192년, 조조는 군사 30만 명, 자본금으로 치면 3억 불이라는 자본을 형성하게 되는 군사기업가가 된 것이다.

184년 청년 조조는 동탁의 효기교위가 되어 동탁을 도와 조정의 일을 의논하려 하였으나, 정치노선을 같이할 수 없어 동탁을 암살하고자 하였다. 하지만 실패하여 도주하였는데, 동탁의 추살령을 받은 조조는 쫓기는 몸으로 고향 진류에 도착하여 가산을 처분하고 의군을 소집하여 동탁 토벌의 준비를 한다. 이 무렵 여러 곳에서 동탁에 반하는 군벌이 발호하는 시기로 그 군벌 속에서 조조군은 가장 소규모의 군세를 갖추었다.

189년 조조가 기오에서 비로소 군대를 일으켜 젊은 혈기로 한번 싸움으로 천하를 얻으려 했다. 조조는 첫 전투에서 크게 패배하고 자신도 화살을 맞았다. 그리고 소규모의 군세를 괴멸상태에 이르게 하였다.

조조는 병력의 태반을 잃고 철저히 패전하여 전략상 큰 경험을 하게 되나, 현실적으로는 군사를 잃어버리는 상황에 처하게 된 것이다. 그후 하후돈과 양주까지 가서 병사를 모집하여 4,000명을 얻었으나 돌아오던 중 대다수가 반란을 일으켜 조조의 곁을 떠났다.

창업 후 처음으로 은행돈을 400만 불 빌렸으나 또다시 운영부족으로 다 날려버린 것과 같다 하겠다.

조조는 질과 건평에 가서 죽을힘을 다하여 다시 1,000명의 병사를 소집하고 적은 숫자이기는 하나 내손에 든 적은 군사가 귀중한 것을 깨닫고 하내에 주둔하며 군세를 잃어버리지 않으려 노력하였다. 이후 조조는 무모하게 섣불리 움직이지 않았다.

조조에 대한 최초의 전략을 진언한 포신

포신은 연주목 유대의 참모였다. 조조에게는 처음으로 귀중한 전략을 제공한 참모이다. 청주의 황건적 100만 명이 연주로 침입하여 연주목 유대가 공격하려 하자, 가신 포신이 유대에게 간언하였다.

"지금의 적은 100만 명이고 백성은 두려워하고 병사들은 전의가 상실하였습니다. 적을 관찰해 보면 노소가 뒤섞여 있고, 무기, 식량이 준비되어 있지 않아 약탈에 의지합니다. 이때에 아군은 군사의 힘을 축적하여 지키는 것이 더 낫습니다. 이리하면 황건적은 싸워도 이길 수 없고 공격도 하지 못할 것입니다. 장기적으로는 황건적은 반드시 분산될 것입니다. 그때에 우리는 정예 군사를 보내 요충지를 점령하면 이길 수 있습니다."

그러나 연주목 유대는 포신의 조언을 받아들이지 않고 황건적을 공격하여 황건적에게 패하였다. 이때 포신은 군세를 갖추고 기회를 엿보던 조조에게 조언하여 피로하여진 황건적을 급습하여 토벌하는 데 성공하였다. 조조는 항복한 황건적 30만 명과 가솔남녀 100만 명을 받아들였다. 그중 정예만을 거두어 청주병이라고 불렀다.

조조는 184년 가산을 팔아 소집한 의병 불과 몇 백여 명에서 군세를 일으켜 그간 전략, 전술이 없이 분에 겨워 전투를 벌려 군세를 거의 다 잃어버린 적이 많았다. 5년이 지나 다시 재투자를 하여 병사 4,000명을 얻었으나 곧 잃어버리게 되어 어렵게 다시 자금을 모아 1,000여 명의 병사를 모아 하내에 주둔하였다. 즉, 소규모 자산으로는 지키는 것이 낫다는 것을 깨닫게 된 것이다.

조조가 1,000여 명으로 하내를 지키며 힘을 기르고 있을 때, 조조에게 자산을 일으킬 수 있는 중대한 사건이 발생하는데, 지키기를 3년간 하고 있던 조조에게 큰 시련이 닥친 것이다. 황건적 100만 명이 연주로 침입한 것은 조조의 군세로서는 도저히 대항할 수 없는 큰 적이었다. 이때 조조가 취한 선택은 8년간 연전연패하면서 얻은 경험이었다.

처음으로 포신의 전략을 받아들인 조조는 황건적에 대하여 분석하였다. 적을 관찰하여 적의 힘을 계산하였다. 나를 관찰하여 나의 힘을 계산하였다. 적의 현재의 상태를 분석하였다. 적의 미래의 상태를 예견하였다. 그리고 결론을 내었다.

조조는 포신의 분석에 따라 연주목 유대가 황건적과 전투를 하여 황건적이 피로한 틈을 타 세를 보고 있다가 급습하여 황건적을 토벌한 것이다. 황건적을 토벌하면서 조조는 황건적의 30만 무장 세력과 그의 가솔 100만의 인구를 얻게 된다. 조조는 이후 황건적 30만을 군세로 정예화하며, 가솔 100만을 먹여 살리는 정책을 실시하게 된다.

하늘에서 받는 성품

'부유한 사람에게서 재물을 빼앗더라도 그가 가난하게 되지는 않는다. 가난한 사람에게 재물을 더하여 주더라도 그가 부유하게 되지는 않는다'는 요지는 사마천의 사기 화식열전에 나오는 말이다. 부유하게 되는 속성이 하늘로부터 부여받은 것이기 때문이다.

나는 본시 더 이상 가난해질 수도 없는 상태의 사람이었다. 그러나 천우신조의 도움으로 젊어서 많은 부유한 사람을 만나게 된다. 그들이 가르쳐 준 것은 없으나, 나는 배운 것이 많았다.

그중 한 사람은 매우 젊은 사람이었는데, 내가 25세 때 그는 28세였다. 이미 게이오대학 상학부를 졸업한 지 3년이 되었는데, 그의 아버지는 고단다에서 크게 한국음식점을 운영하였는데 이미 동경에서도 유명한 곳으로 2군데의 대형 레스토랑 건물을 가지고 있었다. 그 당시 1천억 원에 이르는 재산을 이룬 분이었다.

아버지가 이종명 씨로 게이오대학 학생회 후원 이사장을 하셨는데, 그의 식당에서 회식을 하는 중에 이사장께서 아들을 불러 소개를 해주셨다. 우리의 기대와는 달리 그 아들은 깨끗한 하얀 주방장 옷을 입고 일하다 말고 주방에서 나와 일본말로 조용히 자기소개를 하였다. 아버지 말이 대학 졸업 후 곧장 주방으로 들어가 이제까지 조리사로 일하고 있다 하였다. 상학부 졸업이면 대기업체 미츠비시에도 갈 수 있는 실력자이다. 다른 학생들은 그를 비웃었으나 나는 그 아들이 무척 부러웠다.

이제 32년이 지났다. 나는 그를 만나보지 못하였지만, 아마도 아버지를 이어 식당업으로 일본에서 크게 성공하였을 것이다. 이러한 것이 정직한 재일교포 2세의 모습이다. 지금은 아들이 1조 원을 이루었을 것으로 짐작한다. 그가 새삼 부럽다. 그래서 부유하게 될 사람에게서 재물을 빼앗더라도 그가 가난하게 되지 않는다는 사마천의 말이 떠올랐다. 나는 상인이다. 나는 상인을 본받는다.

상인의 속성

상인은 자신이 쓰고자 하는 돈을 버는 사람이 아니다. 사람에게 인권이 있듯이 상인에게는 상권이 있다. 사람이 인권을 잘 지켜나가듯이 상인은 상권을 잘 지켜나가야 한다. 상인은 상업을 통하여 상권을 형성하고 점차 넓혀 나가려 하는 사람이다.

사람은 누구나 자기의 인권에 대한 권리를 주장한다. 자기의 기존의 권리를 보호하려 한다. 그리고 권리가 더 커지고 더 넓어지기를 희망한다. 유력 영주가 자신이 소유한 영토가 더 강력하기를 바라고 한 뼘이라도 영토가 넓어지기를 바라며 숱한 전쟁도 마다 않는다. 또 적으로부터 자신의 성을 철저하게 방어하며 온갖 위험을 감수하면서 경쟁자의 성을 함락시키고 영토를 흡수하는 행동과 상인이 상업을 하는 것은 같다 하겠다.

상인은 수단이 상업이다. 곧 업業이 상商인 것이다. 상인은 상업에 진퇴를 되풀이하여 움직이는 업이다. 그러므로 상업이란 기본이 반복되는 것, 끊임없는 것이라 할 수 있다. 수단이 되는 상업의 물자, 자본을 안전하게 보호해 가며 움직여야 하기 때문이다. 이 일을 매일 끊임없이 반복하는 것이 상인이다.

상인의 승계는 선대 상인의 자본과 경영을 세습하여 상업을 계승하여야 한다. 세습이란 선대 상인이 물려주는 돈을 말하는 것이 아니고 절차탁마切磋琢磨(돌을 갈고 닦아서 빛을 낸다는 뜻)로 갈고 닦아 이루어 놓은 업을 계승하여 여전히 갈고 닦아야 함을 말한다.

계승하여야 하는 것은 자본이 아니고, 상권을 계승하는 것이다. 그리고 상업을 멈추지 않고 끊임없이 반복하는 것을 말한다. 특히 계승 상인은 이룩해 놓은 상권유지에 필요한 상업자본, 상업부채, 상업자산을 철저히 보호 유지를 하여야 한다.

상인의 것이란 개인이 소유한 개인 돈, 개인 빚, 개인 재산의 의미와 현격하게 틀린다. 상인의 상업자본, 상업부채, 상업자산의 주체는 상업 그 자체이고, 상인은 상업을 움직여 가는 운영자에 불과하며, 상업을 소유로 생각하지 않는다.

상인이 상업자산을 운영할 때에는 수도자의 자세로 임하여야 할 것이다. 상인은 단지 상업에서 자신의 노동에 대한 임금을 받을 뿐이고, 이것만이 사람들과 마찬가지로 상인의 수입이 된다. 상권에서 상업이 이루어지므로 생겨나는 판매금과 이윤을 상인의 상업자금이라 부른다.

상업이란 바로 이 상업자본을 증가시키려 노력하는 것, 상업부채를 증가시키려 노력하는 것, 그리고 더불어 상업자산이 증가하는 것을 의미한다. 상업자본이 감소하거나 상업부채가 감소하거나, 둘을 합친 상업자산이 감소하는 것은 상인으로 치욕이라 할 수 있다.

한세대 30년이란 고작 상업부채의 이자를 갚아 가는 기간으로 이 기간에 상업을 크게 번성케 하기는 어렵다. 이 기간은 상업의 터전을 이루는 것에 불과한 시기라 할 수 있다.

자연이 상인의 앞날을 심판한다. 자연의 적자생존의 법칙은 상인의 생존에 적합한 능력을 시험한다. 상업자본이 큰 규모로 이루어지기 전까지는 상인은 매일 적자생존의 자연의 법칙과 씨름하여야 한다. 그렇지 않을 때에는 아무리 오래된 상업자본이라 할지라도 적자생존의 법칙에 의하여 순식간에 도태되고 만다.

그러므로 영원히 큰 자, 영원히 많은 자는 상업에서 존재하지 않는다. 자연의 법칙이 존재하는 상업에서는 인위적인 것이 존재할 수 없다. 공평한 자연법칙에 의해 언제나 새로운 상인이 태어나고, 오래된 상인은 사라져 가는 것이 정상인 것이다. 그러므로 이제까지 살아남은 것을 감사드려야 할 일이다.

천우신조天佑神助의 도움으로 지금까지 도태되지 않고 생존하여 내려온 것이 고마울 뿐이다. 오로지 자연의 적자생존에 합당할 수 있도록 노력하고 노력하는 것이 상인이다. 그만큼 긴 시간이 걸리는 것이 상업이다. 그러므로 상인이 상업을 이루는 데에는 승계承繼가 필요하다. 긴 시간을 이루기 위해서이다. 승계에는 가장 상업을 잘 유지할 수 있는 인내하는 능력을 가진 상인이 승계하여야 한다.

시세時勢의 변화

모든 사물은 변화한다. 변화하지 않는 것은 없다. 그런데 왜 백규는 변화하는 사물의 세력의 방향이 어디에 있는지를 관찰하라고 한 것일까?

상신商神 백규는 이미 2600년 전에 상업을 이루는 데는 시세時勢의 변화變化를 보아 행동하여야 한다고 했다. 백규가 말한 시세의 변화란 가격의 변화를 의미한 것이 아니다. 시간이 움직이는 것에 따라 사물의 움직임을 관찰하여 사물이 어떤 방향으로 움직일 것인가를 예측하여서, 그 방향과 상인의 생각이 부합하여야 한다는 뜻이다.

무릇 생명을 가진 것으로 움직이지 않는 것은 없다. 움직이지 않는다는 것은 생명이 없다고 하여야 한다. 또한 생명이 없는 사물이라 하여도 상호작용에 의하여 서로 영향을 주어 행태가 변화된다. 그러므로 생명이 있건 없건 모든 사물은 변화된다는 것을 알 수 있다.

변화는 혼돈의 무질서처럼 무작위로 움직이는 것일까? 그렇지 않을 것이다. 예측할 수 없는 변화라 하더라도 일종의 변화하는 규칙이 존재할 것이다. 똑같은 영향을 주면 똑같은 반응을 하는 것이 자연의 법칙이므로, 사물의 변화하는 고유의 성질은 어떤 일정한 법칙에 의해 움직인다는 것이다. 이 일정한 변화의 법칙이 '사물은 이익에 따라 변화한다'는 것이다.

이익利益이란 칼로 이끗을 자를 수 있는 곳으로 움직이며 거두어들인다는 의미로 거두어들인 이끗이 점점 늘어난다는 말이다. 이끗이 없는 공허한 곳으로 나아가며 자를 것이 없는 곳에 헛손질을 할 사람은 아무도 없다. 나의 일이 허사가 되며, 이익이 없기 때문이고 내손에 자른 이끗이 늘어나지 않기 때문이다.

이 원리로 사물事物은 자신이 좋아하는 방향으로 움직이는 극히 이기적인 개체라 할 수 있다. 단지 사물이 어떤 방향으로 변화하기를 좋아하는지는 변화하는 결과에 따라 매순간 다시 달라질 수 있으나, 언제든지 사물은 반드시 사물이 이익이 있는 곳을 향하여 움직인다고 할 수 있다.

물이 높은 곳에서 낮은 곳으로 흐른다는 원리도 흐르다가 막히면 옆으로 돌아 흐르는데 어찌 되었건 수많은 방향 안에서도 각각의 높이의 차에서 또다시 더 낮은 곳으로 흐른다는 단순성이 있다. 복잡한 원리 안에서도 반드시 간단한 속성이 존재한다는 것이다.

상신 백규가 상업을 이루는 데는 시세時勢의 변화變化를 보아 사들이고 팔아야 한다고 한 말은 바로 간단한 원리가 되는 사물의 변화變化의 속성屬性을 살펴보아야 한다는 뜻일 것이다.

2008년 이후 미국은 심한 불황으로 더블딥까지 치달은 상태이다. 미국정부의 강도 높은 경기부양 정책에도 불구하고, 수많은 산업과 상업의 기반이 무너지거나 허약해져, 온 국민이 내핍생활을 강제하지 않으면 안 되게 되었다. 지금까지 풍요로운 세대의 '소비가 미덕'인 것으로 여기던 사회가 갑자기 어려워져 수없이 파괴되었으나, 4년이 지난 지금은 정신을 차리고 내핍의 생활로 들어섰다.

남과 다른 것을 경쟁하여 나의 부유함을 자랑하던 투부鬪富를 일삼던 사람들도 더 이상은 낭비할 돈도 증발해 버렸다. 곧 이때가 시세의 변화가 온 때이다. 2008년을 기준으로 사람들의 가치관은 크게 바뀌어 소비가 미덕인 것이 저축이 미덕으로 바뀌었고, 사치의 미덕이 검소의 미덕으로 바뀌었고, 허영의 미덕이 실용의 미덕으로 바뀌었다고 할 수 있다.

미국 정부에서는 다시 소비자의 소비가 늘어 생산이 늘어나고, 그러면 기업의 실적이 올라가 주식의 가격이 올라가고, 주택 값이 이전보다 더 많이 올라가 결국 경기가 다시 살아나 예전처럼 다시 끝없는 소비를 할 수 있을 것이라고 발표하고 있다.

그러나 상신 백규의 지적대로 시세의 변화가 온 이때에 이미 변화된 것은 다시 옛날로 돌아간다는 법은 없다. 변화가 된 것은 불황이 되어 돈이 없어졌다는 가시적인 변화가 아니라, 쓰고 나면 죽는다는 사람들의 가치관이 변화되었다는 '시세時勢의 변화'가 온 것이기 때문이다. 이 가치관의 변화는 급격하게 변한 것이 아니라, 아주 오랫동안 서서히 자신이 뼈저리게 체험함으로써 자신의 이익을 지키는 쪽으로 변화하여 왔기 때문이다.

그러므로 지금의 시세의 변화는 그간 잘못되었던 가치관을 옳은 방향으로 바꾸어 가는 중이다. 옳은 방향이 전환되어 나쁜 방향으로 바뀌지는 않는다. '시세의 변화'는 항상 자신의 이익이 있는 방향으로 바뀌어 간다는 진리 때문이다. 시세時勢의 변화變化는 항상 근검절약勤儉節約하라고 말한 대로 움직여 가는 중이라 할 수 있다.

빈곤貧困의 걱정

'가난하고 곤란하다'라는 뜻을 가진 빈곤貧困의 빈貧자는 '돈이 나누어진다'는 의미다. 돈이 나눠지고, 흩어지면 가난해진다는 것이다.

사마천은 사기 화식열전에서 "무릇 1천 대의 수레를 갖고 있는 왕이나, 1만 호를 거느린 제후, 100칸 집을 가진 군자라 하더라도 항상 경제적인 어려움과 돈이 부족해 가난하게 되는 것을 꺼려하는 법이다. 하물며 겨우 집 한 채를 가진 시정의 필부들이야 두말해 무엇 하겠는가"라고 말했다.

사마천의 이런 말은 '사람이라면 지위고하를 막론하고 누구든 경제적으로 어려움을 겪게 되며, 모두 가난해지는 것을 두려워한다'라는 의미다.

시정의 필부들은 수입이 적어 어려움을 겪는다 하더라도, 드넓은 국토를 소유한 정부나 셀 수조차 없을 만큼 많은 조세를 거둬들이는 왕이 왜 경제적으로 어려운 것일까? 또 많은 토지를 소유하고 만호를 거느리는 제후와 100칸 집을 지어 살 정도로 부유한 경세가가 왜 경제적으로 부족하게 되고 또 가난하게 되는 것을 무서워하는 것일까?

왕이나 제후, 대부, 경세가, 필부 등이 벌어들이는 수입은 하늘에서 부여 받은 타고난 능력에 따라 다르다. 자신의 능력에 따라 노력한 만큼 벌어들이는 것이다. 버는 것만큼은 필부가 갑자기 왕처럼 벌 수 없는 노릇이기에, 버는 능력은 타고난 것이라 하겠다. 곧 운이다.

그러나 벌어들인 것을 쓰는 것은 자신의 능력과는 상관이 없고 각자의 절약, 절제, 내핍의 노력에 의한 것이라 하겠다. 절약, 절제, 내핍의 성정을 하늘에서 부여 받는 것은 아닐 것이다. 후천적으로 오랜 경험 속에서 반복되며 쌓아온 결과라 하겠다. 곧 인내심이다.

이를 한마디로 요약하면 '수입의 크고 작음은 능력에 따라 차이가 있지만, 지출의 크고 작음은 자신의 인내에 따라 차이가 난다'는 것이다.

무릇 1천 대의 수레를 타는 왕은 자신의 권위를 나타내기 위하여 이 수레를 유지해야만 하는데, 이것 때문에 경제적으로 어렵게 되는 것이다. 1만 호를 거느린 제후는 만 호를 먹여 살리는 일에 비용이 드는 것이고, 제후 역시 위엄을 유지하기 위해 필요 이상의 지출을 하여야 하는 불합리성이 내포되어 있는 것이다. 자신의 위용을 자랑하는 경세가의 100칸 집도 자신의 품위를 유지하기 위하여 지출하여야만 하는 구도에 놓이게 된다. 그러므로 다음과 같은 공식이 성립한다.

- 욕심이 현실보다 크면 빈곤해진다. 곧 쓰는 것이 버는 것보다 많으면 빈곤해진다.
- 욕심이 현실보다 적으면 부유해진다. 곧 쓰는 것이 버는 것보다 적으면 부유해진다.
- 욕심이 현실과 일치하면 마음이 편하다. 곧 쓰는 것과 버는 것이 같으면

유지가 된다.

사람의 벌어들이는 능력은 각양각색이겠지만, 경제적으로 어려워지지 않는 방법은 자신의 욕망, 욕심을 어떻게 조절하느냐에 달렸다. 그러므로 무소유를 주장하는 사람들은 욕심을 억제하여 현실보다 욕심이 적으면 곧 쓰는 것이 없고 버는 것이 적더라도 항상 부유해진다는 논리가 된다.

가장 비참한 삶은 시정의 필부처럼 버는 것은 적은데 왕과 같이 쓰고자 욕심을 갖는 것이다. 이런 사람은 욕심과 현실의 차이가 커 자신을 비관하게 되는데, 이것이야말로 가장 비참한 일이라 생각한다.

반대로 가장 부유한 삶은 남보다 많이 벌지만 물질에 욕심이 없어 욕망을 자제하고 쓰고자 하는 욕심을 줄여 생활하는 것이다. 이럴 경우 욕심과 현실의 차이가 커 가난을 걱정하지 않고 살게 될 것이다.

1천 대의 수레를 갖고 있는 왕은 수레를 500대로 줄이고, 1만 호를 거느리고도 경제적으로 부족한 제후라면 5천 호로 줄이면 경제적으로 여유가 생길 것이며, 1백 칸의 집에서 살면서 경제적으로 어려움을 겪는다면 당장 50칸을 줄여 살면 된다는 말이다. 또한 달랑 집 한 채를 가진 필부들은 버는 것이 적으면 반만 쓰고 살면 된다.

하지만 문제는 쓰는 것을 줄이는 것이 버는 것보다 더 힘들다는 것이다. '아껴야 잘 산다'라는 말을 하면 대부분 '당장에 쓸 것도 없는데 뭘 더 줄이라는 말인가'라며 자신의 씀씀이를 정당화한다. 타성이 된 욕심을 억제하는 것이 버는 것보다 더 어렵다. 이 때문에 대부분의 사람이 가난하게 되는 것을 두려워하는 것이다.

절약, 절제는 경제를 줄이는 것이 아니고, 사람의 욕망을 절약하고 절제하는 것이다. 절약, 절제는 쓰다가 남은 것을 모아 두는 것이 아니고, 쓰기 전에 미리 20%는 떼어 내어 줄이는 것이다. ‘꼭 이만큼은 써야 한다’라는 법은 없다. 그러나 대부분 허세를 유지하기 위해 불필요한 지출을 서슴지 않는다. 집 한 칸 없는 필부라 해도 위세가 있어 자기 나름대로 ‘이만큼은 먹어야 한다’라며 미리 정해 놓고 벌어들이려 하니 항상 모자란다고 불평불만을 하는 것이다.

욕심이 커가는 속도를 따라 잡을 만큼 수입이 늘어나는 일은 거의 없다. 가난의 걱정을 더는 방법은 바로 욕심의 한계를 줄이는 것이다.

상인의 본능

사마천은 화식열전에서 사람의 본능에 대하여 논하기를, “눈과 귀는 좋은 소리와 형상을 극히 바라고(이목욕극성색지호耳目欲極聲色之好), 입은 추환의 고기 맛을 끝없이 바라고(구욕궁추환지미口欲窮芻豢之味) 몸은 편안함과 쾌락을 바라며, 마음은 자신의 세력과 능력으로 얻은 영화로움을 과시하고 싶어 한다.(이심과긍세능지영而心誇矜勢能之榮, 신안일락身安逸樂)”고 했다.

사람은 본능적으로 이목구비耳目口鼻의 오감을 즐기려 하며, 또한 교육을 통해 오감을 더욱 세련되게 연마한다. 귀에 대해서는 음악을 듣는 감각을 더욱더 세련되게 하거나, 음감이 더 좋은 악기를 구하려 노력하고, 음질이 뛰어난 오디오에 대해 투자하는 것을 마다하지 않는다. 눈에 대해서는 더 정밀한 HD TV를 구입한다거나, 화소가 높은 카메라를 구입하려 한다. 입과 혀에 대하여서는 맛의 극치와 몸에 좋은 음식을 찾아 방방곡곡을 찾아다닌다. 코에 대하여서는 와인의 향기에 따라 고급과 저급이 나눠지고, 같은 향수가 비싸게 되고 싸게 되기도 한다.

이처럼 사람은 저마다 '오감의 극치'를 추구하며 살아간다고 말할 수 있다. 이목구비에서 느끼는 오감의 만족도는 사람마다 다르다. 그렇기 때문에 수많은 개성에 의해 마음의 만족도를 찾아 움직이는 것이 인간의 삶이라 할 수 있겠다.

일반인들이 오감의 만족을 찾아나서는 동안 몇몇은 이런 사람들의 욕구를 채워주는 사람이 있다. 바로 상인이다. 즉 상인은 사람들의 오감을 만족시켜 주고 대가를 받는 사람이다. 사람의 눈이 더 좋은 형상을 구한다면, 더 좋은 형상을 제공하면서 더욱더 노력해 사람의 성정을 만족시켜 준다. 사람의 눈이 더 좋은 소리를 구한다면, 더 좋은 소리를 만들어내기에 힘써 노력하여 사람이 만족할 때까지 새로운 소리를 만들어내어 사람의 성정을 만족시켜준다. 또한 사람의 입, 혀, 코에 꼭 맞는 맛과 향기를 연구해 만족시키려고 노력한다.

그러므로 사람들이 유형의 본능을 추구하고 이목구비의 감각의 극치를 누리려 하는 동안, 상인은 이목구비의 감각을 제어하며 사람들이 감각의 극치를 잘 누릴 수 있도록 하면서 '내가 일한다'는 무형의 안빈낙도를 즐긴다고 할 수 있다.

이 같은 상인에 대한 정의를 사마천의 사람에 대한 정의를 빌어 내려 본다면, "상인의 눈과 귀는 좋은 소리와 형상을 바라지 않고(상인이목욕부극성색지호商人耳目不欲極聲色之好), 상인의 입과 혀는 추환의 고기 맛을 바라지 않는다.(상인구부욕궁추환지미商人口不欲窮芻豢之味) 상인은 일신의 편안함과 쾌락을 버리고, 자신의 세력과 능력으로 얻은 영화로움을 자랑하고 싶어 하지 않는다.(상인신부안일락商人身不安逸樂 이상인심부과긍세능지영而商人心不誇矜勢能之榮)"라고 할 수 있을 것이다.

상인의 성정은 본능과 같은 것이라 생각한다. 즉 가르치고 배워서 이뤄지는 것이 아닌, 오직 하늘로부터 부여받은 것이라는 말이다.

9등법

손문이 두뇌를 사용하는 정신활동과 육체를 사용하는 노동활동의 과다에 의해 인간의 계급을 9개로 분류한 것을 손문의 9등법이라 한다. 정신활동의 과다에 의해 우선 상 · 중 · 하로 구분하고, 다시 각각 안에 육체노동의 과다에 의해 3계급으로 나눈 것이다. 나는 과연 인간의 몇째 계급에 있는지 살펴보는 것도 좋은 일일 것이다.

상지상 승려, 신부, 수도승, 도승(이하 유산자 혹 무산자를 가장한 유산자, 부르주아)

상지중 대학교수, 시인, 화가, 소설가

상지하 목사, 고급 공무원, 지주, 대상인, 중상인

중지상 정치가, 언론인, 중급 공무원(이하 무산자 정신노동자, 인텔리겐치아)

중지중 회사원, 하급 공무원, 의사, 교원,

중지하 기술자, 소상인

하지상 점원, 일용직 행정서사(이하 무산자 육체노동자, 프롤레타리아)

하지중 소작농민, 공장 노동자,

하지하 부두 노동자, 철도 잡역부,

이 이론에 의해 공산당은 프롤레타리아와 인텔리겐치아와 함께 대동단결하여 부르주아 계급을 몰아내자 하는 구호를 만든 것이고 이 이론이 지금의 1%대 99%의 불투명한 이론으로 전개될 예정인데, 이 이론에 의하면 하지상 · 중 · 하의 노동계급이 결기하여 중지상 · 중 · 하의 인텔리겐치아와 결합하여야 한다는 논리이다.

이것을 현실에 반영하면, 우리 친구들은 대부분 중지상 · 중 · 하 계급에 속하여, 중지중 계급인 이상묵 군과 연합하여 철도 노동자, 부두 노동자를 규합하여 부르주아 계급인 상지상인 신선양만과 상지중인 교수 노봉수 군을 타도하여 잘사는 세상을 세우자는 1921년대의 초기 공산당 전술이 된다. 아니, 클래식 초상화를 무상으로 보내주는 박애주의자 만신선을 타도하면 어디서 그런 서비스를 받을 것이며, 왜 타도하겠는가?

새파란 여학생들과 즐겁게 하루를 생활하는 생생한 학업 현장을 페이스북으로 중계하는 불로초 교수 노봉수 교수를 타도하여 내가 무슨 다른 이익이 있겠는가? 지금도 무릉도원에서 잘살고 있는데.

공급 과잉

현재진행중인 경제난의 근본을 살펴보면, 1800년대 대량생산이 가능해져 상공인은 대량생산을 소비할 수 있는 소비층을 창출해 내는 것에 혈안이었다. 곧 공급과 소비 중 지금까지 대부분 소비가 주도하는 시대로 공급이 끌려온 것인데, 이제는 중국의 대량 공급과 소비인구 연령의 급감으로 인해 공급이 소비를 훨씬 능가해 과잉공급을 한 것이 현 사태의 핵심이다.

조상들의 지혜인 근검절약勤儉節約, 부지런하고 검소하고 아끼고 남겨둔다는 말은 흔히 공급 부족 시대에 모자라는 물자를 보유하기 위해 생겨난 지혜인데, 이 지혜가 사상 초유의 공급 과잉인 이 시대에도 적용될까?

지금의 사태는 공급 과잉이 되나 소비자를 찾을 수 없는 데에 기인한다. 소비자인 청년이 아무리 부지런히 일하고, 검소하게 생활하고, 아껴두고, 남겨 두더라도 그렇게 해서 남겨지는 저축이 없다는 현실이다. 이유는 이전에 이미 청년이 자라기 전에 부지런히 일하지 않았고, 검소하지 않게 자랐고, 아껴두지 않았고, 남겨 두지 않았던 행위의 결과를 지금 치르는 중이다. 혹자는 이러한 시대가 20년은 지속될 것이라 한다. 그러므로 생산은 계속 공급 과잉이 되고 소비자는 없어 새로운 소비자를 찾아 헤맨다.

FTA이다. 흔히 개국, 문호를 개방한다고 한다. 그러나 근저에는 시장 개방, 상인이 제한 없이 들어갈 수 있도록 제한을 푼다는 뜻이다. 아무리 공급 과잉이 되더라도 개인이 근검절약을 하면 개인은 살아남을 수 있다. 그러나 아무 공급물이 없던 미개지에서, 명품 브랜드 핸드백을 드는 것은 부유한 것, 좋은 차를 갖는 것이 부유한 사람 등으로 소비를 강조하는 가치관이 물들게 되어, 근검절약은 오래된 낡은 사고방식이라 치부해 버리고 나면 남는 것은 상인의 소비하는 노예가 되는 길밖에는 없을 것이다.

그래서 자신이 하고 싶은 대로 즐기는 것은 개성이지 게으름이 아니라 하고, 개성에 맞는 최고급 의상과 액세서리를 구하는 것이 아무것도 치장하지 않은 검소한 사람을 조롱하는 것과 쩨쩨하게 굴고 빈틈없이 아끼는 사람을 못사는 서민이라 칭하고 깔보는 습관이 만연한 것은 비록 FTA를 안 하여 시장 개방을 하지 않는다 하더라도 이미 치명적인 과잉소비에 함몰된 것이라 할 수 있다. 과잉공급 시대에도 근검절약은 상인의 공급을 막아내는 개인의 최선의 방어 전술이다.

허영이 곧 소비를 진작시킬 것이고, 허세가 곧 나를 칠 것이다. 근검절약하여 검소한 것이 잘사는 것이다. 모두 한 푼이라도 아껴 3세대 후에도 잘살 수 있도록 절약하여야 한다고 생각한다.

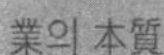

카다피 가계

무아마르 카다피 리비아 경영자 가계가 몰락하였다. 카다피는 1969년 육군 대위로 몸을 일으켜 가계를 열고 사피아 파르카시와 사이에 7남 1녀를 두는 동안 리비아를 42년간 독점경영한 성공적인 경영자 상인이다. 카다피는 정치가이나 정부를 사설화하였으므로 상인으로 부른다.

카다피의 탁월한 점은 강한 성격이다. 세계를 방문할 때는 떳떳하게 방문국 수도의 번화가에 자신의 부족 베두인족의 장막을 치고 숙식을 하는 강한 자부심을 가졌고, 아프리카의 전통의상을 입고 떳떳하게 서방의 문화에 대항하였다. 그의 개인적 삶은 성공하였다 하겠다.

그러나 인생의 경영자로서의 카다피는 위의 두 성격이 치명적인 부정적 요소를 가져와 몰락한 것으로 분석된다. 그의 가계도를 보고 분석한다. 아래는 2011년 당시 카다피의 7남 1녀의 분석이다.

1남 모하메드 알: 41세. 리비아올림픽위원장(무력, 권력과 무관하다), 알제리로 도피

2남 사이프 알 이슬람: 39세. 유력한 권력 계승자이나 행방불명(무력, 권력을 상실)

3남 알 사디: 38세. 축구선수 출신, 행방불명, 현 리비아축구팀 자본 소유,

4남 무타심: 37세. 시르테 전투에서 사살, 안보보좌관

5남 한니발: 36세. 알제리로 도피

6남 사이프 알 아랍: 29세. 전사

7남 카미스: 28세. 특수여단사령관, 전사

8여 아이샤: 35세. 변호사 알제리로 도피

카다피 가계의 총자본은 800억~1500억 불로 산정된다. 카다피 상점의 가치라 하겠다. 카다피의 상점의 취약점을 분석한다면,

카다피 42년 통치기간 중 2남 사이프 알 이슬람(39세)을 후계자로 권력 계승하여 훈련하는 시기가 실패하여 15년이 늦어짐으로써 1996년 이루어져야 할 카다피 권력의 군부, 재계, 정계, 민간의 권력이양이 늦어졌다. 치명적으로 기반 구축에 실패한 것이다. 그래서 권력의 중심이 노화하였다. 그리고 반세력이 증가하였다.

예상 구도로는 1996년 사이프 알 이슬람이 대통령을 승계하고, 카다피가 은퇴하면서 전 친카다피 세력이 물러나 친사이프 세력이 권력을 이양하였으면 지금은 15년이나 강력한 통치가 된다. 카다피는 뒤늦게 6남 사이프 알 아랍(29세)을 내세우나, 그래도 권력의 배후에 여전히 자리를 유지해 독자성을 잃게 하였고 그나마 곧 사망한다.

카다피는 대타로 카미스(28세)를 내세워 특수여단사령관으로 하여 자신의 안위를 보호하는 데에 그칠 정도로 자리에 연연하였으나 카미스(28세)는 전사한다.

이로 미루어 카다피는 스스로 늙을 때까지 권력을 손에 쥐고 다음 세대에 이양하지 않으므로 해서 시대에 뒤처지는 허약한 권력층을 유지한 것이 최대 잘못으로, 카다피 등 권부의 노후가 무너진 것으로 판단한다.

여기에서 얻은 교훈은 세대교체는 빠를수록 좋다. 은퇴자는 후세대의 밑거름으로 자리를 내주어야 한다. 이것을 분석하면서 나 스스로도 혹시 늦지 않았나 생각하여, 내가 하여야겠다는 생각을 버리고 즉시 현직에서 사퇴하고, 창고원으로 일한다. 카다피에게서 배웠다.

상인은 자신의 우물을 크건 작건 하나는 가지고 있고, 이 우물을 잘 지키는 것을 본으로 한다.

상인 조조

192년(한 헌제 초평 3년)에 조조는 38세의 나이로 자신의 우물을 판 사람이다. 당시 100만의 황건적이 청주에 집결한 후 동진하여 연주로 들어가 연주 태수 유대를 참살하자, 연주는 주인 없는 곳이 된다. 조정에서도 새로 목사를 임명할 처지도 아닌 치외법권의 무법천지의 땅이 되었다.

이때 조조의 책사 진궁이 간하기를 "조공, 무법천지의 연주에 미리 가서 임시로 연주목을 대행하여, 그곳을 밑천 삼아 천하를 거둔다면 패왕의 업을 이룰 것입니다." 하였다.

파산한 회사의 대표를 자임하여 어려운 재정을 수습하여 혹 성공한다면 그곳을 기반으로 재계의 발판을 마련할 것이라는 전략이다. 그러나 실패한다면 파산한 회사의 대표로서 어려운 부채를 짊어지고 또다시 파산하여 그것으로 인생은 끝나는 위험도 도사리고 있는 것이다. 상인은 이러한 동전의 앞뒤를 가르는 선택을 언제든지 하게 된다. 곧 '나의 우물을 차지한다'는 '기반을 구축한다'는 기회일 것이다. 생사의 갈림길에 서는 것이다.

조조가 연주목을 대리하고 병력을 점검하니 신병을 모두 포함하여 수천 명에 불과하였다한다. 이에 비하면 황건적은 전사 30만에 그의 종군인원까지 합하면 100만의 병력이었다. 3,000불 대 1백만 불 자본의 대결로 인생을 시작하였다. 3: 1000인 것이다.

인생은 이러한 모험이 아닐까. 곧 1:333의 확률에 목숨을 거는 것인데, 대부분의 사람들은 하지 않는다. 심지어 1:2라 하여도 이러한 모험을 선택하지 않는다. 많은 사람들이 51%: 49%가 되더라도 선택하지 않는다. 곧 위험부담은 절대로 지지 않으려는 것이 인간의 행동인 것이다. 그러나 상인은 항상 100:125의 불리한 확률로 아침에 일을 시작하고 저녁에 일을 끝마친다. 그래도 조조의 선택에 비하면 엄청나게 유리한 확률게임인 것이다.

조조가 연주목을 차지하고 나서 한 일은 조조 자신이 스스로 갑옷을 입고 무기를 들고 사병을 통솔하였다는 점인데, 스스로 노동을 한 것이다. 또한 황건적의 포로를 우대하여 살길을 주어 군대로 편입시켰으니, 이것은 남들이 버리는 것을 취하여 이것으로 자신의 자본금으로 삼았다는 것이다. 조조는 번 것을 나누어 가지는 신상필벌의 규칙을 지켜 노사 간에 수익분배가 확실하여 불만이 없었다. 조조는 죽기를 각오하고 자신의 기반인 한 우물만을 지킨 것이다. 이리하여 이것을 바탕으로 한 조조는 대업을 이루게 된다. 조조는 상인이라 할 수 있다.

저성장 시대

세계가 노령화하여 고성장 시대 끝으로 저성장 혹 축소 시대로 접어든다. 자연현상이다. 미국은 재정적으로 파괴되어, 새로운 패러다임으로 시작하도록 무척 슬림해졌다. 이 시기에 살아남은 개인, 회사는 무서울 정도로 스마트한 효율로 움직일 것이므로, 새로운 세계 경쟁력을 갖추게 될 것이다. 다시 말하면, 벌어들이는 데 비용이 없다거나, 부채가 극히 적거나 없다거나, 본래부터 소량다품종 고급 물품을 취급하던 지역 호상들이다. 소위 중세 때의 장원과 같은 집약적 지역할당을 하는 기업들이다. 혹 이탈리아의 수많은 도시국가와 그 도시국가 안의 맹주들이다. 즉 생산시설은 많고, 노동인구는 줄고, 고령인구는 늘고, 소비축소 시대이다. 이때 예측할 수 있는 것은

- 대량 고효율 목표는 실패, 저량 효율이 성공
- 다량 자산 실패, 소량 자산 운용이 성공
- 모든 다多는 실패, 모든 少가 성공하는 시대로 바뀐다.

우리는 너무 많이 가지고 있다. 자산도 다이어트를 하여 필요한 것만 가지고 슬림하게 움직여야 한다. 고효율은 생산량이 많아 소화할 수 없듯이 다량 생산 실패 시대로 품질 고급화, 소량다품종, 개성시대로 들어갈 것이다.

화물貨物의 반물질

반물질反物質은 반입자의 개념을 물질로 확대시킨 것이라 한다. 물질이 입자로 이루어져 있듯이 반물질은 반입자로 구성되어 있다 한다. 보통의 물질을 구성하는 소립자인 양성자, 중성자, 전자 등의 반입자인 반양성자, 반중성자, 양전자 등으로 구성되는 물질을 말하는 것이 반물질이라는 것이다. 입자와 반입자가 만나면 상호작용하여 감마선이나 중성미자로 변하기 때문에 존재를 확인하기 어렵다 한다. 실제로 확인한 반물질은 반중성자, 반양성자, 반중양성자 등이 있다. 또한 반물질과 물질이 서로 접촉하면 쌍소멸이 일어나고 막대한 양의 에너지가 발생한다 한다.

이 개념에 의하면 상업에도 반상업이 존재한다 하겠다. 반상업은 상업이 물질이 아니듯이 반상업도 물질이 아니나, 자연의 법칙은 예외가 없이 존재하는 것이라는 조건하에서는 상업이 개념으로 이루어져 있듯이 반상업도 개념으로 구성되어 있을 것이다.

보통 상업의 개념을 근검절약勤儉節約으로 표현할 수 있다. 상업이란 재화로 변하는 화물貨物을 서로 바꾸어 쌓아두는 행위를 말한다. 곧 재화가 풍족하기를 바라면서 이루어지는 행위이다. 이 행위를 진작시키기 위하여 전통적으로 인간의 행동 가운데에서 추출해 낸 행위가 근검절약勤儉節約이다.

근勤은 부지런하다는 뜻인데, 부지런하다는 개념의 반개념은 나懶 게으를 나이다. 검儉은 검소하다는 뜻인데, 검의 반개념은 사치할 사奢가 된다. 절節은 마디 절로서 반개념은 물결 낭浪이 된다. 약約은 맺을 약으로, 반개념은 섞일 잡雜이다.

인간의 상념에는 개념과 반개념이 동시에 존재하는데, 사람은 부지런하면서도 게으르다. 그러나 어느 개념이 강하게 작용하는가에 의해서 상업이 융성하는가를 알 수 있다. 역시 부지런한 것이 재화로 변하는 화물을 서로 바꾸는 행위 수를 더 많이 할 수 있으므로 부지런함을 택하라 말하는 것이다.

상업의 업業과 습習은 결과인 재화의 축적에 있는 것이 아니라 서로 바꾸는 행위(商)에 있다고 본다. 곧 바꾸었더니 그 결과 재화가 쌓이는 것이라 할 수 있다. 그러므로 흔히 아는 상업의 개념이 재화를 쌓는 것이라는 말은 맞지 않는다고 할 수 있다.

서로 바꾸는 행위를 효율적으로 하기 위하여 검소하라고 요구하는데, 이 말은 나의 것을 더 크게 하여 남의 것과 더 많이 바꾸기 위함이다. 곧 더 많은 효율을 보기 위함인 것이다. 나의 것은 더욱 잘게 세분화하여 정교하게 하여, 세분화되지 않고 구분되지 않은 상태의 남의 것과 바꾸기 위함으로, 목적은 많은 양量으로 바꾸기를 바라는 마음이라 하겠다. 나의 것은 필요한 것은 불필요한 것과 구분하여 정리하여, 필요한 것과 불필요한 것이

뒤섞여 있는 잡동사니의 많은 량과 바꾸어 들이라는 말이다.

이렇게 하기 위해서는 상인의 덕목으로 끊임없이 상인이 부지런히 일하여야 하는 화물을 거두어들이게 되며, 상인의 모든 것 중 사사로운 시간을 적게 소비해 일하는 것에 써야 하며, 부지런히 일하여 거두어들인 화물貨物(재화로 변하기 전 상태의 물질)을 내가 소비해 없애지 않고 더 많이 가지고 있어야 하는 것이다.

화물貨物을 재화로 바꾸기 전에 조금 더 노력하여 상태가 좋은 것과 나쁜 것을 구분하여 좋은 것은 조금 더 많은 재화로 바꾸려는 노력을 하라는 뜻이 상인의 근검절약勤儉節約이라 할 수 있다.

근검절약의 반개념인 게으르고 낭비하는 상인은 부지런하여야 한다는 행위를 거스르게 되어 그 결과가 내가 가지게 되는 화물의 량을 적게 하는 결과를 낳는다. 화물貨物이 적어지면, 재화로 바꾸어도 적은 량의 재화밖에는 차지할 수 없다는 것이 된다. 그래서 상인이 크게 경계하여야 할 점은 근검절약이 계속되어 쌓여 나가듯이, 반개념도 반물질처럼 계속 쌓여 나간다는 것에 있다.

근검절약하는 상인은 화물貨物을 많이 갖게 되어, 결국은 재화가 쌓이게 되는 것이고 게으르고 낭비하는 사람은 화물貨物을 잃어버리게 되어, 결국은 재화를 쌓지 못하게 되는 것이 물질, 반물질 법칙의 하나이다.

교자巧者와 졸자拙者

"부를 이루는 데는 일정한 업이 정해져 있는 것이 아니며, 세상의 재물은 항상 주인이 같은 것은 아니다. 생활에 능한 사람(교자巧者)에게는 재화가 모이고, 어리석은 사람(졸자拙者)에게는 재물이 와해된다."고 했다.

사마천은 부를 이루는 데는 어떤 특정한 기술이나, 직업에 한한다는 규제가 없이, 직업이 무엇이든지 관계없다고 말한다. 마치 산의 정상에 오르기 위해서는 어느 정해진 루트로만 올라야 한다는 것이 없다는 말과 같다 하겠다.

상업이란 사람들이 생활에 필요한 상품을 생산하여 필요한 곳까지 가져다주는 행위를 말한다. 사람들의 일상생활을 위하여 수고하는 것이 상인이다. 그러나 역사적으로 보면 사람들이 상업을 "겉으로 보기에 간사하고, 치졸하고, 싫어하고, 천하고, 부끄럽고, 아주 작은 일이고, 천박하고, 간단하고 미천한 일"이란 욕 아닌 욕을 한다. 그리고 돈 버는 일은 남이 보기에 그럴싸해야 하고, 자랑스럽고, 매우 큰일을 하는 것 같고, 복잡하고 고귀한 일을 하여야만 한다고 생각을 한다.

사람들이 바라는 바와 실제로 하고 있는 일이 일치하지 않는 생각을 하는 것이다. 젊은이가 장래에 상인이 되어 부유하게 되거나 되지 못하는 것을 미리 짐작할 수 있다. 아직 일을 시작도 하지 않은 사람이 "내가 어떻게 이러한 간사하고, 치졸하고, 싫어하고, 천하고, 부끄럽고, 아주 작은 일이고, 천박하고, 간단하고, 미천한 일을 할 수 있을까?" 하고 일에 대하여 자신의 호악을 말로써 드러내는 일이다.

그러나 상업은 자신이 싫고 좋고를 떠나서, 실로 상업에 성공하기는 하늘에 별 따기보다도 어렵다 하겠다. 그리고 누구나가 천하게 생각하는 상업이란 천한 일을 마다 않고 할 수 있는 자와 이런 천한 일을 할 수 있을까 하고 부정하는 자의 차이에서 상인이 될 자와 되지못할 자가 확연히 구분된다.

사람들의 대부분은 상인이 되고자 하는 마음이 조금도 없으나, 돈을 벌고자 하는 마음은 굴뚝같다. 역사상 청년 때에 스스로 상인이 되고자 한 사람으로 2600년 전 춘추시대 의돈을 들 수 있다. 의돈은 가난한 선비였으나, 스스로 관직을 얻지 않고 부를 일으키기로 결심을 하고 상인이 되고자 하였다. 당시에 부와 명예와 권력을 이루는 방법으로는 관직을 가지는 방법뿐이었다. 국가로부터 녹봉을 받아 모아두는 것으로 부를 이루는 방편을 삼았다.

의돈은 사농공상의 계급사회 가치관을 가진 시대에 산 사람으로 사(선비)라는 최고의 계급에서 스스로 하위의 계급인 상(상인) 계급을 선택한 사람이다. 그 시대의 사고방식, 가치관으로서는 집안 말아먹을, 감히 생각조차도 못할 변신이었다고 할 수 있다.

도주공 범려는 5패의 마지막 패왕 월나라 구천의 군사軍師이다. 오월전쟁에 패한 월나라의 구천이 오나라로 포로로 잡혀갈 때 같이 포로생활을 하며 구천을 보좌한다. 범려는 월나라로 돌아와 패망한 월나라를 다시 부강하게 하기 위해 경제개발 6개년계획을 실시하여 3차를 되풀이하여 월나라의 부국강병을 이룩한 점진주의 경제학자였다.

이러한 비참한 상태의 월나라에서 재상을 지낸 범려가 18년의 경제부흥을 이룩하고 오나라를 패배시켜 복수가 성공리에 끝나자, 미련 없이 관직을 버리고 상인이 되었다. 사(선비)를 버리고 상(상인)의 길을 택한 것이다.

젊은 서생 무일푼 의돈은 자신의 인생의 목표를 바꾸며, 상인이 되고자 하여 도주공 범려를 찾아간다. 의돈은 범려의 상회에서 직업을 얻었다. 범려는 당시 도陶 땅으로 와서 불모지를 개간하여 농지를 만드는 사업을 하며, 농지에 파종을 하여 식량을 생산하는 업을 하고 있었다. 의돈은 오랜 세월 범려의 상회에서 일하면서, 범려의 상도에 대해 치밀하게 연구하였을 것이다. 의돈은 범려의 총지배인으로서 범려의 상업의 도를 깨닫고, 범려의 상인의 자세를 배워 곧 독립하게 된다.

범려의 사업의 주종은 개간농업이다. 이 사업의 한계성을 느낀 의돈은 농토의 개간을 하여 소, 양을 사육하는 목축업이 범려의 농업보다 몇 배의 빠른 결과를 가져온다는 것을 배웠다. 의돈은 범려의 생각을 뛰어넘었을 것으로 생각된다. 생산성과 효율성이 범려보다는 의돈 쪽이 훨씬 높았을 것이다.

범려의 축재 비술이란 무엇일까? 단순히 상품을 사서 판다든가, 부동산을 사두어 값이 오르기를 기다린다든가, 소금을 쌀 때 사서 비쌀 때 판다든가 쌀값이 풍년일 때 싸게 사서 흉년일 때 이익을 크게 낸다는 투기가 아니었다. 그는 실물경제를 움직이는 상인이었다. 범려에게 종사한 의돈은 과연 무엇을 배웠을까 궁금하다. 의돈은 과연 자신의 상업에서 성공을 거둔다. 무엇을 배웠기에 그리 되었을까 필자도 궁금하다.

10진법 조직

몽고가 융성하기 시작한 것은 흩어져 있던 유목민을 조직적으로 군사화하였다는 점인데, 강성할 때의 몽고군의 숫자는 불과 127,000명이라 한다. 이것이 효율적으로 100만의 금나라 군대를 격파하고, 계속해서 서방의 이슬람 세계를 공격하였는데, 그때마다 10배, 혹 5배의 열세 속에서 전투를 하였다.

칭기즈칸은 대단한 경리가로 숫자에 밝았다. 그가 창조해낸 방법은 10진법제도인데, 현대의 군대가 그의 방법을 차용하였다.

다섯 명을 묶어서 1명이 관리하는 오장伍長

오장 둘을 관리하는 10장什長

10장 10을 관리하는 100호장

100호장 10을 관리하는 천호장

천호장 10을 관리하는 만호를 만들어 내어, 자신은 10명의 만호를 관리하고 의논하여 군대 127,000명과 각각의 식솔 4명의 전체 60만의 군대 겸 국민을 효율적으로 움직였다.

진급방법은 다섯 명에서 똑똑한 순으로 오장이 되며, 오장 중 똑똑한 순으로 십장이 되고, 전투 시 사망하면 항상 그다음 순위의 자가 장이 되었으니, 처음부터 어느 누구든 무엇이든 될 것이기에 피나는 노력을 하였다 한다. 노력에 의해서 열이 정해진 무서운 동물적 감각이 있었다. 적의 수급을 1명 벤 자보다는 2명 벤 자가 높은 직급을 받는 식이었다. 그리고 병사가 죽게 되면 그의 공적을 아들, 형제에게 물려주는 방법을 썼다. 그러니 죽더라도 영광이라 모두가 기뻐하였다.

역사상 권투선수 중 타이틀을 반납한 사람은 와지마 고이치라는 일본의 미들급 챔피언이었는데, 10전 전승을 하여 더 이상 적이 없어 챔피언을 반납하였는데, 무서운 것은 와지마는 챔피언임에도 불구하고 항상 피나는 노력을 도전자보다 더 심하게 하였다는 점이다. 더 무서운 것은 타이틀을 반납한 후에도 연습을 그치지 않았다는 점이다.

우보禹步

직책을 가지고 일을 책임지는 사람을 보고 직업을 가졌다고 한다. 업業을 가진 사람들의 일을 책임지어 나누어 분담하는 것으로 직책이라 부른다. 그러므로 여러 직책職責이 모여 하나의 업業을 이룬다 할 수 있다.

상인商人과 마찬가지로 직업인職業人에도 투철한 의식이 있다. 직책이란 한 분야에서의 독립적인 책임감을 갖는 것이다. 시켜야 일을 하는 사람을 직업인이라 부르지 않는다. 고용인雇用人이라 부른다. 고용인이란 한 몸의 품을 팔아 사는 사람이라는 뜻으로 특정한 분야가 없이 종속적으로 주인에 소속되어 책임감을 갖지 않고 그저 시키는 일을 하는 사람이라는 뜻이다.

위대한 직업의식과 절대적인 노력을 한 직업인職業人으로 중국 고대의 하夏 왕조를 연 우禹를 따를 자가 없다.

요순堯舜시대의 중국은 해마다 끝없는 홍수 때문에 하천이 범람하여 농작물이 물이 잠기고, 집이 침수되었다. 더더구나 굶주린 맹수들이 사람을 공격하여 어려운 생활 속에 인구가 급격히 줄어들고 있었다. 홍수 피해는 22년간 지속되고 대지는 마침내 망망대해로 변해버리고, 사람들은 높은 곳으로 이주하는 등 불을 피우지 못해 날고기를 먹을 정도로 생활이 곤궁해졌다.

이러한 홍수의 폐해를 막고자 하여 순임금은 우禹의 아버지 곤으로 하여금 9년간 치수治水의 임무를 맡겼다. 곤은 물의 속성을 거슬러 제방을 쌓아 물길을 막았으나, 종내에는 치수에 실패를 하여 참수를 당하였다.

아버지를 뒤이어 우가 치수治水의 임무를 맡았다. 아버지의 실패를 거울삼아 산과 강의 형태를 공부하고, 현지조사를 하고, 토사를 제거하거나 물길이 자연히 흐르는 곳으로 터서 바다로 흘려보내는 등 자연의 속성에 순응하는 공법을 써서 13년 만에 홍수를 극복하였다.

사마천의 사기에는 "우禹는 몸을 돌보지 않고 애태우며 중국 천지를 13년 동안 헤매며, 자기 집 앞을 3번 지나갈 때마다 그냥 지나쳐 동분서주 발걸음을 옮겼다."고 서술되어 있다.

마침내 몸을 돌보지 않고 노력을 한 결과 우는 허벅지살이 야위고, 정강이 털도 다 빠졌으며 등은 낙타처럼 굽어 절룩거리며 걸었다 한다. 후에 이런 걸음걸이를 우의 발걸음이라 하여 우보禹步라 불렀다.

이러한 우의 일에 대한 투철한 정신을 현대의 직업인의 정신으로 볼 수 있다. 우의 모습은 누추한 집에서 살면서도 근검절약하여 아낀 적은 비용이라도 치수사업에 썼으며 늘 공부하는 모습으로 측량도구와 제도 방법을 고안하였고, 언제나 왼손에는 수평 자와 먹줄을 들고 오른손에는 그림쇠와 곱자를 들고 다녔다고 한다.

우가 치수사업이 완전히 끝나지 않아 자기 집 문 앞을 3번 지나갈 기회가 있었는데, 첫 번째는 임신한 아내가 산고의 고통으로 소리를 지를 때에도 집에 들어가지 않았다 하고, 두 번째는 태어난 아이가 아내 품에 안겨 손짓을 할 때에도 그냥 지나쳤고, 세 번째로 아이가 걸어 다닐 때 달려와 아버지를 끌고 집안에 들어가려 하였을 때도 끝내 치수사업에 지장을 줄까 염려하여 집에 들어가지 않았다 한다.

우는 순임금의 뒤를 이어 왕위에 올랐다. 우는 위대한 직업정신과 업業에 대한 충실성 때문에 9개 주를 개척하고, 9개 산맥을 뚫고, 9개 호수를 축조하고 9개 강을 소통시켜 물길을 바로잡고 사방 5천 리의 넓은 지역을 통일하였다.

그러나 우는 평소의 생활신조에 따라 황제皇帝라는 직업을 가진 신분임에도 불구하고 단 세 벌의 옷과 삼촌三寸의 관으로 장사하여 회계산에 안장되었다.

물질적 이익

물질적 이익과 부의 추구는 인간의 본성이다. 경제발전이 국가발전의 기초이며, 국가의 지위와 정치적 영향을 크게 결정한다. 물질적 이익과 부의 추구 또한 국가의 본성이라 할 수 있다. 모든 사물과 경제는 번성하면 그후 쇠퇴하기 마련이다. 원래가 그렇게 변화하며 윤회하게 되어 있는 법이다.

미국이 2008년부터 경제적 쇠퇴기에 들어가 지금 중산 이하의 상인들은 대부분 파산을 걱정하고 있다. 자본주의의 근본인 개인 자산이 디플레이션으로 인해 가치하락을 가져와 10여 년 모아둔 저축이 증발된 것이다. 그래서 미국민들은 장기간 눈앞에 닥친 먹고사는 일에 급급할 뿐, 자기 일에 종사하면서 개인 재산을 불리는 일을 더 이상 추구할 수 없게 된 듯하다.

이러한 현상은 2008년 이후 심화된 듯한데, 한편에서는 경기가 곧 회복될 것이라 하며 자연스러운 경기순환의 일환이라 하고 고용지표가 늘어나는 것과 소비지수가 늘어나는 것에 의해 경기가 회복된다 말한다. 지금은 경기순환에 의한 일시적 퇴보일까? 아니면 자연의 순환에 의한 장기적 퇴보인 것일까? 참으로 궁금하다.

사마천은 사기 129편 화식열전에서 2100년 전에 이미 인간의 본성과 부를 간파하였기에 여기에 사마천의 말을 인용하여 보았다.

농업, 기술, 공업, 상업의 이 네 가지는 백성의 입고 먹는 것의 근원이다. 근원이 크면 부유해지고, 반대로 작으면 빈곤해지며, 위로는 나라를 강하게 만들고 아래로는 가정을 부유하게 만든다고 했다.

지금의 미국은 이와 정반대로 흘러가 미국인의 입고 먹는 것의 근원인 농업, 기술, 공업, 상업을 모조리 외국에 의존하여 수입하여 쓰고 있다. 그러므로 미국 내에는 근원이 없어 빈곤해지며, 위로는 국가를 강하게 만들 수가 없고, 가정을 가난하게 만든 것이다. 이러한 현실은 1년, 2년의 단기간에 해결될 구조가 아닐 것이다.

사기에 의하면 또 사람들은 눈과 귀는 아름다운 소리나 좋은 모습을 보고 들으려 하고, 입은 맛있는 고기 따위를 먹고 싶어 한다. 몸은 편하고 즐거운 것을 추구하고, 마음은 권세와 유능하다는 영예를 자랑하고 싶어 한다. 이런 풍속이 백성들의 마음속까지 파고든 지는 벌써 오래이다. 그러므로 묘한 이론을 가지고 집집을 교화시키려는 일은 도저히 불가능할 것이라고 한다.

이러한 것은 개성, 미, 쾌락을 추구하는 탐미주의의 변화인데, 어느 시대, 어느 국가에서든 나타나는 병폐이다. 빈부의 이치란 누가 강제로 빼앗거나 거저 줄 수 있는 것이 아니다. 노력하는 자는 여유롭고 부하게 되고, 노력하지 않는 자는 모자라고 가난하게 되는 것이다. 노력하는 자란 스스로의 욕망을 규제하는 것으로 눈과 귀가 아름다운 소리나 좋은 모습을 보고 들으려는 욕망을 억제하고 입이 맛있는 고기를 먹고 싶어 하는 것을 절제하는 것이다.

이러한 개인의 절제가 없어서는 미국 정부와 연방준비은행이 아무리 묘한 이론을 가지고 인위적인 부양책을 쓴다 하여도 사람들에게 부유함을 가져다주지는 못할 것이다.

부는 인간의 본성이라 배우지 않아도 모두들 추구할 수 있는 것이다. 부를 얻는다 함은 쓰고 싶은 대로 쓰고 난 다음 모아지는 것이 아니라 쓰고 싶은 것을 참고서 모아진 것이다. 그러므로 부란 절제의 소산물이라 할 수 있다.

부는 가장 정직하다. 재산이 적은 사람은 힘써 노력하고 적게나마 모아두며, 재산이 조금 있는 사람은 온갖 지혜를 써서 적은 재산을 불리려 노력하고, 재산이 많은 사람은 사람을 시켜 시기를 노려가며 이익을 얻으려 하는 것은 본능이다. 부자가 되는 것은 정해진 직업이 있는 것도 아니고, 재물에 주인이 정해진 것도 아니다. 절약하면서 노력하는 사람에게는 재물이 모이고 낭비하면서 게으름을 피우는 사람에게는 기왓장 흩어지듯 재물이 흩어진다고 한다.

옛말

옛말은 하나도 틀린 것이 없다고들 한다. 옛말이란 성현聖賢들이 말씀하신 철학적이고 윤리적인 잠언만이 아니라 민간에서 전해 내려오는 평범平凡한 사람들의 삶을 통해서도 그 진실된 의미를 찾아볼 수 있다. 그러나 속담이라고 하기보다는 그저 평범한 삶의 기본이라 하는 편이 더 어울릴지도 모르겠다.

어디까지 거슬러 올라가면 옛날이 되고, 어디서부터가 지금이 되는지 구분하기가 참 애매하다. 대개 한세상을 이어져 같이 사는 세대世帶를 3대로 친다면 할아버지 세대 30년, 아버지 세대 30년, 아들 세대 30년으로 서로 반반씩 겹쳐지면서 살아가는 것이 삶일 것이다.

살아가면서 크고 작은 경험을 밥상머리 훈계로 아이들에게 일러주는 말이 어른들 말씀이라고 하는 옛말이 될 것이다. 손자의 측면에서 보면 자신이 만난 적 없고 본 적 없는 증조할아버지의 세대로부터 전해지는 이야기가 아버지의 세대로 이어져 귀가 따갑게 "옛날에는 이러했는데……"라고 시작되는 야단치는 말이 옛말의 진원지인 셈이다. 지금이 2011년이면 약 60년 전인 1950년 이전이 옛날에 들어가는 시기로 옛말이란 그 당시 이전에 통용되던 말이라 볼 수 있다.

사물事物의 성격에는 '본래 그런 것'과 '그렇게 되는 것'의 속성이 있다. 본래 그런 것이란 움직이지 않으려는 속성으로 보수保守라 일컫는 말이고, '그렇게 되는 것'이란 움직여 나가며 변화하는 것을 말하는 진보進步를 말한다. 자연의 속성에 의거하여 '본래 그런 것'을 세대를 물려 내려가며 억지로 '본래 그렇지 않을 수도 있다'는 것으로 바꿔 보려고 노력하여도 되지 않는다는 것을 알았을 것이다. 또한 '그렇게 되는 것'을 억지로 '그렇게 되지 않도록' 해 보다가 실패한 여러 경험을 어린 사람들에게 이야기해 주는 것이 옛 사람들의 옛말인 것이다.

사람은 실익實益에 따라가며 보수가 되거나 진보가 되거나 변화하면서 인생을 살아간다. 보수나 진보로 성향은 바뀌어 가는 것이지만, 아침 일찍 일어나라, 부지런히 일하라, 거짓말을 하지 말라. 포기하지 말라 등등의 옛말은 동서고금을 막론하고 미래에도 똑같이 적용되는 말일 것이다. 마치

물은 100도가 되면 끓는다든가, 혹은 0도가 되면 언다는 말의 과학적 표현보다는 물은 불에 올려놓으면 끓는다든가 아주 추우면 물이 언다고 평범하게 표현하는 것이 옛말의 표현일 것이다.

세대가 바뀌며 생활양식이 간편해지고, 기술이 발전하여 컴퓨터, 스마트폰의 기능이 재빨리 발전하여 가서 세대 간 격차가 심하게 변하여 간 것 같이 느껴지지만 그렇다 하더라도 이러한 옛말은 바뀔 수가 없는 것이다.

상인商人에게도 선대先代로부터 내려오는 가치로운 옛말이 많다. 아침 일찍 일어나 상점 앞을 쓸고 물을 뿌려라. 남보다 더 늦게 상점 문을 닫아라. 남 놀 때 부지런히 일하라. 손님에게 친절해라. 정직해라. 거짓말을 하지 말라. 점원을 내 가족처럼 생각하라. 밤늦도록 놀러 다니지 말라. 손을 놀리지 말고 부지런히 움직여라. 약속을 지켜라. 청소를 잘해라. 번 돈을 잘 지켜라. 낭비하지 말라. 게으르지 말라. 좋은 것을 싸게 팔아라…… 등의 영업을 하는 동안 지켜야 하는 규율과, 값이 비싸지면 팔고 값이 싸지면 사라. 원하는 것을 팔고 싫어하는 것을 사주어라. 많을 때 사들이고 적을 때 팔아라. 물자가 많은 곳에서 사서 물자가 적은 곳으로 가지고 가 팔아라……라는 등 상업의 전략적戰略的인 측면까지도 쉬운 말로 전하여 주는 말이 옛말인 것이다. 그러므로 옛말은 하나도 틀린 것이 없다는 그 말도 맞는 말이라 하겠다.

지략

책사들을 지략이 풍부한 사람이라 한다. 똑똑한 사람을 보고 지식이 많은 사람이라고 하지 지략이 풍부하다고는 하지 않는다. 지식知識은 사물을 단지 익히고 알고 있는 것에 불과하나 지략知略은 사물의 속성을 잘 알고 여러 가지 자료와 정보를 통합하여 최종적으로 필요한 지혜를 추출해 내는 것을 말하기 때문이다. 그러므로 지략은 창조적인 사고방식이라 할 수 있다. 그래서 역사적으로도 도전에 대한 적절한 응전을 준비할 때는 지식이 많은 사람보다는 지략이 뛰어난 사람이 필요했다. 지략은 지식을 토대로 총체적으로 분석하여 미래의 일어날 수 있는 일을 예측하여 해결할 수 있는 방법을 미리 강구해 두는 능력이다. 오늘을 당하여 오늘의 일을 마지못해 해나가는 사람들과는 다르다 하겠다.

자연의 사물은 모든 것이 호 · 불호의 양면성을 지니고 있는데, 나 자신의 싫고 좋음에 따라 사물을 선택하는 것이 아니라, 지략은 본시부터 그렇게 되어야만 되는 자연의 성질을 따라 선택하는 것이다. 지략이란 목적을 달성하기 위하여서는 지금의 현상과 반대로 일을 진행시킬 수도 있고, 하지 않을 수도 있다. 그러므로 일반 지식과 상식을 가진 사람들이 볼 때에는 지략이 있는 사람이 움직이는 것은 도무지 이치에 맞지 않는 일이라 무시 당하기가 일쑤이다.

강을 뒤로하고 진을 구축한다는 배수진背水陣은 병가에서는 극히 피하는 전법으로, 궁지에 몰렸을 때의 도피로를 강이 막고 있기 때문에 더 이상 후퇴하지 못하고 결국에는 사지死地에 이르게 되기 때문이다. 그러나 병략가인 대장군 한신韓信은 상식을 뛰어넘어 굳이 배수진을 치고 초패왕 항우군과 교전을 하여 크게 승리하게 된다.

상식을 완전히 뒤집고 배수진을 친 한신의 지략은 역시 일어날 수 있는 일을 예측한 것이라 하겠다. 한신의 군대는 대부분 농부, 노약자, 부랑자를 급히 징집하여 꾸린 허술하기 짝이 없는 군대였다. 이런 오합지졸을 통솔하여 전투를 치를 때 최후의 도피구를 터놓는다면 전황이 불리해질 때마다 미리 도망칠 생각부터 할 것이라 예측한 것이다. 이것을 막기 위하여 강을 뒤로하여 배수진을 쳐 아군의 퇴로를 미리 차단해 놓는다면 오직 살아남을 방법은 앞으로 공격하는 수밖에 없다는 이치에 따른 것이다. 이러한 배수진은 지략知略의 기본적인 요소이다.

경제의 불규칙

요사이의 미국의 경제사정은 전후 여러 차례 되풀이하여 진행되는 불경기, 호경기, 경기하강기, 경기상승기와 판이하게 환경이 다르다 하겠다.

아담스미스의 보이지 않는 손이 결정하던 시장경제의 이론도 현재의 새로운 패턴의 경기흐름을 파악할 수도 없고, 통화주의자의 통화정책으로도 경기를 조절하기에는 역부족인 사태에 이르게 된 것 같다.

저축, 부동산에퀴티는 자산디플레이션으로 사라져 버렸다. 노년의 은퇴준비로 가장 믿음직스러웠던 자산저축인 부동산 가격은 하루가 멀다 하고 하락하여 이제 바닥을 모르게 내려갔다. 그 동안 수많은 차압이 이루어져, 사람들은 더 이상 떨어질 부동산을 가지고 있지 않다. 더 이상 장사가 안되어 문을 닫을 걱정을 할 필요가 없을 지경까지 시장은 파괴되어 버린 것이다.

사람들이 버틸 수 있는 한계를 넘어 경기가 움직인다면, 이것이야말로 사람들은 더 이상 뒤로 물러날 수도 없는 처지에 이르게 되어 자연적으로 배수진背水陣을 치게 된 것이다. 뒤로 더 밀리면 죽는 길밖에 없다는 배수진이 쳐진 것을 깨닫는 때가 바로 미국 경기가 살 길을 찾게 되는 것이고, 이때에 수많은 지략知略이 생겨나게 될 것이다. 세계 최고의 도시, 고속도로, 자원, 과학을 갖고 그동안 못살게 되었던 것은 "설마 우리가 죽기야 하겠는가" 하는 안이한 생각에서일 것이다. 이제 죽을 수도 있다는 배수진背水陣을 보고 살아남으려는 지략知略을 짜내지 않을 사람이 어디 있겠는가.

진보

진보進步란 앞으로 계속 걸어간다는 의미로 지금 있는 것을 그대로 보전하고 지킨다는 뜻의 보수保守의 반대이다. 역사가 있는 한 진보와 보수는 있게 마련인데, 정치적인 의미가 많으나 실은 경제에서도 이 두 말이 그대로 통용된다.

그 시대에 가장 앞서 가던 진보進步적인 기술이라 하여도 항상 새로운 기술이 나와 사용하는 방식이 바뀜에 따라 이미 있던 진보進步가 곧바로 보수가 되어 버리고 이것도 더 지나면 수구守舊가 되어 버리고 만다. 진보의 사멸이라 할 수 있다.

사물은 언제나 생명력이 있어 생성, 발전, 사멸의 길을 가고 있기 때문이다. 진보가 언제든지 새로운 진보進步로 발전되면서 보수로 뒤처지지 않는 방법은 새로운 힘을 불어넣는 창의성에 달려 있다 하겠다.

상인의 창의성도 생명력이 있어 이 또한 생성, 발전, 사멸의 길을 걷는

데, 창의성創意性의 생성이란 참으로 어려운 일이라 하겠다. 노력하지 않으면 생기지 않는다. 창의성은 궁핍하여 반드시 필요하다는 생각에서 비롯된다. 사람이 부유하여 무엇이든 다 가지고 있어 더 필요한 것이 없는 만족스러운 상태에 이르면 창의가 나오지 않는다.

동일한 군세를 가진 공격군과 수비군이 있다고 가정한다면 견고한 성 하나를 공략하기 위해서는 공격군의 군사가 80%가 희생된다고 한다. 그런데 희생을 각오하면서도 공격군은 공격을 개시한다. 바로 창의성의 발로의 하나라 할 수 있다. 그리고 견고한 성을 공격으로부터 수비하기 위해서도 20%의 군사가 희생된다고 한다. 보수 세력의 노력이다. 이것을 볼 때 그만큼 진보進步와 창의란 보수보다 더 큰 희생을 담보한다고 하겠다.

상인이 상업을 시작하면 소상인이 되어 아무리 소자본이라 하여도 세월이 가면서 늘어가고 따라서 그만큼 부채도 늘어간다. 그리고 진보성을 가진 창의성이 있는 창업자들은 극소수가 수많은 고비를 넘겨 대상인이 되기에 이른다. 오랜 역사성을 가진 노포들은 한때는 한시대의 가장 앞서가던 진보적인 상점이었으나 최정점에 이르면 창의성을 가지고 앞으로 계속 변화하여 가는 대신에 현재의 상업에 대한 만족도를 유지하기 위하여 스스로 지금 있는 것을 그대로 보전한다는 보수성을 띄게 되며 발전을 중지하게 된다.

창업자들의 공격적인 창의성에 의해 생성, 발전을 하며 산전수전의 험로를 걸어 나온 진보적인 상점들이 조심성을 강조하는 것이다. 그런데 이러한 노포가 진보성을 보수성으로 바꾸어 내려오더라도 사멸되어 없어지지 않고 100년 200년을 이어 나오는 데는 이유가 있다. 그것은 조심함으로써 진보적인 창의성을 중지한 것이 아니고 완만한 보수적인 창의성으로 바뀌었기 때문이고, 창의성만큼은 진보적일 때와 마찬가지로 잊지 않고 지켜가기 때문인 것이다. 보수적인 창의성이란 새로운 것을 만들어 내는 것보다는 있는 것을 개조하여 나가는 것을 의미한다. 그러나 아무리 안정된 노포의 대상인이라 하여도 보수적인 창의성마저 잊어버릴 때에 상점은 사멸死滅하게 되는 것이다.

우직

머리 좋은 사람이 노력하는 사람을 이기지 못하고, 노력努力하는 사람이 좋아서 하는 사람을 이기지 못한다고 한다. 아무리 머리가 좋다 한들 노력하지 않으면 헛수고이고, 열심히 노력을 한다 한들 한계가 있고 이 또한 자기 스스로 좋아서 즐기며 하는 사람에게는 당할 수가 없다는 뜻이다. 하물며 누가 시켜야 겨우 하는 사람이야말로 스스로 하는 사람에게는 당해낼 재간이 없을 것이다.

이렇듯 대부분의 성공한 상인商人들은 자기가 좋아하는 일을 스스로 하면서 하는 일을 즐기면서 살아간다. 성공한 상인에게서는 성공한 일을 배우고 따라 하기를 하는 사람이 많다. 재택, 처세술, 성공 입문학 등을 배워서 실행하려 하는 것이다. 성공하기를 힘써 노력하는 행동이라 할 수 있다. 그러나 성공한 상인이 정말로 성공한 요인要因은 이야기하지 않는다. 왜냐하면 성공 요인은 계속 쌓아온 자신의 반복된 실패失敗에서 이루어지기 때문이다. 이러한 실패 요인에 대해서는 누구나 배우고 따라 하기를 원하지 않음을 알기 때문이다.

상인이든 누구든 한 번도 실패를 겪지 않고 성공할 수는 없다. 아무리 머리가 좋아도 머리만으로 실패를 피하고 단번에 성공에 이르는 사람은 없다. 그리고 아무리 피하려고 노력을 한다 하여도 나도 모르게 실패는 곁에 와 있는 것이다. 실패를 피하는 단 하나의 방법은 실패할 수 있는 요소를 전부 미리 실패해 버리는 것이다. 머리가 좋은 사람은 이런 일은 하지 않는다. 실패를 경험하지 않고 실패를 예견하여 실패를 비껴가려 하기 때문에 도리어 더 큰 실패를 하는 것이다. 실패도 성공成功과 마찬가지로 하나의 자연현상自然現像이다. 동전을 던져 앞면이 나올 확률과 뒷면이 나올 확률은 공평하게 똑같다. 확률로 말하면 먼저 실패를 맛보는 것이 다음에 더 성공할 확률이 높아진다. 그러나 머리만 쓰는 사람에게는 아무리 나중에 성공의 확률이 높아진다 하여도 실패에 실패를 거듭하는 상업에는 끈기 있게 기다릴 수가 없다.

그러나 자기가 좋아서 하는 일에는 실패와 성공의 구별이 없다. 이들에게는 실패란 아직 성공하지 못한 시기로 여기기 때문에 실패라 생각하지 않는다. 반복되는 실패에도 실패하는 재미를 느낀다. 하고 있는 일을 즐길 뿐이지 실패 성공의 결과가 나오는 것에는 관심이 없는 것이다. 오로지 하고 있는 그 자체가 재미있는 것이다.

실패失敗란 잃어버리고 패한다는 뜻이다. 무엇을 잃어버릴 것이 없는 사람과 졌다고 할 것이 없는 사람이 언젠가는 성공한다는 의미가 담겨 있다고 할 수 있다. 성공成功이란 노력에 노력을 더하여 갈고 닦은 것을 쌓는다는 의미이다. 인생에 좋은 것만 쌓을 수는 없다. 싫은 것도 쌓아야만 한다. 그러므로 실패도 쌓아 가면 쌓이게 되어 이것 또한 성공이 될 것이다.

우공이산愚公移山이란 어리석은 사람이 산을 옮긴다는 뜻으로 우직하게 꾸준히 노력하면 성공한다는 열자 탕문편에 나오는 고사이다. 중국의 삭동과 옹남 지역에 태행산과 왕옥산은 본시 기주의 남쪽에 있었는데, 90이 된 우공이 무엇인가 마을을 위해 여생을 쓰고자 하여, 아들 손자와 함께 마을 앞을 가로막은 태행산을 퍼서 발해(황해)에 버리는 일을 하고 있었다. 마을 사람들이 비웃으며 어느 세월에 산을 옮기겠는가 하자, 우공이 대답하기를 "내가 하다가 못하면 아들이 하면 되고, 아들이 하다가 다 못하면 손자가 하면 되므로 언젠가는 태행산을 퍼 버릴 것이요." 하였다 한다.

이 고사에서 머리가 좋은 사람은 어리석은 짓이라고 이 일을 하지 않을 것이고, 노력하는 사람도 노력만으로는 산을 옮길 수 없다고 생각할 것이다. 이 일을 할 수 있는 사람은 오로지 언젠가는 산을 전부 퍼서 발해에 버릴 수 있다고 믿고 좋아서 하는 사람이 아니고서는 산을 옮기는 일은 시작도 하지 않았을 것이다. 상업이 이와 같다.

보는 눈

오관이란 시각, 청각, 미각, 후각, 촉각을 말하는데, 느끼는 감각을 신경에 의해 대뇌에 전달하여 지각작용을 하는 것을 감각이라고 한다. 절대미각이란 짜고, 맵고, 달고, 쓰고, 신맛을 정확히 구별하는 혀의 능력을 말한다. 천부적으로 타고나지 않으면 안 된다고 한다. 절대후각 또한 포도주의 품질을 구별하는 소믈리에 같은 직업은 특수하게 발달된 후각으로 보통사람이 맡을 수 없는 수준까지 판별해 낸다고 한다.

그런데 시각만은 절대시각이라는 말을 쓰지 않는다. 시각은 보는 이의 감각이 개인의 감정에 따라 서로 다르게 보이게 되기 때문이다. 만일 절대시각이 있다고 한다면 소수의 미남미녀를 빼고는 젊은 처녀총각이 서로 결혼하기가 어려울 것이다. 시대에 따라 둥근 얼굴을 한 살이 찐 여인을 최고의 미인으로 치다가, 요즈음은 턱이 달걀 같은 조그만 얼굴을 최고 미인으로 치는 것을 보면 보기에 따라 서로 다른 모양이다. 그래서 내가 본 것이 가장 아름답다고 절대적 주장을 할 수 없는 것이 시각이다.

보는 감각인 시각視覺은 그렇다 하더라도, 어느 관점에서 보았는가 하는 시각視角에 따라 또 천차만별이다. 사람들과 다르게 성공한 상인은 특별한 시각視覺을 가진 사람이다. 오늘의 이 상품이 내일 어떻게 변하여 갈 것이라는 것을 알아내는 재능인데, 애플의 스티브잡스가 그러한 시각을 가진 상인이다. 단순한 셀폰의 전화 기능이 장차 컴퓨터의 기능을 같이할 것이고 자판은 없어질 것이라는 관점을 찾아낸 것이다.

상업도 마찬가지이다. 항상 과거를 생각하여 옛날에는 잘되던 상점이었는데 하고 하소연하기만 하고 도무지 어찌할 바를 모르는 어려운 상황에서 새로운 상인이 인수하여 새로운 시각으로 운영을 하면 순식간에 성공하는 그러한 경우를 자주 본다.

상인은 시각, 즉 사물을 '보는 눈'이 필요한데, 보는 눈이란 시력을 말하는 것이 아니라 보는 각도를 말하는 것이리라. 시각도 천부적으로 태어날 때 그러한 재능을 가지고 태어나는 것으로 절대미각이나, 절대청각, 절대후각처럼 상업에는 이익의 절대시각이 존재한다.

아무리 태어날 때 가지고 태어난다 하더라도 후천적으로 노력하여 연마하지 않으면 시각이란 없어지고 말 것이다. 어릴 때에는 종종 할머니가 "저 아이는 눈썰미가 있다."고 한다. 한번 보고 익힌다는 기억력이 좋은 아이라는 말이다. 주부들이 아파트 투기에 나설 때 반드시 어느 아파트가 오를 것이라는 기가 막히게 잘 맞추는 아파트 보는 눈을 가진 친구를 따라다닌다. 그리고 "저 여자가 보는 눈이 있다."라고 말한다.

대학 입학시험을 보러 가는 아이들에게 어머니가 "잘 모르겠거든 눈치껏 때려잡아."라고 한다면 이는 보는 눈이 없는 아이에게 적당히 하나를 고르라는 말로 보는 눈의 재능을 인정하는 말이라 하겠다.

보는 눈의 능력을 타고났다 하더라도 일생 동안 노력하여 연마하지 않으면 단지 눈치를 좀더 잘 본다거나, 약삭빠르게 기회를 틈타는 잔재주로 끝나게 된다. 상인은 어제를 투자하여 오늘을 세운 사람이다. 그리고 또 오늘을 투자하여 내일을 기대하는 사람이다.

상인이란 하루하루 느끼는 감각을 신경에 의해 그저 대뇌에 전달하여 피동적으로 지각활동을 하며 눈만 껌뻑이며 하루를 지나는 것이 아니라 오감 이외에도 보는 눈인 육감이 활발히 작용하는 것 이상이라 할 수 있다.

눈썰미, 눈치, 잘 본다는 뜻으로 표현되는 제2의 눈인 '보는 눈'은 어떻게 보면 감각적인 리서치(Research)에 해당하는 말일 것이다. 자신도 모르는 사이에 이익이라는 조건위에서 사물을 조사하며 판단한 감각이 기민하게 신경을 통해 대뇌로 전달되어 주관적으로 항상 이익에 대한 생각을 하고 있는 것이다.

기업들은 Research and Development(연구개발)의 약자인 R&D를 생명처럼 중요시한다. 모든 상업의 행위는 이익을 찾고 그리고 이익을 개발하는 것으로 업業을 이어간다고 할 수 있다. 오늘의 기업이 존재하는 것은 어제 생각하였기 때문이고, 내일 또 존재할 수 있는 것은 오늘 생각한 대로 움직였기 때문이다. 이 관점에서 본다면 상인은 자신도 모르는 사이에 "보는 눈"을 통하여 직감적으로 매일 Research and Development를 하고 있는 것이라 할 수 있다.

세勢

세勢란 지배력이나 물리적인 힘을 가진 속성을 의미하는데, 또 그 집단을 말하기도 한다. 군세軍勢란 군대의 힘을 말하고, 지세地勢는 토지가 갖는 생산해 내는 힘이나 고유의 강한 분위기를 말함이다.

세력勢力에 예부터 내려오는 이미 이루어졌다는 기성세력旣成勢力이 있고, 이제 나로부터 새롭게 나아간다는 뜻의 신진세력新進勢力이 있다. 사람은 누구나가 태어나서는 신진세력이었다가 나이가 들면 기성세력으로 불린다. 나이가 들어서도 신진세력으로 불리면 대단히 진취적인 사람으로 취급될 것이다.

사람은 성장하여 감에 따라 본능적으로 세력을 얻으려 무척 노력한다. 부모가 아이들 교육에 열심인 것도 바로 아이가 세력을 얻어 경쟁력을 갖춘 사람이 되기를 바라는 것이고, 학생들이 부단히 학업에 노력하는 것도 좋은 대학에 들어가 세력을 얻어 장래에 더 나은 희망을 갖기 원하기 때문일 것이다.

그런데 세勢란 나의 세력만으로는 부족하여 타인의 세력에 의지하여 더 커지려는 본능을 가지고 있다. 그러기 때문에 실지로 세력을 얻지 못한 사람이라도 마치 세력을 가진 것처럼 부풀리는데, 이것을 허세虛勢라 한다. 그리고 조그만 세력이라도 지니고 있으면 마치 세상의 모든 일을 할 수 있는 것처럼 더 크게 들떠 있는 것을 위세威勢부린다고 말한다.

허세든 위세든 타인의 세력에 의지할 수 없는 사람이 있는데, 상인이 그렇다. 상인이란 인류가 존재하기 시작하는 날부터 존재하였을 것으로 생각이 드는데, 원시시대의 상인이 냇가에서 물고기를 2마리 잡아 한 마리는 내가 먹고, 다른 한 마리는 다른 사람의 새알과 바꾸어 먹었다면 이 사람이 바로 최초의 상인인 것인데, 물물교환을 하는 시점에서 작은 물고기를 크다고 허세虛勢를 부리거나, 나는 고래만한 물고기 한 마리를 가지고 있다고 위세威勢를 떨어 보아도, 아무도 믿지 않았을 것이다.

이렇듯 상인은 본래부터 상품의 실세實勢의 가치를 잘 파악하는데, 실세란 부풀려 말하는 허세도 아니고 뽐내는 위세도 아니다. 있는 그 자체 많지도 않고 적지도 않은 그대로의 세를 말함인 것이다.

그래서 예로부터 실세를 헤아리는 상인이 실세가 없이 허세를 부리는 사람에게 고개를 숙이고 정중히 대하는 이유는 물건을 팔아 이익을 챙기기 위함이고, 실세가 없이 위세를 부리는 사람 앞에도 두려운 것처럼 몸을 움츠리며 황공해 하는 것 또한 물건을 팔아 이익을 챙기기 위함인 것이다.

상인에게 있어서는 팔 수 있는가 아닌가 하는 실세에 의존하는 것 이외에 팔 수 없다는 허세에 매달릴 수가 없고, 조그만 물고기 한 마리를 들고 고래만하다고 떠벌리며 위세를 부려보았자 팔 수 없는 노릇이고, 팔지 못하면 이익이 발생하지 않기 때문이다. 그러므로 상인의 덕목에 허세와 위세를 경계하라는 말이 꼭 들어 있는 것이라 하겠다.

평민

평범한 사람이란 의미의 평민은 신분이나 지위, 또는 재능 등이 특별하지 않은 사람을 일컫는다. 단지 그렇고 그런 사람 중의 한 사람으로 특별한 사람이 아니라는 뜻으로 갑남을녀甲男乙女라고도 한다.

평민과 다른 말은 선비라고 할 수 있다. 선비는 교육을 받아 글을 읽을 줄 알고 학문을 통해 문학을 이해하는 계층이다. 이들은 국가기관에 취직해 국가로부터 녹봉을 받아 생활하는 사람들이다. 선비와 달리, 평민은 교육을 받지 않아 글을 읽을 줄 모르고 문학을 이해하지 못하는 계층이다. 평민은 농, 공, 상에 힘써 노력해 생활한다.

국가가 의무교육을 실시하기 이전까지 오랫동안 선비(士)와 평민(農, 工, 商)의 구별이 심했는데, 사람의 높낮이를 사물을 이해하는 능력을 가졌는가 아닌가의 차이로 구별한 것이라 할 수 있다.

평범한 사람의 반대 의미는 비범한 사람이다. 보통의 사람이 아니라는 뜻의 비범非凡은 삼국시대 위나라를 세운 무제 조조曹操의 말에서도 알 수 있다. 당시의 조조란 이름은 비범한 재주를 가진 문학을 하는 무장이다. 건안 16년 조조가 서쪽으로 마초와 한수를 정벌할 때의 일이다.

조조가 전쟁터에서 한수와 겨루기로 하고 직접 전쟁터에 나온다는 소문에 한수의 병사들이 앞 다퉈 유명인 조조를 보려고 했다. 이때 조조는 "너희가 조조를 보려고 하느냐? 너희들에게 한 가지 알려주마. 나도 너희와 똑같은 사람이다. 눈이 네 개, 입이 두 개 달린 사람이 아니다. 단지 나는 너희보다 지혜智慧가 조금 많을 뿐이다."라고 말했다. 조조의 말은 자신도 평범한 사람이나, 단지 글을 읽을 줄 알고 문학을 이해할 줄 아는 능력이 조금 많을 뿐이라고 외친 것이다.

평민이 의무교육을 받은 것으로 글을 읽을 줄 알게 되었으나, 이것만으로 곧바로 지식이 생겨나고 지식과 지식을 연결하여 사물의 의미를 추출해 내는 지혜가 생기는 것은 아니다. 사물을 이해하는 능력인 지식과 지혜는 그 후에도 끊임없는 자신의 노력에 의해서 연마된다.

'잘 갈아 놓은 도끼도 쓰지 않으면 녹슨다'는 말처럼, 대학을 4년 다닌 것만으로 평생 동안 살아가는 방편으로 써먹을 지식知識을 축적할 수는 없을 것이다. 그러므로 평범한 사람이란 의미의 평민은 신분이나 이름만이 보통인 사람을 일컫는 것이 아니라, 조조의 말처럼 평생을 노력 한 번 하지 않고, 책을 읽지도 않고, 장래를 위하여 생각해 보지 않는 사람을 말하는 것인지도 모른다.

나이가 들었으니 노력할 필요가 없다고 생각하거나 평생 공부를 등한시하면 평민에서 벗어날 수 없다.

책략과 관도대전

책략

책략은 머리가 뛰어난 책사들이 복잡한 사회변동을 감안해 '이렇게 하면 더 나은 길을 갈 수 있다'고 제시한 것이라고 할 수 있다. 책략을 만들어 내는 책사들은 과거의 경험이나 이론, 그리고 사물의 역학관계 등을 토대로 세상의 흐름을 유도한다. 경기가 나빠지면 이자율을 내리고, 경기가 좋아지면 이자율을 올리는 단순한 조치 역시 책사들의 머리에서 나오는 것이다.

그러나 상식과 반대되는 책략을 내놓는 책사들도 허다하다. 전 연방준비위원회 의장 앨런 그리스펀이 대표적이다. 그린스펀 전 의장은 경기가 나쁜데도 경기를 좋게 유도하기 위해 이자율을 계속 올리고, 인플레이션을 유도해 주택 값을 폭등시켰다. 이 때문에 지금의 경제전문가들은 경제

관료가 아닌 '경제책략가'라 할 수 있다.

일부 경제책략가들은 위기상황이 닥치면 자국만을 생각하는 책략을 넘어 외국과의 대립도 주문한다. 이자율을 내려야 하는 상황임에도 반대로 이자율을 올린다든가, 상대국이 이자율을 내리면 즉시 이자율을 올려 대항한다든가 하는 전략적戰略的인 방법을 사용한다는 말이다. 바로 경제책략이라 할 수 있다.

군사책략가들은 '병兵은 궤사詭詐다'라는 말을 '군대의 일은 속임수를 바탕으로 한다'라고 정의한 것처럼, 경제책략 역시 '경제의 일은 속임수를 바탕으로 성립한다'는 말이 상통할지도 모른다. 여기에서 속임수란 '인간의 심리를 이용한다'는 뜻이다. 책략에는 인간의 심리를 이용해 되지 않을 것을 되게 한다든지, 되는 것을 되지 않게 하는 기상천외한 방법들이 담겨 있다. 책략가들은 심지어 여러 사람이 생각하는 상식과 정반대의 방식으로 생각하며, 이제까지 상식이었던 것도 사유방식을 바꿔 새로운 가치관을 유도해 낸다.

지난 1년을 되짚어보면서, 지금까지 경제학, 경영학에서 배웠던 지식과 맞지 않은 것을 발견하고 놀랐다. 주택 가격이 은행의 융자금(모기지)을 밑돌고, 대학졸업자가 실업자 신세를 면치 못하고, 자산을 많이 가진 사람일수록 손해가 많은 현실 등이 그것이다.

사마천이 "모든 사물은 번성繁盛하면 쇠퇴衰退하기 마련이고, 원래가 그렇게 변화變化하는 것"이라고 말했지만 이제는 '사물은 쇠퇴하기만 하고 원래가 그렇게 쇠퇴하는 것'이 아닌가 하고 걱정이 들 정도다. 이제 새로운 책략가가 나타나 새로운 책략을 세워 세상을 구제해야 할 때인 것 같다.

관도대전

인생 동안 기회란 누구에게나 오기 마련인데, 이때 준비가 되어 있지 않으면 모처럼 온 기회라 하더라도 쓸모없게 된다. 인생에는 늘 적은 수로 많은 적敵을 상대하고, 약한 세력으로 강한 상대를 이기려고 노력한다. 그러므로 작은 자는 늘 의지가 강하여야 하며 포기하지 않는 지속력持續力이 필요하다. 이렇게 준비된 작은 자에게는 기회는 잡히게 마련이다.

서기 200년에 벌어진 중국의 관도대전은 중국사를 완전히 뒤집는 것으로 역시 작은 자와 큰 자와의 대결이었다. 작은 자 조조曹操는 군사가 겨우 1만여 명으로 큰 자 원소袁紹의 10만 대군에 비해 형편없이 열세였다. 또한 조조는 재정적으로도 원소에 비해 지극히 약한 상황이었다. 그러나 미리 준비된 조조의 군대는 초전에서 승리를 거두게 된다. 하지만 승리에 도취되지 않고 곧바로 관도로 후퇴해 모든 병력을 집결하여, 재력을 절약하며 소모전에 돌입했다.

조조가 후퇴하자 원소는 승리를 거둔 양 10만군의 공격선을 넓고 길게 펼쳤다. 전선이 길어지면 보급로補給路가 길게 늘어져, 전쟁비용이 증가하고 소모율이 높아져 승리의 가능성이 점점 적어진다. 조조에게는 무실정신務實精神이 있어, 겉으로 헛된 조그만 승전의 명성을 추구하다가 속으로 재앙에 처해서는 안 된다는 전략적 실리를 파악하고 있었다. 전술적으로는 원소에게 계속 패배하는 조조는 후퇴를 거듭하여 좁은 지역에 군을 집결하며, 전략적으로 군비를 절약할 수 있었다.

반면, 원소는 헛된 명성名聲을 좋아하여 승승장구하여 물러나는 조조군을 넓은 전선에서 수많은 곳을 공격하여 전술적인 승리에 도취되어 있었으나, 오히려 전선은 더 넓어지고 길어져 이미 재정적으로 군사와 군비를 절약할 수 없었다. 전략적인 측면에서 실패를 초래한 것이다.

그후 조조군과 원소군은 장기간 대치상태에 들어갔다. 조조는 식량과 전비가 바닥났지만 전선이 넓지 않았으므로 이를 악물고 끝까지 버틸 수 있었으나, 전선이 넓게 펼쳐져 있던 원소군은 보급선이 늘어져 물자 · 재정이 심하게 결핍되었다. 끝까지 버틸 수 없었던 원소군은 자연적으로 붕괴되기 시작하였다. 때를 놓치지 않고 조조군이 붕괴되기 시작한 원소군을 일격에 공격하여 괴멸시키자, 원소군 10만은 전의를 상실한 채 뿔뿔이 도주하고 말았다.

관도대전을 통해 인생에 중요한 교훈을 엿볼 수 있다. 식량과 전비가 바닥난 상태에서 내핍에 단련이 되어 있던 조조는 어려움을 견딜 수 있었으나, 한 번도 곤란을 모르고 헛된 명성만 추구하고 살아온 원소는 그 상황을 견뎌낼 수가 없었다는 점이다. 어려울 때일수록 의지가 강하여야 하며 포기하지 않는 지구력이 필요하다는 교훈이다. 이렇게 준비된 사람에게는 기회는 잡히게 마련이다.

상인도 마찬가지이다. 재정적으로 풍요하지 않은 상인은 어려운 시절에도 잘 견딜 수 있으나, 한 번도 어려움을 겪지 않고 명성에만 의존해온 대상인은 기업이 어려운 시절에는 쉽게 붕괴되고 마는 것이 의지가 강하지 못하고 쉽게 포기하지 않는 지구력 훈련이 부족하다는 점이다.

다다익선多多益善

다다익선多多益善이란 말은 사마천의 사기 회음후 한신열전에 나오는 말로, 한고조 유방이 대장군 한신에게 "경은 군사를 어느 정도 많이 지휘할 수 있는가?" 하고 묻자, 한신이 "다다익선(多多益善, 많으면 많을수록 좋다는 뜻)입니다."라고 대답한 것에서 유래한다.

자동차의 힘을 나타내는 단위로 마력馬力을 쓴다. 마력은 말 한 마리가 끄는 힘으로 100마력이란 100마리의 말이 끄는 힘이라는 의미다.

상업의 힘을 나타내는 단위도 있다. 자본資本이다. 자본이란 자산資産의 근본根本이란 말의 줄임말이다. 굳이 마력처럼 자본을 숫자로 표시한다면, 자본은 사람 한 사람이 내는 돈으로, 100자본資本이란 100명이 내는 돈이라는 의미가 될 수 있겠다.

자본은 1달러를 갖고 상업을 하여 11달러를 팔고 1달러 남기는 데 1년이 걸린다. 100만 달러를 갖고 상업을 하여 1천100만 달러를 팔고 100만 달러를 남기는 데도 1년이 걸린다. 상업은 자본이 1달러든 100만 달러든 1년으로 결산한다. 상업은 자본의 10배를 팔아 대체로 1할 곧 10%의 이윤을 남긴다고 상신商神 도주공陶朱公 범려가 말했다. 기본적으로는 1년 장사를 하여 자본금에 가까운 돈을 버는 것이 상업이라는 것이다. 상인은 자본을 생명처럼 귀하게 여기는데, 자본이란 바로 상인의 도구이자 상업의 근간이기 때문이다.

번다는 말의 뜻은 본래 있는 것에서 더해진다는 의미로 한자어로는 익益이다. 하루 일하고 돈을 벌었다는 의미는 이익利益이 있었다는 의미로 이利가 더해졌다는 말이다. 일에 종사하는 대가로 1천 달러의 급료를 받았다는 의미와 상업을 통해 자본을 움직여 1천 달러의 이윤을 벌었다고 한다면, 급료給料의 지불은 노동의 대가로 받은 것이고, 상업에 속한 종속적인 의미가 있다. 이윤利潤의 획득은 자본의 투자로 받은 것이고, 상업을 하는 자율적인 의미가 들어 있다 하겠다.

아무도 맨손으로 큰 바위를 들 수는 없다. 이때에는 지렛대가 필요한데, 지렛대는 힘의 원리에 의해 무거운 큰 바위도 쉽게 들 수 있다. 자본이란 바로 지렛대라 할 수 있다. 혼자서 들 수 있는 돌의 크기는 한정이 있으나, 여러 명이 힘을 합치면 집채만 한 바위라도 쉽게 들어 올릴 수 있는 힘이 나오게 된다. 곧 자동차의 힘을 표시하는 단위로 마력을 쓰듯 이 상업의 힘을 표시하는 단위는 자본으로서 자본이 클수록 큰 힘을 발휘한다. 자본이란 사람의 힘을 합한 단위를 숫자로 표시한 것이라 할 수 있다.

오다 노부나가가 적군의 공격을 방비하기 위해 새로운 성을 축조하려 계획하였다. 단시일에 성벽 축조 명령을 내리자, 수하 장수들이 모두 "1년 이내에는 축조할 수 없다"고 말했다. 그러자 도요토미 히데요시가 나서서 자신이 90일 이내에 성벽을 축조할 수 있다고 하고는, 실패하면 참수당해도 좋다고 했다. 이때 여러 장수들은 도요토미의 어리석음을 비웃고 정말 하나보자 하고 실패를 기다리고 있었다. 도요토미 히데요시는 성벽을 90일 이내에 쌓을 수 있는 구간 단위로 나누어 30개의 건설회사를 고용하였다. 하루 종일 일을 하게 하여 공사를 기간 내에 끝내기를 독려하면서, 그는 이렇게 말하였다.

"일하는 사람들 중에는 적군과 내통해 성벽 쌓기를 방해하려 일부러 일을 늦추는 자가 있다. 기간 내에 끝내는 건설회사에게는 2배의 상급을 내리지만, 끝내지 못하는 건설회사는 적과 내통한 혐의로 전원 참수하겠다."

그러자 30개 건설회사는 의심받기를 두려워해 죽기 살기로 밤낮을 가리지 않고 일을 하여 오히려 30일 만에 성벽축조를 끝내었다 한다.

도요토미 히데요시는 상업의 원리를 이용한 것이다. 경제의 지렛대를 써서 구간을 잘게 나누어 따로따로 30개 건설회사를 고용한 것이고, 이익 증대의 심리를 이용하여 빨리 일하게 한 것이며, 성벽을 끝내지 못했을 때 돌아올 불이익을 무서워하는 반사불이익의 심리를 이용하여 일을 시킨 것이었다.

상인은 자연의 원리에 근본을 두고 자본을 들이고 사람을 모아 사람의 심리를 움직여 가는 사람이라 할 수 있다. 상업의 원리란 사람의 심리를 자연의 원리에 적용하는 것이다. 곧 자본의 단위가 얼마나 큰가에 따라 상업의 규모를 가늠할 수 있다. 자본은 다다익선이다.

목계木鷄

어느덧 한해를 마무리해야 할 세밑이다. 지난해와 마찬가지로 올해도 불경기 한파가 쉼 없이 몰아쳤다. 올 경제 상황과 어울리는 말이 뭐 있을까 생각하다 '목계木鷄'라는 단어가 떠올랐다. 목계는 '나무로 깎아 만든 닭'이란 의미로 장자의 달생편에 나온다.

기성자는 왕의 싸움닭을 키우는 사람이다. 기성자가 닭은 키운 지 열흘이 지났을 때 왕이 물었다. "닭이 이제 싸울 수 있겠는가?" 기성자는 "아직 안 됩니다. 지금은 허세虛勢만 부리고 교만僑慢하며 제힘만 믿습니다."라고 아뢨다.

이후 열흘이 지나 왕이 또 물어보자 "아직 안 됩니다. 다른 닭의 울음소리를 듣거나 모습을 보면 당장 덤벼들 것처럼 합니다."라고 답했다. 또 열흘이 지난 뒤에도 기성자는 "안 됩니다. 다른 닭을 보면 노려보면서 불같이 성을 냅니다."라고 말했다.

닭을 조련하기 시작한 지 한 달 보름이 지났을 무렵 왕이 다시 물었다. 그때서야 기성자는 "거의 됐습니다. 상대 닭이 소리를 질러대도 아무런 내색을 하지 않습니다. 멀리서 바라보면 '나무로 만든 닭'과 같습니다. 싸움닭으로서의 덕을 갖춘 듯합니다. 상대 닭이 맞설 생각도 못하고 도망갑니다."라고 대답했다.

목계란 이처럼 초연한 마음, 즉 평상심平常心을 가지고 현실에 임하는 것을 말한다. 또한 허장성세虛裝盛勢를 하지 않고, 세파에 동요되지 않는 마음가짐을 의미한다.

2010년은 1929년대 공황 이래로 심각한 경제 불황 속에서 상인들이 참으로 고초를 많이 겪어 폐업한 상인이 늘고, 힘겹게 생존하였다 할 수 있다. 경제가 어렵거나 좋거나 하는 일은 어찌 보면 고대부터 계속되어 온 자연현상이다. 이것을 헤쳐 가야 하는 것이 상인인 것인데, 세파를 헤쳐 가기 위하여 옛날부터 상인이 해야만 하는 덕목을 여러 개 들어 상인정신을 경계하였다.

상인의 덕목이란 인간의 욕망인 권權, 재財, 욕慾, 의衣, 식食, 주住를 억누르고, 대신 다른 사람을 위해 양보하는 것이 첫 번째다.

권력을 좋아하는 사람에게는 권력을 주고 자신은 봉사奉事를 하고,

재물을 좋아하는 사람에게는 재물을 주고 자신은 노력努力을 하고,

사치를 좋아하는 사람에게는 사치를 주고 자신은 근검勤儉하고,

허장을 바라는 사람에게는 그 사람의 허장을 보아주며,

성세를 바라는 사람에게는 그 사람의 성세를 북돋아주며,

잠자고 싶은 사람은 자게 하고, 남 자는 동안 자신은 일을 하며,

많이 먹고 싶은 사람에게는 많이 먹게 하고, 남 먹는 동안 자신은 먹을 것을 제공하고,

좋은 곳에서 살고 싶은 사람에게는 좋은 곳을 제공하는 사람이 바로 상인이다.

상인이 이렇게 하는 이유는 상업商業을 지키기 위함이다. 이를 위해 가장 필요한 마음가짐은 바로 초연함인데, 본래부터 이익을 늘리기 위해 상업을 하고자 정한 초심初心을 지키기 위함이다.

상인의 덕목 중 가장 중요한 것은 봉사인데, 마치 신하가 주군에게 봉공하는 것과 같이 상인은 자연自然에 봉사한다. 자연 앞에는 허장성세가 필요 없음을 상인은 이미 깨닫는데, 허장성세로 부자가 될 수 있다면 이미 누구나 그렇게 했을 것이다. 자연의 움직임은 한 치의 오차 없이 인과응보因果應報에 의해 움직인다. 그러므로 상인은 무엇을 잘 보이려 나를 나타내지도 않으며, 사람이 필요로 하는 것은 제공하고, 사람이 좋아하는 것은 주고, 사람이 싫어하는 것은 받는다. 그러므로 상인이 필요한 것은 필요로 하는 사람이 필요하고, 상인이 좋아하는 것은 사람들이 싫고 좋은 것을 가리는 것을 좋아하지, 상인 자체가 싫고 좋음을 가리지 않는다. 그러므로 상인 그 자체란 목계가 된 것을 가장 으뜸의 상인으로 친다.

조장助長

조장助長이란 '도와 성장시킨다'는 뜻이지만, '급히 크게 하고자 하는 마음에서 무리하게 힘을 가해 도리어 해롭게 한다'는 부정적인 의미가 많다. 이 말은 맹자 '공손추' 장에 나오는 송나라 농부의 우화에서 유래한 것이다.

어리석은 농부가 불과 며칠 전 심은 벼 모가 더디 자라는 것을 안타깝게 여겨 볏대를 뽑아, 그것을 잡아 늘린 다음 다시 꽂고 '이렇게 했으니 빨리 자라겠지' 생각했다. 이를 본 아들이 깜짝 놀라 논으로 달려가 봤지만 벼는 이미 말라죽었다는 이야기다

2008년 가을 리만 브라더스의 파산으로 금융위기가 일어나자, FRB의 벤 버냉키 의장은 즉시 구제금융을 통해 경기부양을 조장했다. 그러나 그 결과 경기가 부양되기는커녕 건전한 서민경제에 해를 끼쳤다는 여론이 많다. 차라리 구제불능의 회사는 도산되도록 내버려두고 생존할 수 있는 회

사에게 구제금융을 제공하는 것이 옳은 해법이라는 것이다. 한마디로 조장하지 않았더라면 더 좋았을 것이라는 말이다.

허장성세虛張聲勢란 '실제보다 과장해 부풀리고 허풍으로 소리를 질러 세력을 과시하며 자랑하는 것'을 말한다. 적을 분열시키기 위해 쓰는 전술의 일종이다. 상업에서도 많이 이용되는 수단의 하나로, 허위의 상점을 열어 허위의 상업을 하는 것이 이에 해당한다고 볼 수 있다. 고객에게 가상의 높은 수익률을 보장한다며 어리석은 고객의 자금을 편취하는, 이른바 '재財 테크'라는 도박이 대표적이다.

재물은 기본적으로 두 가지에서 생겨난다. 농경사회의 경우 열심히 노동하면서 흘리는 땀과 유목사회의 경우 열심히 약탈하면서 흘린 피에서 나온다고 한다. 땀 흘려 벌어들이거나, 피 흘려 빼앗지 않고 가만히 앉아 거짓을 의논해 남의 돈을 편취하려는 사고방식이 전 세계에 만연된 것이 사실이다. 이와 같이 뿌리도 없고, 줄기도 없고, 잎도 없는 가상의 상업이 쓰러지는 것은 자연의 섭리로 당연하다고 할 수 있다. 나의 조그만 돈이 더 빨리 자라서 큰돈이 되었으면 하는 사람들의 심리를 이용한 것이라 할 수 있다.

사람들의 '급한 마음'은 신문광고를 보면 잘 알 수 있다. '4년제 대학을 1년만에 마치는 방법', '고투자 수익, 투자 하면 연 200%의 수익을 낼 수 있다' 등이다. 또 "대학을 졸업한 뒤 월스트리트에 취직하면 초봉이 20만 달러에 보너스 20만 달러를 받는다." "강남 아파트에 투자하면 몇 년 사이에 2배가 된다." "작년에 이민 왔는데, 가게를 잘 사 대박이 나서 100만 달러짜리 집과 함께 BMW740도 샀다." 등 주위에서 흔히 듣는 말에도 땀 흘리지 않고 빨리 돈을 벌었으면 하는 '조장의 기질'이 내포돼 있다 하겠다.

그러나 벼의 모를 뽑아 크게 한다고 하여도 자라지 못하는 것과 같이 땀 흘리지 않고 소득이 굴러 들어오는 것은 없다. 있다 해도 거액의 복권에 당첨될 확률과 같이 매우 희박한데, 이런 가능성을 기대하고 인생을 살 수는 없는 노릇 아닌가.

땀 흘리지 않고 큰 소득이 들어오기만 기다리자니, 사람들은 자신의 생활을 실제보다 부풀리거나 허풍으로 자신의 생활을 자랑하거나 떠벌리게 되는 허장성세를 하는 것인데, 본인 자신의 실생활은 얼마나 고단하겠는가. 인생을 허장성세 전술로만 살 수는 없다. 적을 분열시키기 위하여 사용하는 전술을 사용해서는 인생에 어떠한 유익함도 없을 뿐만 아니라, 도리어 나와 너에게 해를 끼친다고 할 수 있다. 자산이나 소득을 도의道義의 성장에 따라 서서히 키워나가는 점진적 방법에 의하거나, 아니면 자연대로 내버려두어 흘러가게 함으로써 나의 인생이 정해지는 자연적 방법도 좋을 듯하다.

상인商人은 버는 일에 종사하는 사람이지만 얼마 동안, 얼마를 벌어야만 한다는 법은 없다. 그저 버는 일에 최선을 다하면 되는 것이다. 상인은 조장해서는 안 된다.

본래 그런 것本然

전국시대에 새로운 신분으로 떠올라 사회 전반에서 활동한 계층이 사士라는 선비 계층이다. 유력자의 정치행위를 도와주던 인재들을 식객, 빈객으로 불렀는데, 사 계층은 그후 모사, 책사, 참모로 진화된 계층으로 현대에 이르면 대학을 졸업하고 취직이나 구직을 통하여 직업을 얻은 사람으로서 회사조직의 다방면에서 각자의 능력을 발휘하며 급료를 받는 종업원, 사원, 임원들의 인재라 할 수 있다. 사士 계층은 능력을 발휘할 기회를 맞아 각종 문제를 해결해 나가며 회사조직을 이끌어 가는 실질적 경영 계층이다.

전국시대 기원전 240년대 전후, 이러한 유능한 사士, 인재를 많이 거느린 사람을 유력자라 불렀는데 이중에도 맹상군, 평원군, 신릉군, 춘신군 등을 사공자라 불렀다.

맹상군은 제나라의 재상을 지낸 사람으로 제왕의 종친이다. 위, 진과 결탁하여 전국시대의 힘의 균형을 제나라에 유리하게 움직인 정치가이다. 맹상군은 식객 3천을 거느렸는데, 지금으로 말하자면 임직원 3천 명을 고용한 대기업의 회장에 버금가는 사람이라고 할 수 있다. 맹상군은 자기만이 가지는 인재 대우방식이 있어 많은 현명한 사람을 뽑아 적재적소에 써서 사士를 우대하였다. 그리고 식객 3천을 인물의 우열에 따르지 않고 능력에 따라 누구도 차별하지 않고 공평히 대우하였다 한다. 노사문제의 달인이라 하여도 과언이 아닌 사람이다.

이러한 맹상군도 재상의 지위를 한때 잃어버리자, 그 많던 식객 3천이 온다 간다 말도 없이 하루아침에 맹상군을 떠나버리고, 오직 식객 중에 그다지 두각을 나타내지 않았던 볼품없던 풍환만이 곁에 남아 맹상군을 지켜주는 비정한 인간관계를 맛보게 되었다.

그후 어려운 고비마다 풍환이 도와 힘없고 가난한 맹상군이 다시 재상의 지위로 복직을 하게 되자, 떠났던 많은 식객들이 다시 돌아와 맹상군을 모시겠다고 추파를 던지는 것이었다.

맹상군은 탄식을 하며 "내가 한번 파면이 되자 빈객들은 나를 저버리고 모두 떠나버리고 돌보는 자 하나 없었는데, 이제 지휘를 회복하자 빈객들이 몰려드니, 그들이 무슨 낯으로 나를 본단 말이요." 하였다 한다.

그러자 풍환이 "부귀할 때는 선비가 많이 모여들고, 가난하면 벗조차도 떠나는 것은 본래부터 일이 그러하기 때문이고, 이른 아침에 저자로 몰려가는 사람들이 서로 먼저 가려고 다투면서 문으로 들어가나, 해가 저문 뒤에는 사람들이 저자를 본체만체하여 돌보지도 않는 것은 기대하는 물건에 이利가 거기에 없기 때문인 이치와 같습니다. 그러므로 그들을 나무라서는 안 됩니다."라고 하였다.

풍환의 생각에 의하면 자연은 본래부터 그런 것(본연)과 반드시 그렇게 되는 것(필연)에 의하여 움직인다.

'본래부터 그런 것'이란 자연의 성격은 스스로에게 이로운 이利에 의해 성립되는 것으로 볼 수 있다. 이러한 이利가 움직여 갈 때에는 반드시 이利가 늘어나는 방향으로 움직인다(利益)는 의미의 '반드시 그렇게 되는 것'으로 귀결됨을 알 수 있다.

맹상군의 탄식에서 보듯이 우리도 흔히 잘살 때는 죽고 못 사는 친구가 많더니, 돈 떨어지고 나니 친구도 떨어진다는 말을 주위에서 듣게 된다. 또 정승집 개가 죽으면 초상 날에 문전이 닳도록 북적되나, 정작 정승이 죽으면 한 사람도 보이지 않는다는 속담도 있다. 이러한 자연현상을 말함이리라.

사람들은 이것을 세파世波라고 하여 한탄을 하나, 풍환의 말대로라면 "본래부터 그런 것" 이라 나무랄 것이 없다고 이해한다면 수긍이 간다고 하겠다.

상인과 부자

상인이라 해도 모두 부자富者는 아니다. 상인이란 자본을 갖고 자산을 이뤄 그것을 운영하는 사람인데, 자산을 이뤘다 함은 상점, 회사, 기업을 세웠다는 의미다. 기업이 자금을 갖고 있으므로 겉에서 보기엔 상인은 부유해 보인다. 그리고 그런 기업을 운영하는 상인이 기업을 소유하므로 상인 자신이 부자라고도 생각한다.

상인과 부자는 엄연히 구분된다. 부자란 부할 부富의 글자 뜻대로 한 집안 식구가 먹고 남을 만큼 큰 밭(田)을 가지고 있는 사람을 의미한다. 큰 밭의 의미는 지금으로 치면 이윤을 창출하는 상점, 회사, 기업이다. 그러나 상인은 한 집안 식구가 먹고 남을 만큼의 기업을 이루고, 식구가 먹고 남거나 먹기에 모자라거나 간에 기업을 이루어 나가려는 사람이다.

농업을 예로 들어보자. 1년 내내 농사를 지어 수확한 양식을 곳간에 모아두고 쓰면서 이듬해 다시 농사를 짓는 일을 반복해 모아진 양식이 많아지면 부자라 부를 수 있을 것이다. 그러나 그들 중 일부는 곳간에 저장된 양식을 그냥 두지 않고 남에게 팔아 이윤을 얻는다. 이들이 바로 상인이다.

다시 정리하면 부자란 화폐(양식)를 소유도구로 생각해 많이 소유한 것으로 만족하는 사람을 말하고, 상인이란 화폐(양식)를 유통도구로 생각해 상품으로 취급하며 파는 것으로써 만족하는 사람을 말한다. 이런 차이 때문에 상인은 부자일 수 있으나 부자라고 모두 상인인 것은 아니다.

균수법均輸法이란 용어가 있다. 사마천의 사기 '평준서平準書'에 나오는 것으로, 국가가 쌀이 풍부한 지역에서 부족한 지역으로 운송해 부족함을 메운다는 뜻이다. 또 시기를 살펴 가을에 수확한 쌀은 곳간에 저장하고 있다가 춘궁기, 파종기를 지나 가을에 수확되기 직전에 비싼 값으로 양식을 파는 사람도 생겨났다. 평준서에는 국가가 이런 일을 했는데, 시차를 이용하여 창고에 저장하여 두었다가 물자가 부족하고 값이 비싸지기 시작하면 국가가 물자를 방출하여 가격을 평준화시키는 것이라며 이를 '평준법平準法'이라 칭했다.

그러나 사람들도 국가가 하는 것과 같이 균수법, 평준법을 행해 이익을 도모했는데, 이것이 상업의 한 전형이라 할 수 있고, 이를 통해 이익을 도모하는 것을 업業으로 삼는 사람이 상인이다.

한무제 때인 기원전 110년경 경제, 정책, 물가조정을 목적으로 시작한 균수법, 평준법이 대상인의 활동을 억제하기 위하여 시행한 정책이었으나, 실은 상인들은 이미 이러한 방법을 사용하기 시작한 지가 오래된 것이다. 자연의 한 방편이라고 할 수 있겠다.

상인은 식량을 목적으로 생산한 쌀을 상품이란 형태로 바꾸어, 쌀이 풍부한 장소에서 쌀이 부족한 장소로 운송하여 이익을 챙겼으며, 쌀이 풍부하게 생산되는 가을에 수확한 것을 저장하여 두었다가 시차를 두고 쌀이 부족한 시기에 내다 팔아 이익을 챙긴 것이다.

상인 중에는 부자도 있고, 반대로 빈자貧者도 있다. 사람들이 상인이 되고자 하는 것은 부유하기 위함이겠지만 상인이 됐다고 모두 부자가 되지는 않는다.

사마천이 사기 평준서平準書에서 "세상의 어떤 사물도 번영이 극에 달하게 되면 반전되어 쇠퇴하기 마련인 것이며, 어떤 시대도 발전하여 태평성대를 이루어 그 극에 다다르게 되면 반전됨으로 해서 질박한 시대와 난숙한 시대가 번갈아 나타나는 것처럼 모든 사물은 시작이 있으면 끝이 있는 법이며, 하나의 종말은 다른 시작을 의미하는 자연의 법칙에 따른 변화라 하겠다."라고 말했다.

이 말은 상인이란 성한 것이 극에 이르면 쇠하고, 쇠한 것이 극에 이르면 성하기 시작한다는 자연의 법칙에 따른 변화를 이용하여 세상에 사물이 많아지면 사들여서 사물을 적어지게 하고, 세상에 사물이 적어지면 팔아 내보내서 사물이 많아지게 하여 평준平準하게 하는 역할을 하는 사람이다. 상인이란 춘하추동 자연의 변화에 관계없이, 오로지 많이 소유하고자 하는 부자와는 다른 사람인 것이다.

그렇다고 한다면 사물을 평준하게 하는 일을 하기 위해서는 상인이 꼭 부자가 되어야 할 필요도 없으며, 가난하게 될 필요도 없다고 할 수 있다. 상업이란 평준하게 하는 업이라 말할 수 있고, 이 업을 천직으로 삼아 살아가는 사람이 상인이다. 부유하게 되고 안 되고는 상인과 관계없고 얼마나 노력해 축적했는가에 달려 있다 하겠다.

우열

인간생활에는 언제나 우열優劣이 있다. 우열이란 넉넉할 우優를 써서 우수한 사람이란 미리 준비하여 일이 닥쳤을 때 대처하는 데에 여유가 있다는 의미일 것이다. 반면 열등한 사람을 표현할 때 열劣은 용렬할 열을 써서 일이 닥쳐서 대처하는 데에 미리 준비한 것이 없어 여유가 없고 아무렇게나 용렬하거나 어리석게 움직인다는 뜻으로 쓰인다.

상업에서도 우열이 있다. 상재가 있고 없고는 조그만 일에 불과하고, 상업은 재주만으로는 이룩할 수 없고, 수많은 지식과 경험을 바탕으로 체계적으로 쌓여 이루어지는 것이라고 이미 3000년 전에 상업에 대하여 자세히 정의한 문헌이 있다.

백규白圭는 주나라 사람으로 중국의 상신의 한 사람이다. 사마천이 기록한 사기 화식열전에 보면, 백규는 시기변화에 따른 물가의 변동에 관심을 가지고 있었다. 그리하여 세상 사람들이 버리고 돌아보지 않을 때에는 사들이고, 세상 사람들이 모두 사고자 할 때에는 팔아넘겼다 한다.

남들과 다른 안목을 가지고 상업을 하였던 사람이라 하겠다. 백규가 상업에 대하여 말한 것을 보면, 상업이란 우리가 생각하는 사농공상의 맨 끝자리에 차지하는 '할 것 없어 이제는 장사나 해야지' 하는 그러한 상업이 아닌 것을 알 수 있다.

백규가 말하기를, 상업을 운영하는 것은 마치 이윤伊尹과 여상呂尙이 정책을 도모하여 펴듯이 하고, 자산을 움직이는 것은 손자孫子와 오자吳子가 군사를 쓰듯 했고, 상법을 지켜 자본을 보호하는 것을 마치 상앙이 법을 다루듯이 했다.

그러므로 상업을 하는 데 임기응변하는 지혜도 없고, 시기를 보아 일을 결단하는 용기도 없고 이윤을 남겨 남의 것을 얻었다가 도로 주는 어짊도 없고, 자신의 상점을 지킬 바를 끝까지 지키는 강단도 없는 사람은 백규 자신의 상업의 지혜와 방법을 배우고 싶어도 백규는 끝내 가르쳐 주지 않겠다고 했다.

상업을 규정하는 말에 백규는 이윤, 여상, 손자, 오자, 상앙의 재상, 전략가, 전술가, 법가의 이름을 거론한 것을 볼 수 있다. 이윤伊尹은 전설상의 인물로 은나라의 명재상이다. 탕왕을 도와 하나라의 걸을 쳐서 멸망시키고 은나라를 세운 사람인데, 탕왕의 손자인 태갑이 무도하여 동궁에 유폐시켰다가, 태갑이 스스로 깨닫자 3년 만에 다시 임금으로 모신 명재상이자 전략가戰略家이다. 여상은 강태공 혹은 태공망을 말하는데, 주나라의 문왕과 무왕을 도와 은나라의 주왕을 멸하고 천하를 차지한 전략가를 말한다.

백규는 상업이란 이러한 탁월한 전략가가 세운 정책을 도모하듯 상략商略을 세워야 한다고 한 것이다.

손자, 오자는 제자법가 중 전술, 전략을 논한 학자로서 손자병법, 오자

병법을 쓴 군사 전략가이다. 이러한 전략가가 병법兵法에 의하여 군사를 쓰듯이 자산을 움직여 나가는 것이 상업이라 하였다.

상앙은 전국시대 진秦나라의 법가法家 사상가를 말한다. 중국 정치를 말할 때 흔히 정치는 상앙을 제일로 치고 문화는 공자를 친다. 상앙은 상앙의 변법으로 부국강병책을 써서 진시황이 진나라로 하여금 최초로 중국을 통일하게 한 정치가이다. 상앙의 강력한 법규를 적용하는 것과 같이 자본을 보호하며 나아가야 하는 것이 상업을 하는 것이다.

그러므로 백규의 설명에 의하면 상업이란 지혜로운 자의 전략, 전술, 전법과 같이 모든 것이 규칙에 의하여 이루어진다고 한 점이다. 한갓 할 일 없는 사람이 돈 한번 벌어보자고 무작정 뛰어드는 것이 상업이 아님을 알 수 있다. 그리고 사람의 우열이 있고 없음을 떠나서, 상업이란 상당히 우열優劣의 차이에서 성패가 갈리게 되는 것을 알 수 있다.

그러므로 상업을 하는 데 스스로 공부하지 않는 것은 고사하고, 임기응변하는 지혜도 없고, 시기를 보아 일을 결단하는 용기도 없는 사람은 상인이 될 수 없다고, 우열優劣 이외에도 인간의 노력이 필요하다고 백규白圭는 이미 말한 것이다.

무산無産

이제는 고전이 된 마르크스의 '자본론'에 의하면 소득의 원천은 임금, 이자, 이윤, 지대 등 4가지다. 사람이 노동해 벌어들이는 것이 임금소득이고, 임금소득 중 먹고 쓰고 남은 잉여금을 따로 모아 저축해서 발생하는 것이 이자소득이다. 임금과 저축을 합해 영업활동을 하는 기업 등에 투자해 벌어들이는 것을 이윤이라 하며, 토지나 건물을 사들여 남에게 빌려주면서 그 대가로 받는 것을 지대소득이라 한다. 이런 소득은 크게 두 가지로 나눌 수 있는데, 임금소득과 잉여금을 이용해 벌어들이는 이자, 이윤, 지대를 합한 자산소득이 그것이다.

지금 사회문제로 대두되는 빈부의 격차는 '아무리 노력해도 부유한 아버지를 만난 사람을 이길 수 없다'든가 '노력해 봤자 부자가 될 수 없다'는 하류의식下流意識이 팽배해짐에 따라 더욱 커지는 것 같다.

대부분 빈부격차는 임금소득보다 자산소득의 많고 적음에 따라 발생하는 것으로 생각한다. '아무리 노력해도 부유한 집에 태어난 사람을 이길 수 없다'라는 말은 이자를 발생시키는 현금이나 현금을 창출해 내는 사업체를 물려받았거나, 지대를 받는 토지, 빌딩을 유산으로 받은 유산자들을 비난하는 말이라 할 수 있다. 불공평하다고 여기는 것이다.

이런 비난의 말과 가난을 비관하는 말은 인류 역사 초기부터 존재했다. '가난은 나랏님도 어찌할 수 없다'는 말이 있듯이 어째서 그러한 결과가 나는지 이해할 수 없으나, 빈부의 차, 능력의 차는 인류가 생존하는 한 계속될 것이다.

사람은 적으나 많으나 임금, 이자, 이윤, 지대 등의 소득을 갖게 되는데, 요즈음에 와서 선대로부터 물려받은 자산으로 인해 발생하는 자산소득이 노동을 통해 얻는 임금소득보다 더 많은 경우도 많이 있다. 흔히 말하는 유산자有産者와 무산자無産者는 이렇게 구별한다. 임금소득이 자산소득보다 많아 임금소득으로만 생활하는 사람은 무산자이며, 반대로 자산소득이 상대적으로 많아 자산소득만으로 생활하는 사람은 유산자다.

자산소득이 임금소득에 비하여 큰 것은 사실이다. 그렇다고 부유한 집에서 태어나지 않은 사람은 인생을 포기하고 살아야만 하는가? 또 부유한 집에 태어난 사람은 계속 부유한 사람이 되고, 부유하지 않은 집에서 태어난 사람은 계속 가난한가를 생각해 볼 필요가 있다.

한국의 경우 1920년대 많은 토지자본가가 생겨나 노비, 소작인을 고용해 자산소득을 올렸다. 그리고 그 후세들에 의해 기업이 생겨났다. 하지만 해방 이후까지 생존했던 기업은 불과 1~2개에 불과했다. 그 대신 찢어지게 가난한 농부의 자식으로 태어나 교육도 받지 못한 사람이 도리어 지금의 한국 재계를 장악한 것을 볼 수 있다. 이런 사실을 보면 '아무리 노력해도 부유한 집에 태어난 사람을 이길 수 없다'라는 말은 맞지 않는다. 또 수많은 토지자본가가 몰락하고 송곳 꽂을 땅 한 조각 갖지 못한 사람이 경제계를 장악한 것을 보면 꼭 '부유한 집에 태어난 사람만이 계속 부유하게 되는 것'은 아니라는 것을 알 수 있다.

자연은 그렇게 어수룩하지 않다. 한번 자본을 획득하면 영원히 자본을 소유하는 것이 아니라, 적자생존의 법칙 속에 자본을 획득한 사람도 자본을 잃어버릴 수도 있고, 자본이 전혀 없던 사람도 자본을 획득할 수 있다.

그런데 왜 "가난한 집안에 태어난 사람은 아무리 노력해도 부유한 집에 태어난 사람을 이길 수 없다."고 자포자기하는 말이 나오는 것일까? 공자의 아들이 공자처럼 훌륭한 학자가 되지 못하고 다른 집안에서 태어난 재능 있는 맹자, 순자가 유학을 계승했던 것처럼 재벌의 아들이 아버지처럼 훌륭한 재벌이 되지 못하고 다른 사람이 또 다른 재벌로 등장하는 것이다. 곧 물이 낮은 곳으로 흐르는 것처럼 자산은 재능을 가진 사람 쪽으로 움직이는 것이다.

재능과 능력은 한탄한다고 생겨나는 것이 아니다. 부단한 노력으로 이루어지는 것으로 '아무리 노력해도 되지 않는다'라는 말뜻은 애초부터 노력하지 않겠다는 생각에서 나오는 변명이라 할 수 있다.

이제부터 노력하면 하나씩 쌓여 간다. 걱정할 필요 없다. 다만 부유한 사람보다 시간이 좀더 걸릴 뿐이지 못할 일은 아닌 것이다.

의義

자연의 사물은 저마다 모든 속성을 가지고 있다. 물질은 물리物理를 가지고 있고, 형상이 없는 상징적인 문학은 문리文理를 가지고 있다. 일종의 공통된 법칙으로 움직이는 것이다. 만일 자연에 저마다의 공통된 법칙이 없다면 아직 정리되지 않은 상태로 혼돈混沌이라 부른다. 혼돈이란 여러 가지 물리와 문리가 섞여 있는 상태로 분리되어 정리되지 않은 상태를 의미한다.

사람도 저마다 성질, 성격이 달라 보이지만 일정한 속성으로 움직인다. 자연의 법칙인 개인의 이익利益을 좇아 움직이는 것이 동물적인 요소인데, 한편으로는 개인의 이익만을 좇아 움직이지 않는 속성도 가지고 있다. 의義라고 표현되는 의리義理이다.

의리란 사람으로서 마땅히 지켜야 할 도리라 한다. 나에게만 유리한 것을 이利라고 한다면 나에게도 유리하고 너에게도 유리한 것이 의義라 하겠다. 그러므로 혼자의 이익을 따라 움직이는 사람의 속성이 이번에는 너와 나 공동으로 이익을 추구하여 나가자고 임의로 정하는 것이 의리義理라 하겠다.

문헌상에 보이는 의는 세 사람의 이익을 서로 같이하자는 약속을 한 도원결의桃園結義를 들 수 있다. 혈연관계가 없는 유비, 관우, 장비가 도원에서 뜻이 맞아 생사를 같이하자고 임의대로 약속한 것이 도원결의의 의리義理이다.

의리란 물리나 문리와 같이 의가 이루어지고 이행되어 가는 법法을 말한다. 흔히 의義란 의협으로서 약자를 돕고 구하는 일이라 이해하고 있다. 그러나 의란 이치에 근거하여 관계를 풀어나가는 행동으로 의義에는 나의 의무와 그에 대한 보상인 권리가 뒤따른다. 곧 나의 싫고 좋음에 관계없이 너와 나의 공동의 싫고 좋음에 관계없이 너와 나가 당연히 해야 한다는 묵계가 있는 것이나, 실은 이러한 의의 행동도 너와 나의 공동의 이利가 뒤따르지 않으면 이루어지지 않는다.

"저 사람은 의리 있는 사람이야." 하는 말은 곧 저 사람의 움직임은 저 사람의 이익에도 있지만 나의 이익에도 합치된다는 뜻이 담겨 있다. 반대로 "저 사람은 의리가 없는 사람이야." 하는 말은 곧 저 사람의 움직임이 저 사람만의 이익에 있어 나의 이익에는 합치되지 않아 아무짝에도 쓸모가 없다는 뜻이 되겠다.

너와 나 공동의 이익으로 움직이다가 너는 너의 이익을 좇아 움직이고 나는 나의 이익을 좇아 움직이게 될 때에 의義는 끊어지게 된다. 또한 의를 행하는 행위도 의무義務와 권리權利로 움직이는데, 내가 너를 위하여 이렇게 의무를 다하였으니 너에게 이만큼은 받아야겠다는 권리가 생겨난다. 의에 대한 권리는 물질로도 표현할 수도 있고 정신적으로도 배상받을 수 있다.

군신유의君臣有義란 신하가 주군에 대한 충성의 보상으로 주군으로부터 신하에게 은恩이 하사된다. 은이란 은급恩給으로서 급료를 지불하거나 관직을 부여받는다. 상업에서는 주종의 관계로 상점의 주인과 종업원의 사이에 상점을 위하여 열심히 노력한 종업원에게 주인은 급료를 올리거나 직급을 올려 보답한다. 이것을 일반적으로 의義라 보는 것인데, 실은 의의 속성에는 이利가 스며 있다고 할 수 있다.

신하가 주군에 대한 충성의 보상으로 주군으로부터 은급인 급료가 지불되지 않고, 관직이 부여되지 않는다면 곧바로 배반에 이르게 된다. 주종관계에서도 종업원이 열심히 일하여 노력한 대가로 주인이 급료를 올려주지 않거나 직급을 올리지 않으면 종업원은 곧바로 떠나버리고 만다. 의리의 속성 중에 이익을 제거하여 보면 의리의 관계가 이루어지지 않는 것을 보아 알 수 있다.

그렇다면 의리란 이익의 반대급부를 바라고 군신 간의 충성, 노사 간의 애사심, 군대의 장군과 병사 간의 명령, 친구 사이의 친분이 이루어지는 것일까?

사마천의 사기 화식열전에서 이르기를 "사물의 움직임의 모든 관계는 최종적으로 이를 목표로 움직이고 있다."고 기록하고 있다. 자객이 자신을 헌신하며 주군을 위해 복수를 하는 것이나, 심지어 고운 화장을 하고 몸단장을 하는 기생조차도 유혹을 하는 이유는 이利에 있다 한다. 물질적인 이利이건 정신적인 이利이건 자신이 추구하는 이利롭다고 하는 방향으로 사람들은 행동을 한다는 것이다.

그러므로 의義란 사람들이 자연의 순리를 공동으로 이利를 추구하자는 약속이며, 이 약속은 공동의 이利가 존재하는 데까지의 인위적인 것이 되고 만다. 의란 사람이 만들어 가는 것인데, 나의 싫고 좋음에 관계없이 당연히 해야 한다는 조건이 있으나, 실은 의로운 사람이라는 것은 나는 대의명분을 지킨다는 정신적 이利를 추구하는 한 사람으로서 이 또한 결국에는 이利를 추구하는 것이 된다고 사마천은 보고 있다.

업業

업業이란 한자는 종이나 경쇠를 매다는 틀을 본뜬 상형문자다. 나무로 된 틀 위에 공들여 무늬를 새기는 것을 일삼은 데에서 비롯된 말이 업이다. 그래서 인간생활 가운데 중요한 것의 하나인 일하는 근본의 업이란 말은 주된 사업이나 직업을 가리키는 말로 표현된다. 생명은 업으로부터 시작된다 하겠다. 인간은 먹기 위해 무엇인가를 해야 하는데, 이런 움직임이 업의 개념이다. 업에는 처음으로 시작한다는 의미도 담겨 있다.

불교에서는 전생의 업인業因으로 현생에서 업보業報를 받는다고 한다. 선악을 어떻게 저질렀는가의 원인에 의하여 나중에 고락苦樂의 인과 업보를 받는다는 것이다. 이것과 마찬가지로 업도 어제의 노력, 즉 업인에 따라 오늘 잘 먹는지 못 먹는지 정해지는 업과業果를 받는다. 직업, 사업, 산업 등과 같은 단어에 쓰이는 업이란 내 몸 또는 입이란 뜻으로 내 노력의 결과에 따라 이뤄지는 개인, 회사, 사회가 먹을 것을 만드는 일을 일컫는 말이다.

흔히 사람들이 "너는 뭐하고 먹고 사냐?" 하는 말은 바로 "당신의 업은 무엇입니까?" 혹은 "당신 회사의 업은 무엇입니까?"를 묻는 가장 직설적인 물음이라 하겠다. 그러나 대부분의 사람이 회사나 나의 업이 무엇인가에 대해 잘 알지 못한 채 매일 똑같이 일하고, 매일 똑같이 먹고 산다. 자연으로부터 받은 업으로 사람들은 자신도 모르는 새 먹고 산다고 할 수 있다. 그러므로 업이란 인간이 자연으로부터 공평히 부여받은 '먹을 것이 나오는 곳'으로 신성한 것이다. 그래서 서로가 일하기를 권하는 권업勸業을 중시하는 것이다.

업은 스스로의 힘인 업력業力에 의해 움직여 나가며, 업과를 낳는 원인이다. 여기에서 말하는 업력은 사람의 노력으로 끊임없이 하고자 하는 마음을 가리킨다. 사람 노력의 결실은 업적業積으로 나타나는데, 노력은 하나로 끝나는 것이 아니라 끊임없이 이어지며 쌓여 가는 것이다.

기업, 사업체의 주체를 업주業主라 하는데, 업주란 업의 주체로서 노력을 쌓아가 결국에는 문벌門閥, 가업家業을 일으키는 사람을 말한다. 업은 자연 상태에서 존재하나, 그것을 찾아내어 내것으로 삼는 데는 자연과 나와의 필연의 단서에 의해 연결된다. 한 가닥 정해진 실마리란 뜻의 단서는 자업자득自業自得으로 내 스스로 노력한 결과 내가 얻게 되는 업인 것이다.

'우리도 한번 잘살아 보세'라는 새마을운동은 잘살아 보려는 실마리를 찾는 노력인 것이고, '우리도 하면 된다'는 노력을 권장하는 것으로, 단순해 보이는 국민구호라 하더라도 실은 업을 찾아 헤매는 노력으로서 상당한 철학적인 의미가 담겨 있는 말이라 할 수 있다. 공기 중에서 질소비료를 뽑아낸다든가, 물에서 산소와 수소를 분리해 내어 에너지로 쓰는 일 같은 것이 바로 희미한 실마리인 단서를 찾아 업을 이루는 예가 될 것이다.

그러나 수많은 자연 속의 단서라 하여도 노력하는 인간이 아니고서는 눈에 보이지 않을 것이다. 미미한 단서를 잡는 데에도 수많은 실패가 뒤따르며 포기하지 않아야 하는 조건이 붙기 때문이다. 아무리 어려운 경우가 닥쳐와도 업은 스스로 없어지지 않는다. 그리고 업적도 스스로 없어지지 않는다. 다만 내 스스로가 노력을 그만둠으로써 업이 끊기는 것이다.

상가商家

사람이 상인이 되어 가진 것이라고는 단돈 한 푼 없이, 지붕위에 기와 한 장 없고 아래에는 송곳 꽂을 정도의 조그만 땅도 없이도 상점을 열고 상권을 획득하여 대상인의 상가를 이룰 수 있을까? 과연 그러한 대상인이 될 수 있는 상권을 차지할 수 있을까?

만약 그러한 상인이 상권을 차지한다면 자신의 있는 재능을 다하여 전반적인 상업의 대세도 살아날 것이다. 충분히 그럴 가능성이 있다. 지금까지 모든 상인이 그러하였듯이, 누구든 처음에는 빈손으로 시작하였으며, 비록 유산을 받았다 할지라도 그의 조상 중 어느 한 사람이 처음에는 빈손으로 시작하였을 것이기 때문에 어느 개인이나 어느 가문이나 빈손으로 시작하여 빈손으로 끝이 난다고 할 수 있다. 그러나 누구였든 간에 그 지역의 상권을 차지한 상인이 무슨 이유로든 그 지역을 지켜낼 수 없게 되었기 때문에 운은 자연히 새로 나온 역량이 있는 젊은 상인에게로 옮겨져 또다시 그 상권을 차지할 수 있도록 하여 준다. 자연의 원리이다.

그러므로 상권의 유산은 혈통으로 내려가는 것이 아니라 재능(상재商才)으로 내려가는 것이다. 상권은 어느 특정 가문의 독점적인 소유물이 아니고, 어느 때이건 상재가 있는 상인이 계승할 수 있는 완전히 평등한 방식으로 계승된다.

역사상 한 왕조가 1000년을 내려온 역사가 없다. 왕조의 운이 다하면 새 왕조가 업을 열어 새 역사를 이룩하는 것처럼 역성혁명易姓革命이 상가商家에서는 언제든지 일어난다. 왕가王家에서는 천운에 의해 무력으로 왕조가 바뀐다고 한다면 상가商家에서는 인운人運(사람의 운)에 의해 상재로 상가의 가문이 바뀐다고 할 수 있다. 사람의 운이란 운運이라 불리는 둔鈍, 근根이라 불리는 물러나지 않고 포기하지 않는 노력에 의해서 생겨나는 것이라 하겠다.

둔鈍이란 씨앗이 땅에 떨어져 싹이 날 때까지 땅속에서 움직이지 않고 때를 기다리는 것을 말하는 것으로 작은 의미의 천시天時를 기다리는 것이다.

근根이란 싹이 터서 조금씩 성장할 때에 땅속에서 지탱할 수 있는 뿌리를 내리는 것을 의미하는데 인내忍耐하는 것을 말한다.

둔鈍과 근根으로 겨우 싹을 틔우고 뿌리를 내리고서도 운運이 없으면 모든 것은 수포로 돌아가고, 수고는 하였으나 실패를 하게 되는데, 운運이란 조심스럽게 움직인다는 의미가 담겨져 있다.

운을 부르는 사람은 운이 오게 되고, 운을 차는 사람은 운이 가게 된다. 운은 사물의 속성에 부합되는 것을 말하는데, 부합符合이란 대나무를 쪼개어 다시 맞추어 보면 딱 맞아떨어지는 것처럼, 사물이나 사람도 "내가 너를 좋아하면, 너도 나를 좋아한다."는 딱 맞아떨어지는 원리에 서있는 것이다.

그러므로 상인의 성공도 운, 둔, 근의 기본에 서서 첫걸음을 떼어야 할 것이다. 대부분의 기존의 대상인은 풍부한 기존의 상권에 만족하여 점원의 급료는 넉넉하고, 상점의 재력은 풍부하여, 어느 누구도 자신을 능가할 상점이 나올 수 없다는 자만에 빠지게 된다. 소위 그 상인의 그릇의 크기에 따라 그릇이 차게 되면 일어나는 현상인데, 그리하여 상점은 점점 세태에 뒤떨어지게 되고, 새로운 기술혁신, 상품개혁, 고객만족도가 떨어지게 되고, 고객의 흥미는 새로운 상점으로 옮겨 가게 되는 것이 자연이다.

이것은 대상인이 더 이상 노력하여 기다리기를 포기한 둔鈍함을 잃어버린 상태로 새로운 뿌리 근根이 뻗어나가기를 거부하는 상태에 이른 것이다. 대상인의 운이 다하였다고 할 수 있다.

이때 새로운 상인은 새로운 상점을 근거지 둔鈍으로 안으로는 재정 상태를 든든하게 세워 가고(뿌리根를 내리고), 밖으로는 새로운 상권을 획득하기 위하여 연구를 계속하여 간다면 (잎을 새로이 내고) 사업은 발전할 것이고 (순順), 상인의 역량(운)도 증가할 것이다.

인간의 세계에서 영원한 왕이 없듯이 자연의 세계에서는 영원한 챔피언은 없다. 끊임없이 외부에서 도전하는 도전자를 패배시키면서 존재하는 것이 왕가王家라 한다면, 끊임없이 내부에서 일어나는 나태, 쾌락을 억누르면서 상권을 지켜가며 존재하는 것이 상가商家이다.

상商의 본성

사마천은 사기 화식열전에서 물질적 이익과 부의 추구는 인간의 본성이라고 주장했다. 그리고 물질적 부가 사회적 지위, 계급, 계층을 결정한다며 최소한 인간으로서 누려야 할 존엄성을 지키며 살아가려면 의식衣食이 풍족해야 한다고 했다. 의식을 풍족하게 하기 위한 경제활동이 자신의 삶의 질을 결정하는 기본요소가 된다고 본 것이다. 곧 삶의 질에 있어서 경제적인 면을 정치적인 면보다 더 강조하였다.

삶의 질이 높은, 즉 경제력이 있는 사람이 사회여론을 이끌어 간다는 것은 2000년 전이나 지금이나 거의 변함이 없는 것 같다. 실리實利가 없이 명리名利를 좇는 것은 당시나 지금이나 가치가 없는 것이지만, 끊임없이 실리를 버리고 명리를 찾아 헤매는 것도 또한 인간의 본성이 아닌가 생각된다. 사람의 생활은 실리에 바탕을 두고 있어야 하며, 인간의 본능의 하나인 부의 추구는 경제에 바탕을 두어야 한다.

경제는 재화를 유통시킴으로써 이뤄질 수 있다. 재화를 유통시키는 것은 상행위商行爲라고 하는데 재테크, 투자, 인기 등 역시 '돈을 벌기 위한 목적'으로 인간의 본성이다. 그러므로 사람 중에 상인이 아닌 사람은 한 사람도 없다고 할 수 있다. 사람들이 상업을 하는 목적은 자신과 가족의 행복을 추구하기 위해서다. 한마디로 생존生存을 위한 것이다. 행복幸福이란 한자어를 분석해 보면 '다행히 쌀을 많이 생산하는 논이 있어 한 지붕 밑의 한 가족이 잘 먹고 남는다'는 뜻이다. 그러므로 행복의 토대는 '잘 먹고 남는 잉여분'이라고 말할 수 있다. 이익을 저축해둔 것이나 생산 후 소비하고 남은 것, 또 흔히 '손에 떨어지는 것' 등의 물질적 이익이 행복의 본질이라는 것이다.

그렇다면 많이 벌지만 많이 소비해 남는 것이 없는 경우는 행복하다 할 수 없을 것이고, 적게 벌더라도 적게 써 얼마라도 남는 것이 있는 경우가 행복하다 할 수 있을 것이다. 즉 규모에 상관없이 남는 것이 없으면 행복할 수 없다는 것이다.

행복의 근원이 되는 잉여재화를 모으는 방법은 뭘까? 사마천에 의하면, 사람들의 눈과 귀는 아름다운 소리나 좋은 모습을 보고 들으려 하고, 입은 고기 등 맛있는 것을 먹고 싶어 한다. 몸은 편하고 즐거운 것을 추구하고, 마음은 권세와 영예를 자랑하고 싶어 한다. 사람들은 소비본능을 갖고 있다는 지적이다.

잉여재화란 이 소비본능을 억제함으로써 생겨난다. 사물은 본래 일해 생산하는 열량과 하루를 살아가는 데 필요한 열량은 같아 자신이 필요한 것은 스스로 만들어 써왔는데, 사람의 본능 중의 하나인 소비하는 본능을 충족하기 위해서는 자신이 일하지 않고 일한 만큼의 열량을 내는 방법을 찾아낸다든지, 자신이 하루를 살아가는 데 필요한 열량 이외에도 더 많은 것을 축적하려는 욕심으로 자신의 노동력 이외에도 남의 노동력을 필요로 하는 착취搾取가 시작된 것이다.

착취란 남의 노동력을 쥐어짜내 빼앗는 것을 말한다. 정치적 이익을 도모하기 위하여 필요한 경비를 취하는 수단으로 이용되는데, 상업이란 정당한 방법으로 재화를 유통시켜 이윤利潤을 획득하는 일로, 착취와는 정반대의 의미이다. 상업이란 이윤에서 자기의 소비본능을 억제함으로써 재화를 모으는 일을 말하고, 착취란 이윤도 없는 곳에서 자기의 소비본능을 만족시키기 위하여 재화를 빼앗는 것을 말한다.

비장

축적蓄積이란 가축을 위해 풀을 많이 쌓아둔다는 뜻의 쌓을 축蓄을 쓰고, 또 사람을 위하여 벼를 많이 쌓아 돈으로 만든다는 뜻의 쌓을 적積을 쓴다. 둘 다 땅위에 가축을 위해서이건 사람을 위해서이건 양식을 높게 쌓아둔다는 의미이다. 식량을 쌓아두는 것은 먹고 남아돌아서 버리지 않고 쌓아두는 것이 아니라, 고대에는 생존하기 위한 수단으로 축적蓄積을 하였다. 농경제 시대에는 추수가 끝나면 다음해 파종을 하여 다시 추수할 때까지 가축과 사람이 살아남기 위하여서는 필요한 식량을 전략적으로 비축할 필요가 있었다.

축적과 비슷한 것이 비장秘藏이라는 말이 있다. 숨길 비秘와 감출 장藏을 써서 깊숙이 숨겨둔다는 뜻의 비장秘藏은 축적보다 더 심각한 의미를 담고 있는데, 축적은 겉으로 보이는 쌓아둔 것을 의미하는 반면에 비장은 누구에게도 알리지 않고, 몰래 감추어두어 생사가 걸린 시기에 방출할 식량으로 비축하여 두었다. 그리하여 감추어둔 사람이 입을 열지 않는 한에는 누구든 알 수 없는 것을 비장秘藏이라 하였다.

비장의 방법은 축적과 반대로 건조한 고지대의 땅을 깊숙이 파고 회토를 발라 방수를 하여 저장소를 만들었는데, 대개가 1만 명의 식량을 비축할 수 있는 대규모였으며 지하의 이곳저곳에 수십 개의 저장소를 만들어 곡식을 저장하였다. 저장소의 입구는 겨우 한 사람이나 들어갈 정도로 좁게 최소화하여 밀봉한 후 누구도 모르게 하였다 한다. 마치 다람쥐가 겨울을 나기 위해 도토리를 주워 땅속에 묻어두는 것과 같다 하겠다.

초한지에서 보듯 항우와 패권을 다투던 유방은 오창의 곡창지대를 확보함으로써 우선적으로 식량을 획득하여 전략적으로 승리할 수 있었는데, 오창의 곡창지대가 식량이 비장秘藏된 곳이다.

경제 불황으로 자금의 회전이 제대로 되지 않고, 심지어 자금을 다루는 것을 업으로 하는 은행들조차 자금이 고갈되어 영업이 어렵게 되었다 한다. 세계 각국의 재정 상태나 특히 미국의 연방정부, 주정부 등이 심각한 자금부족에 시달리고 있다 한다. 자금의 한발이다.

자연의 순환으로 풍년 뒤에는 흉년이 오는 것이 당연한데, 이제는 정책으로서 조절할 수 있다 하여 풍년 때에 흉년을 대비하여 축적해 오지 않았던 것이 문제로 떠오른다. 축적을 해왔다 하더라도 지금의 위기에 대처할 충분한 축적량이 되지 못한 것일지도 모르겠다.

자연의 순환으로 경기가 좋아졌다가도 나빠지는 순順, 역逆의 관계를 유지하는데도, 이제는 금융정책으로 조절할 수 있다 하여 경기가 항상 좋을 것으로만 생각하여, 경기가 나빠진다고 예측하는 학자를 어리석은 사람으로 취급해버린 것이 큰 화근이었던 것이다.

남의 탓만 할 수 없다. 자연은 좋아졌다가도 나빠지고, 나빠지다가도 좋아지는 것은 이미 고대의 사람들이 축적, 비장을 하는 방법을 통하여 익히 알고 있다. 축적이 없어서는 흉년이 들면 그해에 몇 십만 명씩 아사하고 몇 백만 명씩 유민이 되어 부랑하게 되고 처자식을 잃어버리는 것이 비일비재하였기 때문이다.

2000년이 지난 지금의 인간생활은 고대의 인간과 조금도 다를 바 없다. 아마 앞으로 2000년이 더 지난다 하더라도 먹고, 입고, 사는 것은 양量과 질質에서 다소 차이가 있을 뿐 대동소이할 것이다.

상인은 장래의 더 나은 상점을 위하여 축적을 할 때이다. 늦었다고 할 때가 가장 빠른 때라 한다. 그리고 비장秘藏을 시작하여야 한다. 지금 당장 먹고살 것도 없는데 무슨 축적이냐 할지 모르지만, 밥 먹을 때 밥알을 세어 열 알 중 한 알은 축적하면 될 일이다. 상인商人은 밥을 먹지 않고는 살 수 있으나, 자금資金이 없으면 상인이란 존재할 수 없기 때문이다.

상商의 법칙

자연의 현상 중에서 '반드시 그렇게 되는 것'을 필연必然이라 하고, '본래 그런 것'을 본연本然이라 한다. 자연은 정적인 것과 동적인 것으로 이루어져 있는데, 본래부터 그런 것은 정적인 성격을, 움직이기만 하면 반드시 그렇게 되는 것은 동적인 성격을 갖고 있다고 할 수 있다. 곧 자연이란 이러한 필연과 본연의 합체인 것이다.

또한 우연偶然은 의도하지 않았는데 때가 이르러 스스럼없이 필연이나 본연을 만나 저절로 일이 된 것을 말한다. 이렇게 하면 반드시 이렇게 된다든가, 일의 성격이 본래부터 그런 것이라고 깨닫고 그러한 자연의 법칙을 잘 알아내는 것을 혜안慧眼이라 한다. 지혜롭게 보는 눈이라는 의미의 혜안은 세상의 흘러가는 세태인 세勢라는 끊임없는 흐름에 대한 관찰과 그것에 대처하는 자신의 성찰에서 나온다.

세상의 흐름은 우연이 아닌 본연과 필연에 의해 형성되고 끊임없이 변한다. 그러므로 '상업적 혜안'을 갖기 위해서는 앞을 내다보는 전망(展望, prospect)과 지나간 뒤를 돌아볼 줄 아는 결산(決算, statement)하는 능력이 요구된다고 하겠다.

상업의 요체는 자본, 사람, 업이다. 이 가운데 자본資本이란 생활에 필수적으로 요구되는 자금 이외에 순환될 수 있는 자금을 의미하며, 자본의 순환이란 끝없이 자본이 필요하게 되거나 자본이 축적되어 가는 것을 의미한다. 만일 자본의 순환이 멈추면 자연의 순환이 멈추는 것과 마찬가지로 상업도 멈추게 된다.

상업도 자연의 하나라 생성, 발전, 사멸의 길을 걷는다. 상업이 생성, 발전, 사멸의 과정 중에 본연, 필연, 우연의 기회를 만나게 되는 것을 상운商運이라 하겠다. 그러므로 사람의 운과 상운은 일치한다고 할 수 있다.

상업의 현상 중에도, 하기만 하면 반드시 그렇게 되는 것을 필연이라 하고, 본래부터 그런 것을 본연이라 한다. 그러므로 사람이 노력을 하게 되면 반드시 되는 것이고, 노력이란 자연의 본연인 것을 잘 알 수 있다.

상인의 노력

가족이 바로 세상이라, 가족 중에는 잘난 사람도 있고 못난 사람도 있다. 잘난 사람이라도 게으르면 못난 사람으로 전락하고, 못난 사람이라도 근면하면 잘난 사람으로 바뀐다. 당대에 잘나고 못나는 것이 후대에 뒤바뀌는 경우도 많다. 역사를 보면, 당대에 잘난 사람일지라도 2대, 3대 후손이 잘못되는 예와 당대에 못나고 처지 곤란하지만 후대가 번창해 정승이 되는 예는 부지기수다. 이렇듯 사람의 운세는 예측할 수 없다. 자연自然의 법칙이 작용하기 때문이다.

자연이란 스스로 존재하는 법칙으로 누구든 탓할 수 없는 생존의 법칙이다. 잘난 사람의 자손만이 잘된다면, 못난 부모 밑에서 태어나 평생토록 운 나쁜 인생을 산다면 얼마나 억울하겠는가. 그리고 부익부富益富 빈익빈貧益貧의 순환고리가 끊어지지 않는다면 누가 노력하면서 살려고 하겠는가.

인간은 자연의 법칙을 제대로 알 수 없다. 좋다가도 나빠지고, 나쁘다가도 좋아지는 것이 자연이기 때문이다. 하지만 자연은 무지無知해 아무나 잘되게 하거나, 반대로 아무나 못되게 하지는 않는다. 자연의 법칙은 심오해 인간이 모두를 잘 알지는 못하지만, 그간 살아온 경험을 토대로 누구나가 아는 것이 몇 가지 있다. 그중의 하나가 적선積善일 것이다. 적선이란 선을 쌓는다는 말이다. 무엇이든 쌓으려 한다면 쌓여지는데, 착한 일도 쌓아 가면 많이 쌓이게 된다는 의미다. 노력도 마찬가지다.

상업商業은 상인이 하늘의 보우하심으로 부과 받은 업業이다. 하늘의 보우하심이란 뜻의 천우天祐는 바로 선을 쌓은 데 대한 하늘의 은급恩給이다. 그러므로 상인이 현재 운영하는 모든 재물財物은 천우의 덕으로, 재를 다스릴 줄 아는 재능을 태어날 때 부여받아 이룬 것이기 때문에 상인의 것이 아니다. 이 때문에 상인은 자신에게 재물을 다스릴 줄 아는 재능을 주신 자연에게 기부奇附함을 힘써야 한다.

자연은 모두에게 공정하다. 이 때문에 재벌의 자식으로 태어나 많은 돈을 손에 쥐고 시작해도 끝내는 다 없애버리는 사람이 있는 반면에, 멸시당하며 고생을 밥 먹듯 하는 못난 사람의 자식이라도 돈을 다스릴 줄 아는 재능을 부여받아, 마침내 엄청난 재산을 이루게 되는 사람이 생기는 것이다

좋은 일도 쌓여지는 것은 자연의 질량불변의 법칙 때문이다. 이 때문에 좋은 일 많이 하면 자손이 잘되는 것이다. 그리고 지성至誠이면 감천感天이다는 말처럼 지극히 행하면 하늘도 감복한다. 상인이 지성으로 상업에 종사하면 하늘이 감복한다. 지성으로 하는 것이 바로 상인의 노력이다.

적자생존適者生存

자연의 법칙에 '적자생존'이 있다. 처한 환경에 가장 잘 적응해야 살아남을 수 있으며, 적응하지 못하면 도태淘汰된다는 뜻이다.

이민사회에서 많이 회자되는 말 가운데 하나가 "저 사람은 성공했어, 아주 돈 많이 벌었대."하는 것일 게다. 60대 이상이 성공했다고 하면 정말 성공했을 가능성이 높다. 소위 적자생존의 법칙에서 살아남았기 때문이다. 그러나 50대, 40대, 30대로 내려갈수록 이들이 나이가 들었을 때 성공했을 확률은 그다지 높지 못할 것이다. 오랜 기간 미국 사회의 적자생존 경쟁에서 살아남아야 하기 때문이다.

"저 사람이 돈 많이 벌었다는 것을 어떻게 알아요?"라고 물어보면 십중팔구는 "저 사람 이번에 큰집 샀잖아요. 렉서스 샀잖아요. 집에 가서 보면 가구가 어마어마하게 많아요."라고 하든가, "이번에 가게를 샀는데, 대박이 났대요."라고 한다.

성공成功이란 공功을 착실히 쌓아가는 것을 의미한다. 그러므로 50대, 40대, 30대에는 공을 쌓은 지 얼마 되지 않기 때문에 성공이라는 말을 쓰는 것이 어울리지 않는다고 생각한다. 심지어 60대라 하더라도 "당신 성공했습니까?" 하고 물었을 때 "예" 하고 대답할 수 있는 사람은 아마 공자孔子 한 분밖에 없을 것이다. 공功이란 힘들여 연구하는 것을 말하여, 엉겁결에 한탕 한 것에 대해선 공을 이뤘다고 하지 않는다. 자신도 모르는 엉겁결에 성공할 수는 없는 노릇이다.

도태淘汰는 성공의 반대말로 본래 물로써 일어난다는 뜻으로, 적자생존하지 못해 불필요해진 것을 물로 깨끗이 쓸어버린다는 의미다. 큰집을 샀다고 하는 것은 이제부터 이자를 갚아야 한다는 뜻이고, 고급자동차를 샀다고 하는 것은 이제부터 매달 큰돈을 갚아야 한다는 뜻이며, 가구를 많이 샀다는 것은 이제부터 큰돈을 다달이 갚아야 한다는 의미와 같다.

내가 벌어 내가 다 쓰면 어찌 후손에게 얼굴을 들 수 있겠는가? 재주가 없어 돈을 못 번다면 조상을 탓할 수도 없다. 그러나 반드시 솟아날 구멍이 있다. 지금부터 100년 뒤를 준비하는 일이다. 100년 뒤에 태어날 손자를 위해 지금 하는 가게나마, 비가 오나 눈이 오나 열심히 운영하고, 있는 빚을 잘 갚아 모기지가 전혀 없는 가게를 남긴다면 이것이야말로 장기간 공을 들인 것이므로 성공이라는 말을 할 수 있을 것이다. 이렇게 하기 위해서는 적자생존의 법칙에 따라 조금이라도 환경에 쉽게 적응할 수 있도록 생활해야 한다. 주위 사람들로부터 "아이고, 저 사람 지독한 짠돌이래. 절대 망하지는 않을 거야. 저 사람의 처자식은 등 따뜻하고 배부르겠지." 하는 말을 들어야 적자생존에서 살아남을 수 있을 것으로 생각한다.

절약節約

불경기로 상업의 규모가 확연히 축소됐다. 그래서 호경기 때부터 습관적으로 해오던 소비 형태를 살펴보고 불필요하고 방만한 것을 없애고 축소하는 등 일대 '수술'을 단행했다. 다음은 실제로 했던 것이기에 독자들에게도 도움이 될 것으로 생각한다.

우선 아메리칸 익스프레스카드로 1달러를 쓰면 1마일의 마일리지를 얻을 수 있으므로, 전기, 전화요금 등 각종 공과금과 자동차 가스비, 식료품비, 여행비, 출장비 등을 카드로 지불했다. 이를 통해 얻은 마일리지로 일본 출장 때 필요한 비행기표(1,350달러)를 마련했다. 이어 보험료다. 먼저 자동차의 경우 책임보험만 가입하고 본인부담금을 올려 1년에 1,127달러 줄였다. 주택은 집값이 내렸기 때문에 보험사에 내린 가격을 적용해 달라고 요청해 347달러를 절약했다. 집에 있는 유선전화는 없앴다. 가족 모두 셀폰이 있기 때문에 필요가 없기 때문이다. 240달러 절약. 또한 개인적으로 갖고 있던 무선인터넷(와어리스)도 해약(절약액 840달러)했다. 요즘은 사무실이 아니더라도 맥도널드나 스타벅스 등에 가면 급할 때 인터넷을 이용할 수 있어 무선인터넷을 갖는 것이 낭비로 생각됐다.

쓰고 먹는 것도 줄였다. 먼저 가스비를 줄이기 위해 자동차를 이용한 장거리여행을 자제키로 했다. 이를 통해 1천 800달러가량을 아낄 수 있을 것으로 계산된다. 매일 먹는 점심은 아침에 준비한 도시락으로 해결하기로 했다. 이렇게 할 경우 계산해 보니 절약 액이 무려 2천 400달러나 됐다. 또한 그동안 알게 모르게 크레디트카드로 소비하던 습관을 줄이면 수백 달러를 절약할 수 있을 것으로 생각한다.

이젠 회사 차원의 절약이다. 먼저 남아도는 전화 회선 1개, IP 어드레스, 위성인터넷 서비스를 해약해 1천 800달러를 아끼게 됐다. 대낮에도 켜뒀던 사무실, 창고 등 전등을 끄고, 전등 수를 15%가량 줄였다. 계산해 보니 절약액이 연간 1만 2천 달러였다. 전등은 모두 절전형 LED로 바꿔 전기료가 연 1만 800달러가 줄었다. 쓰레기수거와 잔디관리 횟수도 "매주 1회'에서 '2주에 1회'로 각각 줄여 총 2천 960달러(쓰레기 900달러, 잔디관리 2천160달러)를 절약했다.

회사건물 등의 보험료도 손댔다. 보험회사에 건물과 비즈니스의 가치가 크게 떨어졌으니 보험료를 조정해 줄 것을 강하게 요청했다. 이 덕분에 보험료를 2천 400달러를 할인받은 데 이어 본인부담금을 올려 1천 200달러가량을 추가로 낮출 수 있다는 제안을 받았다. 크레디트카드와 관련해서는 페이먼트 납기일을 놓쳐 벌금을 무는 경우가 종종 있어 왔는데, 납기일 1주일 전에 발송해 추가적인 금전 손실을 줄였다.

눈에 보이는 낭비요소를 모두 줄이고 없앤 데 이어 마지막으로 가족들의 의식도 바꿨다. 현재 대학에 다니는 아들과 딸이 물정을 모르고 젊은 기운에 낭비할 수 있어 절약의 필요성을 알리기 위해 모두를 불러 모았다. 장소는 평소 자주 갔던 식당(식사비 5인가족 기준 150 달러 정도) 대신에 허름하다며 가급적 피했던 동네식당이었다. 이곳에서 저녁(식사비 50달러)을 함께하며 '절약작전'을 설명하고 함께 노력하자고 말했다. 처음에는 '우리집 경제가 이렇게 어려워졌나' 의문시하던 아이들도 자세한 설명을 듣자 자발적으로 절약에 나서겠다고 말했다.

절약은 불투명한 미래를 대비하기 위한 가장 현명한 방법이다. 절약의 미래는 반드시 밝다. 지금 절약한다고 캄캄해 아무것도 못하는 것이 아니지 않는가. 불필요한 에너지 소비를 막고 아껴서 모아두면 어느 때에는 큰 힘을 발휘할 밑거름이 될 것으로 확신한다.

자구노력自求努力

부동산 경기 침체로 시작된 경제 불황이 어느덧 2년이 돼간다. 많은 사람들이 2년여 전에 은행에서 남발하던 크레디트카드를 마구잡이로 써대어 그 뒷감당이 어려운 상황에 놓여 있다.

최근 10년 동안 사람들에게 새롭게 친숙해진 것이 3가지 있다. 주택담보융자, 자동차리스, 크레디트카드가 그것이다. 주택담보융자에는 2차 에퀴티융자라는 단어가 있다는 것도 잘 알게 됐고, 융자를 잘 받기 위해서는 크레디트스코어를 잘 관리해야 한다는 것과 나쁜 크레디트스코어를 좋게 고치는 방법까지도 잘 알고 있다. 자동차리스도 크레디트스코어가 높으면 월 페이먼트가 적어진다는 것쯤은 이젠 누구나 아는 상식이 됐다.

주택담보융자, 자동차리스, 크레디트카드를 쓰는 것은 쉽다. 그냥 쓰면 된다. 그러나 쓰면 쓸수록 '독'이 된다는 것은 잘 알지 못한다. 대부분 사람들이 "사치하지 마세요."라고 조언하면 "내가 왜 사치해요. 나는 그렇지 않아요." 화내듯 말한다. 영화배우처럼 화려한 의복을 입고, 고급차를 타는 사람만 사치하는 줄 안다. 그러나 사치奢侈의 의미는 '내가 쓸 수 있는 것보다 더 크게 쓰는 사람(奢)과 내가 쓸 수 있는 것보다 더 많이 쓰는 사람(侈)'으로, 절약을 강조하고 많이 쓰는 것을 경계한 말이다.

큰집을 산 것도 사고 싶어서 한 것이고, 낭비성 소비도 참지 못해 한 것이다. 소위 '나 하고 싶은 대로 해버린 것'이다. 그러면서도 모두 "이럴 줄 몰랐다."고 한다. 하지만 사치의 결과, 페이먼트를 못내 집이나 자동차를 차압당하고 꽉 찬 크레디트카드 한도로 높은 이자를 무는 것이다.

개인이 사용한 주택담보융자, 자동차리스, 크레디트카드 부채는 지금의 경기 불황과 하등 관련이 없다. 이 세 가지는 호황 때 사치하기 위해 사용한 비용인 것이다. 그러므로 앞으로 경기호황이 되더라도 이 세 가지는 없어지지 않는다. 언젠가는 내가 갚아야 할 업보業報인 것이다.

빚에 짓눌려 있는 상황은 '될 대로 되라'는 식으로 방치하거나 '어떻게 되겠지' 하고 요행을 바란다고 해서 달라지지 않는다. 방법은 하나, 개인이라 하더라도 기업이 하는 식으로 과감하게 구조 조정해 비용을 절감하는 것밖에 없다. 달라지지 않으면 예전의 방만한 재정운용의 폐해를 해결할 수 없다. 지나가는 사람이 돈을 갚아주는 일은 없다. 지금도 쓰기를 계속한다면 미래를 보장받을 수 없다.

어제 즐거운 파티에서 잘 놀았으면, 오늘은 물에 밥을 말아먹는 것도 나쁘지 않다. 어떻게 매일같이 즐거운 파티를 계속할 수 있겠는가. 개인위기관리계획을 잘 짜서 자구노력을 해야 할 때다. 기분 좋게 쓰고, 먹었던 비용을 뒷감당하기 위해선 몇 년에 걸쳐 노력해야 할 것이다. 그리고 오늘의 비참했던 현실을 적어 벽에 걸어두고, 호황이 온다고 해도 "다시는 사치하지 않겠다."고 다짐해야 한다. 자라 보고 놀란 가슴 솥뚜껑 보고 놀란다는 속담처럼 크레디트카드를 보기만 해도 간담이 서늘해져야 경기가 회복될 것이다.

관방학

미국은 오랫동안 고전학파의 자유무역정책을 기반으로 세계경제를 주도한다는 생각을 해왔다. 세계 각국의 관세장벽을 허물고 미국물품을 수출한다는 계획을 가졌으나, 역으로 저개발국가에서 값싼 노동력을 앞세워 가격에서 유리한 우수한 상품을 미국으로 수출을 하는 바람에 미국의 자유무역정책은 실패에 이르게 된 것 같다.

이러한 경제 사정 속에서 이민가족의 가장 중요한 관점은 가족의 재정기반을 미국 내에 두고 있는 실정에서 미국의 자유무역정책의 실패에 휩쓸려 동반실패가 되지 않도록 가족의 상업기반을 확고히 구축하는 일일 것이다.

17세기 독일의 중상주의 학문 체계의 하나로 관방학官房學이 있다. 관방학이란 국가의 부강을 목표로 국고를 충실히 하기 위하여 재정, 경제, 행정, 법률이론에 중상주의적 가치관을 부여하여 온갖 초점을 재화의 증식에 두는 것을 말한다. 요즈음의 Business School의 MBA 코스와 같은 것이다.

이민가족 역시 가족의 부강을 목표로 재정을 든든하게 유지하기 위해서는 가족이 소유한 기업企業을 무엇보다도 더 중요시하지 않으면 안 된다. 가정의 부를 이루려면 상업자금을 끊임없이 공급하여 기업을 발전시켜 가야 하는 것이다. 곧 자본의 공급에 의해 기업이 성장하며, 기업의 성장에 의해 가족이 번창할 수 있게 되기 때문이다. 그러므로 이민가족의 부모는 재정, 경제의 기초를 육체노동에서부터 시작하여 어찌하였던 기반을 흐트러뜨리지 않고 지켜 나가야 할 것이며, 이민가족의 자녀들도 어릴 적부터 가족 기반의 기업, 상점의 재정, 경제활동에 개입하여야 한다.

내 가족의 기반이 되는 기업, 상점이 어떠한 경제 상황에 처해 있는가를 몸에 익히는 일이 바로 자립의 첫걸음이 될 것이고 바로 관방학을 익히는 지름길이 되는 것이다.

이민사회의 자본공급이란 그리 쉬운 일은 아니다. 극히 영세한 조건 하에서 이루어지는 것이므로, 가족구성원의 특별한 장기적인 자금계획이 있지 않고서는 자본공급을 원활히 이룰 수 없는 것이 현실이라 하겠다. 그러므로 이민가족은 기업, 상점에 기반을 둔 중상주의重商主義정책을 쓰지 않고서는 자본축적, 자본공급을 할 다른 방법이 없다 하겠다. 우리 아이를 이런 천한 일을 시키지 않고 아이비리그에 보내 졸업시켜 월스트리트에 취직을 시키면 재정적으로 윤택해지겠지 하는 생각은 현실적으로 맞지 않는, 대개가 실패로 끝나는 허울 좋은 환상에 불과할 것이다. 자녀는 더욱더 궁핍하게 되는 것이 부익부 빈익빈의 자본주의 원리이다.

17세기 영국에서 시작하여 19세기 20세기 초반까지 독일에서 사용한 부국강병富國强兵의 재정정책을 중상주의重商主義정책이라 한다. Mercantilism으로 불리는 중상주의는 중농주의와 반대되는 주의로 상업의 유통이 부를 이루는 원천이 된다는 관점이다. 중상주의자의 Zero Sum Game의 원칙은 한 편의 이득이 있으면 반드시 상대방의 손해가 발생한다는 생각으로, 화폐의 증가가 부의 증가가 된다고 본다. 그리고 유입된 화폐는 지출을 억제하여 이윤 획득을 통하여 자산의 증가를 꾀하는 정책이다.

실제로 중상주의정책에 의하여 독일은 강국이 되었다. 독일에서 발전한 중상주의정책을 중시한 재정, 경제, 행정, 법률의 관방학官房學의 발전은 실용주의 교육이 되어 젊은이들에게 '나 하나의 발전이 곧 가족의 발전이고, 가족의 발전이 곧 국가의 발전'이 되는 원동력이 되었다고 할 수 있다.

관방학을 이민가족의 기업企業정신으로 삼아 부모, 자녀가 중상주의 정신으로 살아가야 한다고 생각한다. 중상주의의 기본정신이 되는 것 중에 '유입된 돈은 지출되어서는 안 된다'는 법칙이 있다. 동양의 절약節約정신과 상통한다 할 수 있다. 상인은 중상주의적 생각을 가진 자이다.

추석

미국으로 이민한 한국인을 재미교포라 하고, 일본으로 이민한 사람들을 재일교포, 중국에 살고 있는 한국인을 우리는 연변동포라 부르고, 우즈베키스탄, 카자흐스탄에 거주하는 한국인을 고려인으로 부른다. 그밖에도 남미 브라질, 아르헨티나에도 살고 있고, 유럽 등지에도 많이 살고 있다.

이렇게 외국에 거주하는 교포의 신분은 내가 스스로 한국 땅을 떠나 자발적으로 이민을 하였든 항일투쟁 시 조상들이 강제이주를 당하여 만주, 시베리아로 떠났든 간에 한국 땅을 떠났다는 사실이다. 잠시 여행 삼아 떠난 것이 아닌, 이 땅을 뒤로하고 삶의 터전을 옮겼다는 공통사실이 있다.

어디든 간에 삶의 터전을 옮겼으면 옮긴 곳에서 뿌리를 내려야 한다. 옮긴 곳에서 우두커니 이방인인 것처럼 구경만 하고 지낼 수는 없는 노릇이다. 서울에서 부산으로 이사를 가서 일이 년 있다가 다시 서울로 돌아가는 이사가 아니라 서울에서 뉴욕으로 이민을 와서 10년 20년 이상 그 후에는

50년 60년 이상이 되어도 다시 서울로 돌아가서 살 수 없는 터전을 바꾸어 버렸고, 아이들이 내가 쓴 한국말이 서툴고, 아예 이해조차 못하게 정신구조를 바꾸어 버린 것이다. 조상님들이 보시면 성姓을 바꾼 것 이상으로 불효不孝를 저지른 것이다. 한국어만큼은 명석하던 머리조차도 요즘 한국 드라마를 보면 한국말이 이상하게 느껴질 때도 생겨나고, 유럽이나 일본에 갔을 때 미국인을 만나면 고향 사람이라도 만난 듯 친근감이 생기거나, 공항에서 미국행 비행기에 탑승하면 비로소 집에 가는 듯한 안도감이 생기게 되었다고 하는 말을 자주 듣게 된다.

동경의 우에노에 가면 1945년 해방 전에 이주한 재일교포들이 많이 거주한다. 오사카에 비하면 큰 숫자는 아니지만, 이곳에 있는 불고기집(야키니쿠야)에 가면 손바닥만 한 조그만 풍로에 철사로 엮은 석쇠를 올려놓고 숯불에 소고기를 구워먹는다. 아마 이것은 해방 전 한국에서 커다란 숯을 넣은 풍로를 축소해서 만든 것일 것이고, 지금은 한국에 있지도 않은 철사로 만든 석쇠(그물, 아미)를 그대로 만들어 쓰고 있는 것을 볼 수 있다. 습성을 버리지 못하여 그러한 것이다.

또한 김치는 숨이 죽어 상당히 짠데, 1950년도 경상도식 김치를 멸치젓을 넣어 옛 방식대로 담가먹는 것이다. 대개의 이민자는 자신이 한국을 떠난 시간으로 문화의 시계가 멈춘다 한다. 자신만의 생각 속에서 어릴 때 보던 최신식의 불고기를 굽는 방식인 것이다.

필자가 동경에 유학할 1970년대 말에는 재일교포란 말은 바로 재벌이란 말과 상통한 시절이었는데, 한국의 유명한 여배우가 재일교포와 결혼한다고 하면 톱기사로 신문에 실리던 때였고, 누구나가 재일교포와 결혼을 하였으면 하고 은근히 바라던 때이다.

그 무렵 경상남도 도민회의 교포행사에 가서 행사를 돕고 있으면, 오시는 분 모두 다가 한결같이 치마저고리에 보자기에 싼 것을 꼬옥 가슴에 안고 오시곤 하였다. 마치 지금의 북한여성의 치마저고리와 같은 모습이었는데, 한국에는 이미 그러한 옛스런 치마저고리는 없어지고 세련된 양장으로 바뀐 것을 보고 자란 나로서는 어쩐지 촌스럽고 어색하게 보였다.

그래도 촌스러운 보자기(핸드백)를 들고 치마저고리를 입으신 그 부인들이 조국에 바치는 기부금은 한 사람이 천만 엔(12만 불) 정도였고, 적게 낸다고 부끄러워하면서 100만 엔(1만2천 불)을 내는 것을 보고 깜짝 놀란 적도 있다.

지금 생각하면 그 부인들의 어렸을 적 한국에서 보았던 부유한 마나님의 차림새를 하고 나온 것이었다. 1940년 무렵 부유층의 복장 스타일인 것이다.

40년이 지나 지금 2010년 가을 미국 교포는 자선모금활동에 100불을 내기가 힘들다. 필자가 1980년 초 미국 뉴욕의 교회에 갔을 때 대개가 1불, 5불, 10불로 헌금을 하는 것을 보고 놀랐다. 10불은 일본에서의 천 엔으로 이것은 소학교 학생이 쓰는 용돈 수준이다. 고학하는 유학생조차도 적어도 삼천 엔(35불) 정도는 낸다.

1980년 초에 이민 미국교포의 재정규모는 일본 교포의 재정규모와는 비교가 되지 못하게 열악하였던 것이다. 그후 30년이 지나도록 그 차이는 더욱 현격하게 벌어진 것 같아 가슴이 아프다.

재일교포의 사업체는 일본 재계 100대 회사에 20여 개가 재일교포의 소유였고, 잘 아는 롯데그룹은 재일교포 사업체 중 7위 정도에 머물 정도로 재일교포의 사업규모는 컸다. 1983년에는 일본 최고액 납세자가 미츠비시, 미츠이의 회장이 아니고, 파친코 기계를 만드는 중소기업의 재일교포 조선인 사장이었다고 하면 이해가 될 것이다.

추석秋夕이 되었다. 어릴 적 아버지가 정성스레 밤을 깎으시던 것도 생각나고, 어머니가 아침부터 차례상을 마련하시던 것도 생각난다. 아버지는 할아버지를 공손히 지극정성으로 모셨는데, 아들인 내 대에서는 아버지를 굶기는 사회풍조로 변하였다. 아버지가 정성으로 차례를 지내시던 것을 보고 자란 나도 그러지 못하는데, 아무것도 보고 자라지 않은 미국에서 태어난 내 아들이 차례인들 지내겠는가.

지성至成이면 감천感天(대하는 것이 진지하면 하늘도 감동한다)이라 하였는데, 필자는 하늘은 차지하고서라도 조상을 감동시킨 일을 한 적이 없어 하늘의 복을 바랄 수조차 없게 된 것 같다.

재미교포와 재일교포의 다른 점을 비교하면, 재미교포는 큰 집을 가지고 큰 차를 타고 다니는데 큰돈은 없는 사람들이고, 재일교포는 큰 집은 없고 큰 차도 가지고 있지 않으나 큰돈은 있는 사람들인 것 같다. 미국이란 땅도 크고 햄버거도 크나 부채도 그만큼 큰 것 같고, 일본이란 땅도 작고 스시도 작으나 부채도 그만큼 작은 것 같다.

이민 와서 30년이 지나도록 재정상태가 이민 올 때보다 더 열악해졌다 하면 미국에서 내가 하는 일이 어딘가 잘못되어 있음에 틀림이 없다. 차라리 일본에서 노동을 하였어도 미국에서 사업을 한 것보다도 많은 자산을 일구었을 것 같다는 생각이 들어 냉소하였다.

추석秋夕의 차례상을 조그마하게라도 시작하여야겠다. 조상祖上께 사죄하여야겠다.

소비

소비消費가 미덕이라 한다. 그리고 지금의 미국 경제는 소비消費가 줄어서 일어나는 불황이라 한다. 지금의 불황은 부동산 가격이 가치를 회복하고 에퀴티가 생기면, 다시 에퀴티를 융자하여 소비가 늘게 되면 자연히 불황에서 빠져나와 미국 경기는 호경기가 된다고 한다. 그래서 부동산 가격하락과 소비침체가 불황의 주요인이라 한다.

미국인들의 불황의 분석이다. 그리고 불황의 타개책으로 보편적으로 사용되는 말이다. 참으로 어리석은 생각이 아닐 수 없다.

지금의 미국의 경제는 소비가 줄어서 일어나는 불황이 아니라, 소비할 돈이 없어서 일어나는 일이다. 그리고 부동산에서 에퀴티를 다 빼내어 소비하고 나니 더 이상 빼낼 돈이 없어서 불황이 된 것이다. 그래서 폭탄돌리기식의 부동산 값이 오르기를 기대하며 무작정 사들였던 투기는 사실상 종결되고 마지막으로 막차를 타 폭탄을 안고 있는 사람들은 차례로 자폭

하게 되는 시기를 기다리는 것이 현실이다.

소비消費란 밤에도 쉬지 않고 물이 조금씩 새어나가는 것을 의미하는 글자이다. 희미하게 생명이 꺼져 간다 하여 꺼질 소消라 한다. 그러므로 소비란 조금씩 알게 모르게 새어나가 희미하게 꺼져나간 써버린 돈을 의미한다. 글자 그대로라면 사람들의 돈은 낮에도 밤에도 알게 모르게 새어나가 버리는 것이다. 마치 밤에 자면서 전등을 켜놓고 자는 것과 같고, 세수를 한 후 세면대의 수돗물을 조금 틀어 놓고 외출한 것과 같다 하겠다. 모든 것에 이와 같은 일을 일생 동안 하였다 하면 세계 대재벌인 록펠러라 한들 견디어 내겠는가.

소비는 악惡이다. 생활하기 위한 의, 식, 주의 소비는 재생산에 필요한 것이라 하여도 생활과는 전혀 관계가 없는 사치는 죄악이다. 사치의 예는 사막에서 마실 물이 없어 고통 받는 사람들 앞에서 미녀가 화장을 위하여 그 물로 얼굴을 씻는 것 같은 행동이다.

이런 불황에 대처방법은 없는 것일까? 이것으로 미국경제는 끝이 나고 마는 것일까? 그렇지 않다. 자연의 법칙에도 하늘이 무너져도 솟아날 구멍이 반드시 있다. 소학교 때 배운 바대로 독일 국민은 전후 감자와 소시지만 먹고 패전의 바탕에서 일어섰듯이 이민자인 우리도 우리식대로 하면 된다. 미국식을 버리면 된다.

1960대의 한국의 생활방식으로 돌아간다. 소비는 악惡이므로 소비를 없애버리는 것이다. 생활을 극히 단순화시켜 3가지만 지키는 소위 개인의 약법삼장略法三章을 지키는 일이다.

의衣, 일하기 간편한 옷을 깨끗이 세탁하여 입고 모든 옷을 버리고 모든 돈을 저축한다.

식食, 쌀밥에 된장국과 김치 한 가지만 먹고 모든 돈을 저축한다.

주住, 비 피할 안락한 집 한 채 빌려 살고 모든 돈을 저축한다.

그리고 의식주에서 절약하여 남긴 돈으로 모든 부채를 갚아버리고 자손들에게 부채를 유산으로 남기지 않는다. 사람 있고 돈 있지, 쓰고 나서 돈에 매여 일생 끌려 다녀서야 어디 사람이라 할 수 있겠는가.

지금의 미국경제의 불황을 한 달 만에 호황으로 바꾸는 방법이 있다. 전 미국인이 한 달 동안 옷을 안 사고, 토스트 한 조각만 먹고, 전기를 끄고 일찍 자고, 해뜰 때 일어나고, 걸어 다니며, 쇼핑을 하지 않는 것이다. 과체중도 줄 것이고, 연체율도 줄 것이고, 무역적자도 즉시 해결될 것이고, 손에 즉시 현금이 들려져 있을 것이다. 미국 경기는 즉시 호황에 이르게 될 것으로 생각된다. 미국 대신 중국이 불경기가 될 것이다.

지금의 문제는 먼저 소비를 하고 돈을 세어보니 돈이 없는 것이다. 우선 돈을 세어보고 손에 쥐고 그 다음 소비를 적게 하면 반드시 해결될 것이다. 미국인만이 아니다. 이민자인 우리가 먼저 실행하자.

일생에 한 달쯤 이런다 하여도 죽지 않는다. 아니 일 년을 내핍을 하고 평생을 안정되게 살 수 있다면, 일 년을 죽을 먹고 지낸들 즐겁지 아니하겠는가. 궁궐에서 살면서 거지가 된 꿈을 매일 꾸기보다는 거지인 척하면서 절약하여 마음 편하게 부자가 된 꿈을 꾸는 것이 행복하지 않을까 생각해 보았다.

호상豪商

상인이 바라는 궁극적인 길은 호상豪商일 것이다. 호상이란 각 지역에서 상업자산이나 재산이 많은 사람이 그 지역 상권에 든든한 기반을 마련해 지역경제의 일부가 된 것을 의미한다. 토호土豪라고도 한다. 정부의 경우 재정을 충당하기 위한 수입원을 국민의 세금에 두고 있으나, 호상의 수입원은 오래된 상점, 공장, 건물 등이다.

한국인의 미국 이민역사도 어느덧 40년을 넘어가고 있다. 모두 다 빈손이나 다름없이 태평양을 건너와 도착한 곳을 고향 삼아 살면서 저마다 노력해 기반을 마련한 사람도 있을 것이며, 그렇지 못한 사람도 있을 것이다.

얼마 전 뉴저지에서 성공한 한 기업가와 만났을 때 이런 이야기를 나눈 적이 있었다. 그는 "한국인들이 미국에 이민 온 지 40년 정도 되는데, 과연 한인 중 1천만 달러 이상의 자산을 가진 사람은 몇 명 정도일까?"라고 물었다. 필자가 바로 답을 하지 못하자, 그는 뉴욕, 뉴저지의 한인 인구를 40

만으로 본다면 가구 수가 10만 정도일 것이고 그중 1%인 1,000가구 정도가 1천만 달러 이상의 자산을 갖고 있을 것으로 추산했다.

이에 대해 필자는 "뉴욕, 뉴저지에 1,000명 이상의 대형교회가 10개쯤인데, 1천만 달러이상의 자산을 가진 사람이 1,000가구라면 교회 한 곳마다 100가구 꼴인데 너무 많다. 1천만 달러 이상 자산을 가진 사람이 한 교회마다 1~2명 정도일 것이고, 많아야 10명이라고 해도 100가구 내외일 것으로 생각한다."고 대답했다. 그러자 그분은 "그보다는 많은 것 같아, 내가 아는 사람만 해도 30명은 넘어."라고 말했다. 그는 이어 "최소한으로 잡아도 200명 이상이 1천만 달러 이상의 자산을 갖고 있을 것"이라며 "벌써 한국 이민사회에도 대단한 기반을 마련한 사람이 많은 것 같아 놀랍다."고 했다.

누가 얼마를 갖고 있는가는 중요한 것이 아니다. 이민 40년이 다가오니, 말로만 듣던 '1천만 달러의 자산가'가 한인 중에도 있다는 사실이다. 불과 몇 년 전만 해도 '누가 500만 달러를 갖고 있을까'라는 이야기를 들을 때만 해도 "와, 그런 거금을" 하고 놀랐었는데, 불과 몇 년 후에 500만 달러의 두 배인 1천만 달러 이야기를 하는 상황이 된 것이다. 시대가 디플레이션 시대임에도 말이다. 이민 역사가 40여 년이 지나니 능력의 차이에 따라 1천만 달러 이상을 모은 사람도 많이 있을 법하다. 앞으로 몇 년 후에는 뉴욕, 뉴저지에서 자산 3천만 달러 이상을 가진 사람이 몇 명일까 하고 꼽아보게 될 것으로 생각한다.

이렇게 호상은 지역에서 세력을 키운 상인, 공장생산자, 무역에 종사하며 재력을 모은 이민자를 말한다. 이민자의 기반을 구축하는 1세를 포함하여 미국 각 지방에 뿌리를 내린 이민 호상의 가족은 이민한 지역에서 계속 분발하며 기반을 흐트러뜨리지 않고 계속 발전해 나가서 10여 년 후 이민 50년이 되는 시점에서는 누가 1억 달러를 갖고 있을까 하는 세인의 호기심의 대상이 되기를 바란다. 그래서 필자도 그분이 노력한 50년간의 업적을 조언하는 것만으로도 자부심이 남기를 바란다.

세태

그 당시 사회의 세상만사 세태世態를 아는 방법 중의 하나가 결혼조건일 것이다. 요사이의 결혼조건 중 신랑감으로 최고의 점수를 받는 조건은 아버지가 재벌이어야 하고, 본인은 연대, 고대, 서울대를 졸업하고 미국의 아이비리그의 MBA를 졸업하고 직장은 월스트리트의 투자회사에 근무 중이며, 연봉은 1억5천만 원이고, 그간 모아둔 재산이 10억 정도는 있어야 최고의 신랑감 후보가 되는 모양이다. 그리고 반드시 형제 중에 차남이 되어야 한다는 것이다.

신붓감으로 최고의 점수를 받는 조건은 아버지가 일류대학의 교수이어야 하고, 본인은 역시 연대, 고대, 서울대를 졸업하고 미국의 대학원으로 유학을 하고, 직장은 외국계 기업의 컨설턴트가 되어 연봉은 약 8천만 원에 그간 모아둔 재산이 5억은 되어야 하는 모양이다. 그리고 차녀이거나 형제가 없는 것이 선호된다 한다.

사회의 세태를 알려주는 기준이니 그러한 신랑, 신붓감이 얼마나 되겠냐마는, 사람들의 바람을 잘 반영한다 하겠다. 결론적으로 말하면 세태는 잘사는 집안에서 태어나 교육 잘 받고, 좋은 직장 얻어 본인들 잘살기를 바라는 한편, 부모봉양 문제가 없었으면 하는 것과 돈 많은 부모가 뒷바라지를 해주었으면 하는 바람이라 하겠다. 누구든 그리 생각한다 하겠다.

바람이란 현실에 없는 것을 말한다. 그렇게 되었으면 하는 꿈이다. 세태를 잘 분석해 보면 신랑, 신부의 조건에 반드시 부유함이 들어 있다. 그러나 내가 피땀 흘려 일을 하고 위험을 안고 회사를 창업하여 일을 한다는 위험성은 배제되어 있다. 내가 일하지 않아도 부유한 부모에게서 물려받아서 나도 편안히 지내고 싶다는 생각이 담겨 있는 것이다. 심지어는 부모의 부유한 유산은 받았으면 하고, 귀찮은 늙은 부모는 모시지 않았으면 하는 생각도 담겨 있다.

신부는 아이를 낳아야 하니 대학교수의 아버지의 교양을 받아야 한다는 터무니없는 유사 희망도 가지고 있다. 사실, 이 조건이라면 지금 한국에서 재벌회사를 이루어 거대한 부를 자랑하는 재벌 창업자들은 결혼도 하지 못할 정도로 조건이 열악한 사람에 해당한다.

정주영 현대건설 회장의 젊은 시절에는 소학교만 나와 소판 돈을 훔쳐 가출하여 부기학교에 등록할 정도의 가난 속에 있었고, 고려대학교의 건축 공사현장의 노동을 할 시절에, 드디어 고정적인 직장이라고 얻은 것이 부흥상점의 쌀가게 점원이었다. 상인으로서는 이럴 수밖에 없는 상황이었으나, 세태의 가치관은 못사는 사람으로 점찍어져, 꼴찌 신랑감 신세인 것이다. 어느 신부가 이러한 쌀가게 점원으로도 기뻐하는 청년을 신랑감으로 받아들이겠는가?

그러니 지금의 세태로 보면 결혼을 하고자 하는 신붓감들은 이러한 신랑감을 선택하지 않을 것이다. 그러나 정주영 회장은 결혼을 하셨고 그런 꼴찌신랑을 택한 운 없는 새 신부는 평생의 반려자로, 상인의 처로서 정주영 회장과 해로를 했다. 당신이 나중에 재벌이 될 것이니 그것을 예상하여 결혼한 것은 아닐 것이다. 한국 처녀들이 모두 다 보는 눈이 없어 이렇게 가난한 청년 정주영을 마다하고 다른 장래성이 있는 청년을 골라 결혼하게 된 것도 아닐 것이다.

세태가 그런 것이다. 운運이 존재하지 않는다고는 말하지 못하겠다. 상인商人이 될 사람은 반드시 거쳐야 하는 단계가 있다. 오늘 내가 상점을 열었는데, 내일 바로 손님이 물밀 듯이 모여들어, 모레 금새 재벌이 되었다 하는 이야기는 없다. 없는 살림에 허약한 상점을 붙들고, 어제도 오늘도 내일도 빗자루로 앞마당을 쓸면서, 돈 없어 고생하는 내 신랑 건강하게 일이나 잘하게 하여 주소서 하고 빌며, 밥이나 굶지 않게 해주소서 하며 빌며 평생 보내었더니, 내가 알지 못하는 사이에 내 신랑이 재벌이 되어 있어도, 알지 못하는 것이 상인의 처妻인 것이다.

상인의 처에게는 본래 없던 것을 선택하였으니, 없어도 있어도 같은 것이고, 있다가 없어도 본래 없었으니 같은 것이고, 없다가 있어도 없을 때를 기억하니 또 같은 것이고, 있다가 더 있어도 없을 때와 같이 느낄 것이다. 그러므로 상인의 처에게는 나와 신랑이 같이 살았다는 것 이외에는 모든 것이 필요 없는 것이 될 줄도 모르겠다.

상인의 처는 물적物的에 흥미가 있는 것이 아니라 내 신랑이 잘 일한다는 심적心的에 더 기뻐하는 순수한 사람인 것이다.

상商

부자가 되는 것에 정해진 직업이 있는 것도 아니고, 재물에 주인이 정해진 것도 아니다. 재능 있는 자에게 재물이 모이고, 무능한 사람에게는 기왓장 흩어지듯 재물이 흩어진다. 천금의 부자는 한 도시의 군주와 맞먹고, 수만금을 모은 자는 왕처럼 즐겼다. 이것이 소봉素封이다. 사마천이 사기 129편 화식열전에서 한 말이다.

전한시대 오랜 전쟁을 끝낸 후 한나라의 경제는 허약하여, 일반 백성들은 비축한 물자가 전혀 없어 전후 불황에 진입하였다. 한고조는 법령을 간소화하여 피폐해진 백성을 구하려 하였으나, 나날이 치솟아 오르는 물가에 백성들은 남은 재물을 감추어 두고 시장에 내지 않고, 상인들은 시장의 물건을 매점하여 더욱더 경제 불황이 심화되었다.

쌀값이 1석(2가마)에 1만 전(당시의 환율은 황금 1근 375그램이 1금으로 하여 1만 전으로 정하였다), 말이 한 필에 1백 금 즉 100만 전으로 치솟았다. 이러자 한고조 유방은 경제 불황의 타개책으로 상인들이 비단옷을 입거나 수레를 타는 것을 금지하였으며, 세금을 무겁게 하고, 상인을 차별하여 신분을 낮추라는 명령을 내렸다. 이러한 강압책으로 인하여 한 초기의 경제는 황제라 하더라도 마차를 끌 말을 제대로 구할 수가 없었고, 공경대신과 장군들이 소가 끄는 수레를 타고 다닐 정도로 물자가 귀하였으며 생활이 궁핍하였다.

한 건국 후 사농공상의 차별에 의해 상인은 심하게 천대를 받았는데, 그 후 경제를 부흥시키기 위한 정책으로 백성들을 쉬게 하면서 인구와 생산력을 늘리는 완화정책을 실시하자, 경제적 상황은 크게 호전되고, 군사력도 증강되었다. 중상주의정책을 실시한 것이다.

사마천은 상인에 대한 완화정책을 쓴 후 그 결과 한무제 때 이르러 경제가 눈부시게 발전하자 "도시나 촌의 창고도 모두 가득 찼으며, 조정의 창고에도 재물이 남아돌았다. 서울의 창고에는 수억의 화폐가 쌓였으나 돈을 묶는 실이 썩어 액수를 헤아릴 수가 없을 정도였다. 당시 법망은 허술하였으나 백성은 넉넉했다. 재물을 모아 분에 넘치는 생활을 하는 사람도 있었고, 고위관리 귀족들은 너나할 것 없이 다투어 사치를 했고, 집, 옷, 수레 등도 모두 한계를 무시하고 멋대로 상급 신분의 것만 따랐다. 사물이 번성하면 쇠퇴하는 것이 변화의 철칙이 아니던가." 하고 개탄을 하였다.

사마천이 살던 시대는 지금부터 2155년 전의 기원전 145년 때의 일이다. 이때에도 이미 가난을 극복하고 부해지면, 사람들은 언제 가난하였는가 잊어버리고, 금새 사치를 하고, 대저택, 명품, 사치품, 자동차를 자신의 벌어들이는 수입의 한계를 무시하고 다투어 사들이고 한 모양이다. 사치란 예나 지금이나 어쩔 수 없는 인간의 본능의 하나인지도 모른다.

인간의 본능에 대하여 "눈과 귀는 아름다운 소리나 좋은 모습을 보고 들으려 하고, 입은 맛있는 고기를 먹고 싶어 한다. 몸은 편하고 즐거운 것을 추구하고, 마음은 권세와 유능하다는 영예를 자랑하고 싶어 한다. 이런 풍속이 백성들의 마음속까지 파고든 지는 벌써 오래이다." 하고 간파하였다.

그러나 이러한 사치를 다투는 어지러운 사회 속에서도 근검절약하고 부지런히 일하는 사람이 있으니 그들이 '상인商人'이라 하였고 부지런히 일하는 것은 부자가 되는 바른 길이라 하였다. 그래서 천금의 부자는 한 도시의 군주와 맞먹고, 수만금을 모은 자는 왕처럼 즐겼다고 사기에 기술한 것이다.

사마천 자신이 절실하게 상商에 대하여 깨달은 사건이 있다. 한무제 때 유능한 청년장군 이릉이 대흉노전에 패하여 흉노에게 항복을 하였다. 극도로 화가 난 무제가 이릉 장군의 친척까지 죽이도록 명하자, 사관인 사마천이 이릉 장군을 두둔하여 황제께 올린 간언이 무제를 더욱 더 화나게 하여, 사마천은 궁형(거세형)에 처해졌다. 사마천은 50만 전(당시 화폐가치로 황금 50근 정도, 물가가 치솟았을 때에 말 한 필 가격이 100만 전임)의 사면금을 구할 수 없어 결국에는 거세를 당하게 되는 일생일대의 치욕적인 사건이 일어났다. 그로부터 사마천은 절실하게 현실을 파악하여 상商의 본질에 대하여 깊이 연구하게 된 것이다.

2100년 전 역사를 기술하는 학자 사마천이 상商에 대해 이렇게 결론 내렸다.

"빈부의 이치란 누가 빼앗거나 줄 수 있는 것이 아니다. 재주 있는 자는 여유롭고, 능력 없는 자는 모자라는 것이다."

이중섭

상인의 기질을 살피는 데 상인이 아닌 화가 이중섭을 통하여 동질성을 살펴보고자 한다.

이중섭李仲燮(1916 - 1956)은 한국의 서양화가이다. 평양에서 태어났으며, 일본 도쿄문화학원을 다녔다. 원산에서 야마모토 마사코(山本方子)와 결혼했다. 한국전쟁 때 월남해서 부산, 통영, 제주도를 떠돌아다니면서 살았다.

이때 이중섭은 그림재료를 살 돈이 없어서, 담뱃갑의 은박지에 그림을 그릴 정도로 극심한 가난에 시달렸는데, 이 때문에 1952년 부인이 두 아들과 함께 일본으로 건너갔다. 이후 그들의 만남은 이중섭이 부두노동으로 번 돈으로 일본의 처갓집을 방문하여 한차례 더 있었을 뿐이다. 이중섭은 정부의 도움으로 한국으로 돌아왔지만, 떠돌며 가난 속에서도 한시라도 잊지 않고 창작에 매달렸다.

이것이 이중섭과 상인의 정신이 일맥상통한다 하겠다. 상인은 아무리 어려워도 내가 하고자 하는 정신은 잃지 않는다는 점이다.

34세 때 소를 하루 내내 관찰하다가 이상하게 여긴 소주인에게 소도둑놈으로 몰려 고발당한 적도 있고, 1946년 원산사범학교 미술교사로 취직이 되었으나, 직장이 없으면 생활비가 없다는 생각은 하지 못하고, 작업에 전념하기 위해 금방 사직하고, 닭을 키우면 하루 종일 닭만 관찰하고 있었다 한다.

서귀포로 가서는 나중에 벽화를 그리는 준비를 하기 위해 조개껍질을 주워 모아 솜에 싸 두었다 한다. 피난시절에는 부산에서 생활비를 벌기 위해 부두에서 짐 부리는 일을 하였다. 하지만 정신분열증 증세를 보이다가 1956년 간염으로 적십자병원에서 죽었는데, 친구들이 수소문해서 찾아오니 이미 시체와 밀린 병원비 청구서만이 있었다고 한다.

그가 생전에 남긴 작품으로는 소, 닭, 새, 어린이, 가족 등을 주제로 한 작품이 많은데, 힘차고 대담한 터치로 탄력적인 작품을 남겼다. 이중섭은 단순하고 원색적인 색채를 주로 사용하였는데, 그의 작품은 1956년 5월 미국 공보원 전시장에서 전시회를 갖게 된다. 곧 미국 뉴욕 모던아트뮤지엄에 이중섭의 은지화 3점이 소장되는 것을 알고, 이중섭은 4달 뒤 9월 6일에 살아생전 돈 한 푼 만져보지도 못하고, 그렸다 하면 그림값 떼이고, 외상술로 지내다가 빈털터리가 된 상태에서도 창작을 하고자 하는 일념 하나를 쥐고 이생을 살아오던 것을 그마저 그만두고 이생의 삶을 마감한다.

사후 이중섭의 작품 '새와 아이들'은 2008년에 15억에 낙찰이 되었으며, '황소'는 35억에 낙찰되었다. 그의 '가족'은 호암미술관에 소장되어 있다. 그의 작품에는 '싸우는 소', '흰소', '움직이는 흰소', '소와 어린이', '황소', '투계', '닭과 가족', '사내와 아이들', '길 떠나는 가족' 등 상당한 작품들을 남겼다.

마치 상인이 사후 재벌을 형성하여 계열회사를 구성하듯이, 이중섭은 작품을 남기려 하여 남긴 것이 아니라, 사후 그의 가치로운 작품들이 스스로 남았다 하겠다. 곧 어떠한 조건하에서도 이루어지는 창조의 일념이다. 상인의 정신과 상통한다. 화가 이중섭의 생각에서 찾아보았다.

대마도

일본의 대마도(쓰시마)는 한국 부산에서 남동쪽으로 49㎞ 떨어져 있다. 같은 일본 땅인 후쿠오카까지 거리는 147㎞다. 부산에서 제주도까지 거리가 313㎞인 것에 비하면 대마도가 부산의 지척에 있음을 알 수 있다. 대마도는 이런 지리상 여건 때문에 역사적으로 본국보다는 타국인 신라, 백제 또는 조선과의 교류가 활발했다.

대마도는 면적이 709㎢로 제주도의 절반 정도다. 이곳은 토지가 매우 협소 천박해 자급자족이 불가능한 섬이다. 이 때문에 대마도는 가까운 부산을 통해 백제, 신라, 고려, 조선 왕조에 조공 형식의 무역으로 경제활동을 영위했다. 조선왕조도 이런 대마도의 통상이익을 기득권으로 인정했다. 당시 대마도는 경제적으로는 완전히 조선에 종속돼 있으면서 정치적으로는 일본에 종속되는 특수한 상황이었던 것이다.

1418년 조선 태종 18년에 대마도에 큰 흉년이 들었다. 평년의 작황으로도 자급자족이 불가능한 상황이라 일상적인 통상만으론 도저히 생존하기 어려운 지경에 놓인 것이다. 당시 대마도는 소우사다모리(宗貞盛)가 막 실권을 잡았을 때로 그는 기근사태를 타파하려 전력을 다했다. 하지만 크나큰 자연재해를 비껴가지 못했다. 이에 다급해진 소우사다모리는 식량을 획득할 목적으로 조선 남부해안 지역을 약탈하기에 이른다. 이것이 바로 왜구침탈사건이다.

침탈을 당한 조선이 가만히 있을 리 만무했다. 1419년 6월 조선 조정은 이종무를 보내 왜구의 근본을 제거하기 위해 대마도 정벌을 감행했다. 대마도를 정복한 조선은 소우사다모리의 항복을 받아들여 군대를 철수시켰고, 대마도를 달래기 위해 부산포(동래), 내이포(진해), 염포(울산) 등 삼포를 개항해 통상을 하도록 조치했다.

삼포의 개항은 1419년부터 삼포왜란이 일어난 1545년까지 126년간 지속됐다. 이 기간 동안 조선과 대마도의 무역은 왕성했고, 우려했던 왜구의 침탈은 거의 없었다. 평화롭게 서로 돕고, 이익을 취했던 것이다. 그러나 삼포가 다시 폐쇄되자 자급자족이 불가능한 대마도는 생존을 위해 빈번히 조선의 남부해안 지역을 침탈했다. 다시 적대관계가 시작된 것이다.

조선과 대마도의 역사를 통해 상업은 통제하기보다 자유롭게 두는 편이 서로에게 이득이 있음을 알 수 있다.

가족家族

가족家族이란 '한지붕 밑에서 돼지를 같이 기르며, 같은 방향으로 화살을 쏘는 사람들'이란 의미다. 함께 돼지를 기른다는 것은 공동으로 재산을 형성하는 것을 말하고, 서로 같은 방향으로 화살을 쏜다는 것은 닥쳐오는 적에 공동으로 대처해 싸운다는 말이다. 즉 가족이란 공생공존을 위한 최소단위로 서로의 생명을 이어가는 인연을 말한다. '너와 나는 가족이다'라는 의미는 '너를 나와 같이 생각한다'는 공동책임의 의식이 들어 있는 것이다. 가족의 울타리 안에서는 서로 평등하게 나눠먹고 서로 돕고 살아가다가, 고난이 닥치면 공동으로 대처하는 것을 말하는 것이리라.

그러나 사회가 복잡하게 진화하면서 가족의 의미가 희석되고 축소됐다. 한지붕 밑에서 서로 따로 제주머니를 차고, 제 것을 제가 먹기에 바쁘게 변화했다. 이젠 재난이 닥쳐와도 공동으로 대처하기보다는 개인의 문제로 치부한다. 심지어 가족 가운데 재난을 당한 사람이 있어도 '나는 운

좋게 재난을 모면하여 살아남았다'고 생각하고, '너는 운 나쁘게 재난에 휩싸였으니 혼자 해결하라'고 조언을 가장한 방기放棄를 하는 경우도 있다.

가족의 기본적인 단위는 할아버지, 아버지, 아들 등 3대를 아우르는 것이며, 가족을 책임지는 사람을 가장家長이라고 한다. 이렇게 본다면 가장은 2촌까지 책임을 지는 사람이다. 그러나 이제는 경제적인 부담감이 크게 작용하여 가장의 의무범위가 점점 좁아져, 본인과처, 자식 등 1촌까지로 축소됐다. 이 때문에 자식이 성장해 결혼하면 자신도 그 가족의 범위에서 제외되는 것이다.

왜 이렇게 쪼개지고 찢어지는 것일까? 왜 모든 가족이 1촌 가족으로 축소되는 것일까? 할아버지, 아버지, 손자 등 3대가 사는 2촌 가족은 존재하기 어려운 것일까? 가족의 의미를 제대로 깨닫지 못하기 때문일 게다. 할아버지, 아버지, 손자가 고루 퍼마실 우물(井)을 갖지 못하니, 물을 마실 때마다 모이지 못하는 것이다. 공동으로 돼지 한 마리를 길러 새끼를 낳아 또 길러 돼지 수를 불려나간다는 공동의 목표를 잊어버렸기 때문이다.

할아버지는 자신이 먹을 것만 마련하여 먹고 남긴 것이 없기에 아버지는 아버지 먹을 것을 마련하기에도 벅차 점차 할아버지를 배제한다. 그런 아버지는 자신이 먹을 것만 마련하고 남긴 것이 없어 손자 역시 자신의 먹을 것만 마련하기에도 벅차게 돼 그 아버지 역시 나이 들면 배제되는 것이 현대판 가족의 현실이다.

먹을 것이란 재산만이 아닌 인간이 살아가는 데 필요한 의식意識을 의미하기도 한다. 가족이란 의식이 없으면 자신과 처, 아들, 딸 등 1촌 가족 내에서도 재난이 닥쳐와도 서로 쳐다만 본다. 심지어 누구 때문에 이렇다면서 서로를 탓하기도 한다. 이런 경우는 외부의 공격을 공동으로 대처해 극복하려는 '족族의 정신'(모두 한 방향으로 화살을 쏴 외부의 공격을 방어하는 정신)

이 없다고 말할 수 있다.

이런 경우도 있다. 어느 아버지가 죽으면서 집과 재산 등 600만 달러를 유산으로 남겼다. 하지만 미국에서 나고 자란 그의 아들은 '아버지 것은 아버지 것이지 내 것은 아니기 때문에 관여하지 않겠다'고 했다. 이에 미망인은 수백만 달러의 현금은 펀드에 넣어두고, 남편이 남긴 큰집에서 혼자 살았다. 하지만 집값이 절반으로 떨어지고, 금융파동으로 펀드에 넣어둔 거액도 거의 사라졌다. 가족의 정신이 사라진 탓에 아버지가 평생 동안 가족을 위해 모은 거액의 재산이 없어진 것이다. 이것이야말로 아들은 동쪽으로 화살을 쏘고, 어머니는 서쪽으로 화살을 쏜 것이라고 하겠다. 가족의 의미는 예의를 갖추고, 실례를 범하지 않으려 노력하는 것이 아니다. 가족은 예의를 갖추지 못하고, 실례를 하지 않을 수가 없는 지경에 처하더라도 나무라지 않는 것이 가족이다.

여러 이유로 지금은 자신의 1촌 가족조차 제대로 유지하기 힘든 세상이다. 내 가족과 남의 가족 10가구(戶·호)를 먹여 살리면 십호장十戶長이라 부르고, 100가구를 먹여 살리면 백호장百戶長, 1천 가구를 먹여 살리면 천호장千戶長, 1만 가구를 먹여 살리면 영웅英雄이라고 한다. 여러 가구를 먹여 살리는 영웅은 바란다고 해서되는 것이 아니다. 십호장 역시 마찬가지다. 하지만 할아버지, 아버지, 손자 등 3대에 걸친 2촌 가족을 먹여 살리겠다고 노력하면 충분히 가능하리라 생각한다.

심리心理와 물리

사물의 법칙을 물리物理라고 한다. 물리란 고유의 성격이 있어 절대로 예외가 없다. '기온이 섭씨 0도면 얼음이 언다'라든가, '물은 섭씨 100도에 끓는다'고 하는 법칙이 물리다. 사람 마음의 법칙은 심리心理라고 한다. 심리 역시 고유의 성격이 있지만 물리와 달리 예외가 존재한다. 같은 기온이지만 사람마다 느끼는 체감기온이 다른 것처럼 말이다. 같은 온도의 목욕물에 대해 어떤 사람은 뜨겁다고 하지만 다른 사람은 미지근하다고 하지 않는가? 이처럼 심리는 모든 사람에게 똑같이 적용되는 법칙이 아니다. 물리가 절대가치 불변의 법칙인 반면 심리는 상대가치 변화의 법칙이라고 하겠다.

상인商人은 절대불변의 법칙인 물리를 바탕으로 상업을 하지 않는다. 언제든지 변화할 수 있는 심리를 가지고 상업을 한다. 그러므로 같은 물건이라도 가격이 오르기도 하고 내리기도 하며, 경기가 좋을 때도 있고 나쁠 때도 있는 등 변화무쌍하게 움직인다.

그러나 심리를 바탕으로 한다 하더라도, 상인은 자신의 주관적인 심리에 의해 판단하지 않고, 상대방의 심리에 따라 응應해 주는 종속적인 행위를 한다. 곧 상인은 겉으로 보기에는 자신의 심리가 없는 듯이 살아가는 사람이라 하겠다. '나는 이것을 꼭 너에게 팔아야만 하겠다. 그러니 너는 이것을 꼭 사야만 한다'는 법칙은 없는 것을 보면 알 수 있다.

'안색顔色을 살핀다'라는 말이 있다. 또 '눈은 마음의 창'이라는 말도 한다. 마음은 보이지 않지만 얼굴에 나타난다. 이 때문에 마음을 들여다볼 수 있는 것이다. '눈치를 본다'는 말도 있다. 눈치란 안색을 살핀다는 말과 다르게 자신의 행동에 대해 상대방이 어떻게 반응하는가를 순간적으로 파악해 자신에게 유리한지 불리한지를 판단하는 것이다. 상인은 이러한 눈치 보는 일은 하지 않는다. 그것은 상대방을 속이는 일이기 때문이다. 상인은 상대방의 안색을 살피고, 눈을 직시한다. 곧 마음을 읽으려 노력하는 것이다. 상대방이 무엇을 생각하고 원하는지를 읽어내기 위함이다. 꼭 상인만이 이렇게 남의 안색을 살피고, 눈을 직시하는 것은 아닐 것이다. 각 분야에서 노력해 성공한 사람들 모두 이렇게 상대방에 대한 배려를 하고 있을 것이다.

세상의 모든 사물은 자기에게 유리한 방향으로 존재한다. 이것 역시 물리의 한 속성이라고 할 수 있다. 물이 높은 곳에서 낮은 곳으로 흐르는 것은 흐르기 편하기 때문이다. 이와 마찬가지로 심리의 한 법칙이란 사람이 자기가 유리한 방향으로 존재하고 싶어 하고 자신이 편한 쪽으로 움직이고 있다. 이것을 이利라고 부르는데, 자신에게 이로운 쪽으로 한다는 뜻이다. 상인은 자신에게 이로운 쪽으로 물건을 팔 수 없다. 물건을 선택하는 사람이 자신의 이로운 쪽으로 판단해 사든지 말든지 하기 때문이다. 그렇다고 상인이 자신에게 이로운 쪽으로 사도록 강제할 수도 없다. 물건을 선택하는 사람은 강제 당할수록 도리어 싫어하기 때문이다. 그러므로 하나의 법칙만을 갖는 물리에 비하면 심리란 찰나에 오만五萬 가지의 법칙이 일어난다는 불가의 말이 맞는 듯하다. 이것을 맞추어 주어 상대방을 기쁘게 하는 사람이 상인인 것이다.

하고자 하는 마음

재능才能은 재주가 능하다는 말로 뛰어나다는 뜻이다. 그래서 부모들은 아이들이 3, 4세만 되면 재능을 길러주기 위해 온갖 것을 다 배우게 한다. 그러나 재능이란 배우는 것이 아닌 자연으로부터 받은 타고난 것이라 하겠다.

아무리 피아노를 하루 12시간 가르친다고 해도 타고난 창조적 재능 없이는 모차르트와 같은 사람이 될 수 없을 것이며, 미술과외를 하루 6시간씩 시킨다 해도 없던 창조력이 생겨 피카소와 같이 되지 못하는 것이다. 재능은 길러지는 것이 아닌 것 같다. 그리고 선행학습으로 과외를 시킨다 하여도 훈련된 기술은 늘어날지언정, 창조적 재능은 늘어나지 않는 것이다. 그래서 고등학교를 마치면서 부모가 시켜서 해오던 학생들은 그로부터 모든 과외활동을 그만두고 두 번 다시 돌아보지도 않게 되지만, 스스로 좋아서 해오던 학생들은 시키지도 않는데 밤을 세워서라도 하는 것이다. 재능은 타고나야 하는 것이다. 그러므로 아이들이 성공하기를 원한다면 학습을 강요하기보다는 아이들이 무엇을 좋아하는지를 살펴보는 것이 더 중요하다. 하지만 이는 쉬운 일이 아니다.

재능 중에 상재商才가 있다. 상재란 상술과 별개로 태어날 때에 부여받은 상업의 능력을 말한다. 상술은 대학, 대학원, 또는 현장에서 지식으로 배울 수가 있다. 그러나 다른 재능과 마찬가지로 상재는 타고나야 하는 법이다. 자동차를 보편화시킨 미국의 포드사의 헨리포드나 일본의 혼다기연의 혼다소이치로 같은 기업인은 상재를 가진 사람이라 하겠다. 상재를 가진 사람은 물려받은 재산 한 푼 없이 오로지 자신의 재능에 의해 자신이 가장 재미있는 분야에서 재미있게 일을 하다 보니 당대에 세계 1등을 했다는 말을 듣는다.

재능이란 다방면에서 잘하는 것을 말하는 것이 아니다. 다 잘할 필요가 없이 자신이 가장 흥미로운 분야에서 깊이 있게 아는 것이 재능이라 할 수 있다. 프랑스의 보르도와인 중에 샤토 오 브리옹, 라피트 로스차일드, 마고, 무통 로스차일드는 맛, 색, 향, 질감에서 서로 다른 특색을 갖고 있어 세계적인 브랜드가 됐다. 샤토 오 브리옹과 같은 최고의 특색은 라피트에서는 찾을 수 없으며 이 점은 낙제점이고 그 대신 라피트는 샤토 오 브리옹이 갖지 않는 전혀 다른 특색을 지니고 있다. 그러므로 서로 비교를 할 수 없다. 그래서 어느 것이 다른 어느 것보다 더 좋다고 말할 수 없다. 이렇듯 재능이란 한 분야에서의 고유의 특색을 나타낸다.

그러면 상재를 가진 사람은 어떨까. 상재가 있다면 우동장사를 하거나 신발가게를 해도 끝내는 대기업을 만들 수 있을까? "그렇다"가 답일 것이다. 상재란 하늘에서 부여받은 천부적인 재능으로 보이지만, 사실은 재능 자체를 부여받은 것이 아니라 재능을 유지시켜 나가는 '하고자 하는 마음'

을 부여받은 사람이라는 것이다.

'하고자 하는 마음'을 성취욕成就慾이라 하는데 무엇이든지 이루어 나가는 마음이라는 뜻이다. 이것이 재능의 기본이 되는 요소인 것이다. 이것이 무엇을 하든지 관계없이 더 좋게, 더 좋게 하면서 이루어 나아가려는 노력이 깃들게 하기 때문에 무엇이든 이룰 수 있는 것이다. 하고자 하는 마음은 가르쳐서 생기는 것이 아니다. 때가 되어 아이들이 스스로 깨닫고 하고자 하는 마음이 생겨나지 않는 한 생기는 것이 아니다.

하고자 하는 마음을 가진 상인이 아무리 가난한 집에 태어났다 하여도, 무엇이든 다 가진 부유한 자손보다도 더 커다란 자산을 일구어 내는 것을 많이 본다. 그러므로 오늘의 안이한 재벌의 자식은 하고자 하는 마음을 가진 조그만 상인에 의해 추월당하고 마는 것이다. 자연의 순리라 하겠다.

벼 화禾

벼 화禾란 볏대에서 이삭이 패어 낟알이 드리워진 모양을 본떠 벼의 뜻을 나타낸 말이다. 사람의 삶에서 가장 중요한 것이 먹는 것이다. 그리고 먹을 것을 찾기 위해 일평생을 살아간다고 할 수 있다. 그래서 사람이 먹을 것을 잘 찾아오면 유능한 사람으로 여기고, 먹을 것을 잘 찾아오지 못하면 무능한 사람으로 여긴다. 먹을 것을 빼어나게 잘 찾아오는 재주가 있는 사람이란 뜻으로 수재秀才란 말을 만들어 내었고, 먹을 것을 찾아오는 데 둔한 사람이라 하여 둔재鈍才(돈, 먹을 것에 둔감함)란 말이 있을 정도로 인간의 생활과 먹을 것은 일치한다.

어찌 보면 먹기 위해 산다고 할 수도 있겠다. 가화만사성家和萬事成이라는 말이 있다. 집이 화목하여야 모든 일이 이루어진다는 뜻이다. 집이 화목하다는 화和자 역시 식구가 모두 먹을 것을 먹어야 한다는 뜻이 담겨져 있다. 그러므로 다시 번역하면 먹을 것을 충분히 먹어야 모든 일이 이루어진다는 뜻이 된다.

수신제가치국평천하修身濟家治國平天下라고 한다. 내 한 몸 잘 공부하여 집을 다스리고 나아가 나라를 다스리고 드디어는 천하를 다스릴 수 있다는 말이다. 이 의미도 나도 잘 먹어야 하고 가족도 잘 먹일 수 있고, 나아가 나라를 잘 먹일 수 있고 드디어는 천하를 잘 먹일 수 있다는 뜻이다. 대단히 어려운 일이라 하겠다. 대개는 영웅 한 사람 정도가 이 말을 할 수 있다.

나 한 몸을 사私라 하는데, 이 말 속에도 벼 화禾가 들어 있다. 내가 원하는 만큼 벼를 한 팔로 움켜잡는다는 뜻이 내포되어 있는 것이다. 내가 먹을 것이라는 뜻이다. 내가 먹을 것을 최대한 많이 내 품에 움켜 잡아들이는 것이 바로 나, 사私란 의미인 것이다.

사람이란 것은 본래 내가 한 팔로 움켜잡을 만큼의 벼를 가지고, 나와 나의 가족이 먹는 것이다. 그러면 공평히 나누어 먹고 눈을 치켜뜨지 않는다는 화목和睦한 상태에 이르게 되는 것이라는 것이다.

그런데 살다보면 내가 한 팔로 움켜잡아 가져온 벼를 가지고도 나도 나의 가족도 충분히 먹고 살지 못하고 배가 고프다는 사실에 처한다. 이러니 가족은 화평하지 못하고 불만이 늘어나게 되고 모든 일은 잘되어 가지 못하는 것이다.

밥을 먹는다는 식食이 있다. 고소한 밥을 모아 담은 모양을 본떠 밥을 먹는 형상을 그린 말이다. 또 이 고소한 밥 화禾가 입맛을 돋우는 고소한 냄새를 풍긴다 하여 향香이란 글자가 생겼다.

사람은 어느 누구나 밥을 씹으면 밥의 향기를 느낄 수 있다. 향香자란 쌀

禾이 입맛을 돋우는 고소한 냄새를 풍긴다는 데서 향기롭다는 뜻이 된 것이지, 크리스찬디올이나 샤넬 NO.5의 향수가 향기롭다는 뜻이 아니다.

이렇듯 사람은 먹는 것과 직결되어 있다. 그렇지 않다고 반박하는 사람도 있을 수 있다. 그러나 그 사람에게 먹는 것을 3일간 빼어보면 이 말이 옳다는 것을 알 수 있을 것이다.

아무리 생각하여도 화禾(벼, 먹는 것)가 중요한 것이지, 먹고 난 배가 불러 여성들이 더 이쁘게 보이려고 목에 거는 조개 패貝(돈을 의미함)가 더 중요한 것은 아니라 생각한다.

남에게 편안함을 파는 업

매일 생활을 규칙적으로 하며 절도와 규범을 지켜 가면서 스스로 규율을 엄정하게 하는 것을 절제한다고 한다. 내일의 일은 절제를 통해 이룰 수 있다. 그러나 장기적인 목표를 달성하기 위해서는 절제만으론 부족하다. 자기를 다 바치는 희생이 필요하다.

비즈니스도 마찬가지다. 소상인이 중상인을 거쳐 대상인이 되기 위해서는 평생 동안 절제 이상의 자기희생을 하지 않으면 안 된다. "직장을 잡기 위해 이곳저곳에 입사원서를 내보고 안 되면 장사나 해야지 별 수 있나." 하고 말하는 사람들이 많지만 사실 장사는 할일 없어서 해보는 쉬운 일은 아니다. 끈질기게 평생을 똑같은 일을 반복해야 이뤄지는 것이 상업인 것이다.

대학을 갓 졸업한 청년들이 가고 싶어 하는 것이 대기업일 것이다. 대기업이란 바로 기업주인 사장이나 회장이 30년 혹은 60년의 풍상을 겪으며 소상인에서 시작해 중상인을 거쳐 대상인이 되어 이룬 것이다. 그들의 희생은 남다르다.

주말이면 사원들은 모두 가족과 재미나게 놀지만 회사의 주인인 사장이나 회장은 화려한 회사 빌딩 뒤편에서 구석구석에 난 잡초를 뽑는다. 젊어서부터 남이 천시하는 조그만 장사를 시작해 몇 푼이 없어 망해보기도 하고 자신의 젊은 청춘 전부를 바쳐 자신의 상점 안에서 그 누구도 나를 도와주지 않았던 생활을 견디어 온 사람인 것이다.

누가 보기에는 처음부터 마치 회장으로 태어난 듯 보이지만 회장 그 자신에게 물어보면 천만의 말이다.

상인이란 남에게 편안함을 파는 상업을 하는 사람이다. 남에게는 안락함을 주고 일어날 수 있는 모든 위험요소는 상인 자신이 짊어져야 하다. 사람들이 싫어하는 모든 일은 대신하고 사람들이 바라는 모든 일의 희생을 즐거워해야 하는 것이 상인인 것이다. 대기업의 회장도 한 때는 아무도 알아주지 않았던 그런 상인의 길을 걸어왔으며 일생 동안 절제와 희생의 일을 해왔음에 틀림이 없다.

상인의 계산

사마이소우시츠島井宗室는 전국시대 일본 하카다의 호상豪商이다. 양조업과 환전업을 하여 상업의 기반을 다져, 명 · 조선과 국제무역에 종사하여 거대한 부를 쌓았다. 당시의 쇼군 도요토미 히데요시가 조선침략을 책동하여 전국의 다이묘大名(번의 수장)들과 전략회의를 개최하였다.

이미 대마도 다이묘 소우 씨에게 군자금을 융자하며 대마도번의 군수

물자와 병참의 이익을 장악하고 있던 시마이도 회의에 불려나갔다. 모든 다이묘가 조선침략은 문제없이 승리할 수 있다고 강변하는 가운데, 오직 시마이 소우시츠만이 "이번 조선과의 전쟁을 개시하면 일본의 승리는 장담할 수 없습니다."라고 아뢰었다. 이 말은 곧 쇼군 히데요시의 생각을 거역하는 것이라 참수죄에 해당하였고, 또 평민인 상인이 쇼군에게 의견을 제시한 것은 있을 수 없는 일이었다.

그러나 히데요시는 시마이에게 그 이유를 말해보라고 명하였다.

"일본군이 움직이는 데에는 군수물자와 군비가 필요한데, 군비를 계산하기 위하여서는 조선의 지형이 실제로 어떻게 생겼는지를 파악하여 그에 따라 군비계산이 틀려질 수 있습니다. 그러므로 군비계산이 되지 않은 상태에서 조선 출병을 하면 패전을 할 것이라고 아뢴 것입니다."

히데요시는 그 말이 옳다고 여기고, 시마이 소우시츠를 승려로 가장하여 조선에 보내었다. 시마이는 실제로 일본군이 상륙할 부산진으로 상륙하여 순례하는 승려로 가장하여 걸어서 한양을 거쳐 평양, 명나라 국경까지 조선의 지형을 관찰하고, 지역에 따른 군수, 병참, 노역 비용을 계산하였고, 군이 이동할 때에 걸리는 기간과 지형의 특이성을 상세하게 계산하였다.

이 조사에 따라, 일본 병사 한 명이 조선침략을 하면 해외에서 소비할 쌀 몇 섬, 간장 몇 섬, 된장 몇 섬, 음료로 마실 차, 심지어 부식으로 쓰이는 짠지무의 숫자까지 치밀하게 계산한 것이 바로 하카다의 상인 시마이 소우시츠인 것이다.

한편, 일본군이 부산포에 상륙하면, 군수물자를 짊어지고 나를 부역자가 필요하게 된다. 이것도 이미 시마이는 임금을 많이 지불하고 대우를 잘 해준다고 조선 땅에 소문을 내고 부역자를 모집하였다. 그래서 많은 조선인 농민들이 돈을 벌기 위해 서로 지원을 자청하여 일본군의 군수물자를 짊어져 한성, 평양으로 날랐다고 한다. 이때의 부역자 숫자가 조선 관군의 숫자보다도 더 많았다 한다.

이렇게 하여 조선침략 제1군 코니시유키나가小西行長군이 전투를 하면서, 조선 관군의 저지를 받아가면서도 부산포에서 한양까지 진격하는 데 걸린 일수가 15일이라 한다. 시마이 소우시츠의 미리 계획된 거리계산에 의한 것이었을 것이다.

또한 어이없게도 부산포에 상륙한 부산포 앞바다를 새까맣게 메운 일본군 전선을 타고 상륙한 제1군 일본군의 숫자가 10여만 명이라는 숫자에 겁을 집어먹고, 조선 왕실이 한양을 소개하고 미리 압록강 변까지 피난을 떠났었으나, 실제로 부산포에 상륙한 일본군은 7,500명에 불과하였다고 한다.

이 모든 일이 상인 시마이 소우시츠의 계산計算에서 나온 것이라 하겠다. 계산이란 미리 계획을 세우고 그에 따라 얼마가 드는지 비용을 헤아리는 것을 말한다. 상인이 하는 일이다.

일등

일등이 되지 않으면 생존경쟁에서 탈락한다고 한다. 디지털 업계에서는 세계 일등이던 노키아가 그간 시장점유율에만 치중을 한 결과 그만 새로운 기술혁신을 하는 데 게을리 하여 이제는 2등은 고사하고 생존을 고민하여야 할 상태에 이른 모양이다.

그간 부단히 일등경쟁에 시달려 왔다. 또 리더십을 갖는 것을 일등이 한다고 하여, 부모들이 아이들을 심하게 경쟁을 시켜 왔다. 아이가 서너 살이 되면 남자아이든 여자아이든 또 아이가 흥미가 있든 없든 간에 우선 피아노레슨, 수영, 태권도, 영어회화, 미술레슨을 받게 되고, 또 부모는 과외비용을 지불하지 못하여 안절부절한다. 나는 못했으니 아이에게나 책임을 전가하는 보상심리인 줄도 모르겠다. 나의 아이는 피아노를 이야기하면 피아노 일등을 하여야 하고, 수영을 이야기하자면 또 수영 일등을 하여야 하는 것이 사회이다.

입시 시즌이면 고등학생은 밤2시까지도 공부를 한다고 하고, 도시락을 2,3개 싸들고 공부를 하기는커녕, 책상 앞에서 피곤하여 졸고 있다고 한다. 심지어는 엄마가 옆에서 조는 아이를 감시한다 한다. 그렇게 하여도 대학을 못 들어가는 세상이라 한다.

상인 중에는 나는 상인이라 하여 정직하게 상술을 써서 팔고 사는 상인이 상등상인이다. 그리고 상인이 아닌 것처럼 위장을 하는 허위의 상인이 하등상인이다. 하등상인 중에는 나는 절대로 상인이 아니며 사회를 위하고, 인간을 위하여 헌신한다고 하는 언뜻 보면 상인인 것 같은데 상인이 아니라고 애써 말하는 이가 많다. 마치 인술을 베푸는 의사인 것처럼 가장하여 장사를 하는 의학상인이 있고, 마치 나의 아이의 장래를 책임질 듯한 교육자인 것과 같은 교육상인이 있다.

그리고 세상을 바로잡을 것 같은 정직을 판다고 하는 법률상인도 있다. 그리고 나는 절대로 장삿속으로 이 사업을 하는 것이 아니라 한다. 심한 경우에는 우리의 영혼을 빌미로 하는 종교상인도 있다.

상인이 상인다운 것을 상등으로 치는 것처럼, 의사가 의사다워야 상등이며, 교육자가 교육자다워야 상등이고, 변호사가 변호사다워야 상등이며, 종교인이 종교인다워야 상등이다.

누구이든 무슨 일을 하든 하는 일에 정직하여야 상등이 되는 법이다. 하기 싫은 일을 억지로 하여야 되니 가장을 하는 것이다. 일등이란 무리 중에서 오직 한 명만이 갖는 순번이다. 조그만 무리 중에서 일등을 하였다 하여도 큰 무리 속에 가서 또 일등을 한다는 법이 없다.

상인은 일등을 한다는 생각을 갖지 않는다. 오직 상등上等(전체에서 반 이상의 위에 있다는 뜻)으로 노력하여 열심히 한다는 뜻이다. 일등一等이란 단어는 대단히 교만한 단어이다. 내가 일등이라는 교만이 그만 경쟁도 포기하고, 더 이상 노력하여야 한다는 목표도 없어져 버리는 것이 일등인데, 불교에서 말하는 삼라만상의 오만五萬가지 형상이 일어나는 것 중에 하나를 내가 너보다도 낫다는 것이 아니라, 내가 너희 무리 중 전부보다도 낫다는 극단의 교만의 표현으로 더 이상 나와 같은 자는 나타날 수 없다는 어리석은 표현인 것이다.

상인이 과일을 팔 때 가장 좋은 것 하나는 100원 그 다음 것은 99원 하여 하나하나를 순번을 매겨 파는 것이 아니다. 상인은 과일을 크고 싱싱한 그룹 1/3은 상등으로 100원 그 다음 조금 작은 것 1/3은 중등으로 90원, 나머지 1/3 작은 것들은 80원 하는 식으로 나눈다. 최고로 좋은 것과 최고로 나쁜 것을 골라내지는 않는다. 왜냐면 고르는 것은 손님이 알아서 하기 때문이다.

세상에는 일등이란 없다. 일등 한 사람만 빼고 나머지 모든 사람이 실패하였다는 논리도 없다. 무엇을 가지고 일등이라고 생각하는지 그 생각이 참으로 의심스럽다. 삼라만상의 찰나에 오만가지의 일이 일어난다 하는데, 찰나에 오만가지를 다 일등하였다는 뜻일까?

합종연횡

합종연횡合從連衡이란 전국시대 7국의 경쟁을 나타내는 말로, 그중 가장 세력이 강한 진나라를 대항하기 위하여 나머지 6소국들이 벌인 생존방법의 2가지 형태를 말한다.

합종合從은 강한 세력에 대하여 약한 세력들이 협력하여 대항하는 것을 의미하는데, 한, 위, 조, 현, 초, 제의 6소국이 뭉쳐서 진에 대항하자는 소진의 합종설에서 나왔다. 그리고 연횡連衡은 강한 자에게 의지하여 약한 자가 보호받을 수 있다는 것을 의미하는데, 6소국이 진에 대항하지 않고 서로 협력하면서 진과 결탁하자는 장의의 연횡설이다.

합종설이든 연횡설이든 이 2설은 그후 진나라가 합종설을 완전히 붕괴시키고 천하를 통일함으로써, 연횡설도 무시되어 강자가 독식을 한 것을 알 수 있다. 언뜻 보면 두 가지 설은 현대의 상인의 모습에서도 그대로 나타난다 하겠다. 대기업과 경쟁하는 소규모 상인들의 모습이 바로 합종설인데, 소규모 상인이 서로 힘을 합쳐 대기업과 대항하는 형세이다. 이것은 참으로 힘든 일이다. 왜냐하면 소규모 상인이 서로 힘을 합치는 그 자체가 어려울 뿐 아니라, 힘도 합쳐지지 않는다.

다른 방법은 소수의 소규모 상인이 대기업의 협력업체가 되어 대기업과 보조를 같이하는 상술이 있으나, 이 조차도 결국에는 대기업이 소상인의 상업을 흡수하여 버리고, 소상인은 없어지게 된다. 그러면 소규모의 상인은 대기업에 이길 수가 없는 것일까? 역사적으로 보면 그렇지 않은 것을 잘 알 수 있다.

일본의 미츠이三井는 일본 옷을 파는 소상인이었고, 수많은 대상인들의 점포 속에서 한 뼘 정도밖에 안 되는 진열대를 갖추고 상업을 시작하였는데, 500년이 지난 지금은 세계 유수의 회사가 된 것이다. 이것을 보면 소상인이 대기업을 이길 수 있다는 증거가 된다. 소상인 미츠이가 쓴 상술은 외상사절, 현금거래, NO DISCOUNT로 그 대신 마진을 극히 적게 붙여 박리다매로 팔았다. 그 대신 다른 상점이 옷을 만들면 2주가 걸리는 것을 손님이 기다리고 계시는 동안 만들어주는 방식을 썼다.

이 이야기와 같은 것이 현대의 정주영 회장이 자동차 수리공장을 운영한 적이 있었는데, 그때에도 다른 곳에서 1달이 걸리는 수리가 정주영 회장 공장에서는 1주일이면 고칠 수 있고, 그리고 다소 비싸게 견적을 내었으나, 틀림없이 고장난 곳을 고쳤다 한다.

상인이라면 신용이 제일이다. 이곳에 가면 반드시 정확하게 물건을 제값주고 살 수 있다는 신용만 있으면, 아무리 대기업이라 한들 소상인에게 이길 수가 없는 모양이다.

월마트에 가보면 생활용품을 파는 것 이외에도, 서브웨이, 멕도날, 세탁소, 이발소, 미장원, 안경점, 네일숍 등 이제 서민이 생계를 위해 하는 서비스업도 모두 다 한다. 대기업의 횡포라 할 수 있겠는데, 이러한 월마트의 문어발식 상술은 치사한 짓으로 대기업이 해서는 안 되는 짓을 서슴없이 한다. 소위 돈이 궁한 것이다. 그러나 걱정이 없다. 자연의 원리에 의해 월마트의 소규모 서비스업에게 이기는 길은 바로 따뜻한 인간의 정으로 손님에게 최대의 노력을 다하는 것이다. 월마트의 주인이 나와 서비스를 하여 주지 않는 것이 치명적인 문제일 것이다. 동네장사가 99전을 하는 것을 월마트에서 98전을 한다고 월마트에 가지는 않는다. 내 머리를 만지는 데 15불 하는 것을 14불을 한다고 월마트에 가서 머리를 만지는 주부는 드물 것이다.

이것을 보면 소규모 상인들이 서로 합종을 할 필요는 없으나, 내가 가진 가게에 내 정성을 쏟아내 손님을 보살피면 이길 수가 있을 것이다. 그리고 그 시대가 요구하는 인간성을 사고파는 그러한 세상이 올 것이다. 월마트조차 약 60년 전에 셈월튼이 벤톤빌의 조그만 상점을 차리고 그 당시의 대기업인 울월스, 케이마트를 제치고 지금에 이른 상인이다.

또 다시 더 우수한 새로운 상인이 지금이라도 이기려고 움직이고 있을 것이다. 다만 눈에 보이지 않을 뿐이다. 자연의 적자생존 속에서 합종연횡合從連衡 같은 술수는 상인에게 필요하지 않다. 다만 성실이 필요할 뿐이다. 아침 일찍 일어나서 기쁜 마음으로 오늘 하루도 더 열심히 봉사하자. 나의 조그만 이 상점이 특출한 후손에 의해 나중에 월마트를 이기지 못한다고 누가 장담할 수 있겠는가.

산업

산업인産業人이란 생산에 종사하는 사람으로, 이 범주엔 물건을 사고파는 상인商人을 비롯, 물건을 만들어내는 공인工人 등이 포함된다.

아이를 낳는 것도 '생산'이라고 한다. 남녀가 '없던 것'을 '새로이 만들어 냈다'는 의미이기 때문일 것이다. 아이를 낳았던 성인남녀라면 막 태어난 아이를 처음 봤던 그 순간을 잊지 못할 것이다. 아이를 낳은 산모는 물론 옆에서 이를 지켜본 남편도 갓 태어난 아기를 대하는 순간 자연의 신기함에 놀라면서도 "그동안 눈사람 하나 제대로 만들어본 적도 없는 내가 이렇게 정교하고 완벽한 아이를 만들어 낳다니… " 하면서 감격했을 것이다.

인간이 이런 위대한 생산을 해낼 수 있는 것은 대자연의 섭리 덕분이다. 혼자 힘이 아닌 무소불위無所不爲의 자연에 힘입은 것이라는 말이다. 이런 자연의 힘은 인간 누구에게나 평등하게 작용한다. 생산은 창조를 의미하며, 창조는 기쁨을 맛보기 위한 것이다. 그래서 창조된 모든 것은 보면 기쁘지 않는가. 창조 본연의 속성이 슬픔이라면 누가 구태여 슬퍼할 것을 억지로 만들어 내겠는가.

업業이란 성인남녀가 배우거나 익히지 않았음에도 아이를 낳을 수 있는 것처럼 무소불위의 자연의 위대한 능력에 의해 일들이 이뤄지는 것의 본위를 일컫는다. 그러나 이런 업조차도 자신이 시작하지 않으면 생겨나지 않는다.

사람은 태어나 한 걸음을 걷기 시작하면서 생을 시작하고 마지막 걸음을 걸은 후 생을 마감한다. 그러므로 한 걸음을 걸었을 때 이미 이 걸음의 업보業報가 두 번째 걸음에 미치게 되고 이 업보가 마침내 마지막 걸음에 미치게 돼, 모든 업의 생성, 발전, 소멸의 굴레를 이루는 것이다.

산업産業이란 업을 만들어 낸다는 뜻인데, 마치 아이를 낳듯이 업을 낳는다는 말이다. 이와 달리 상업은 업을 주고받고 헤아린다는 뜻이지 업을 낳는다는 의미는 없다. 또한 업을 생각하고 두들겨 형상을 이룬다는 공업에도 업을 낳았다는 의미는 없다.

얼마 전 한 지인에게서 들은 이야기가 생각난다. 그는 오랫동안 상업에 종사해 큰돈을 벌었지만, 매일의 생활이 무의미하게 여겨졌다. 그러다 산업단지 내에 공장을 짓고 상품을 생산한 이후부터 삶에 활력이 생겼다고 했다. 아마도 생산을 통해 창조의 본연인 기쁨을 맛봤기 때문일 것이다.

조삼모사朝三暮四

'조삼모사'朝三暮四는 중국의 고사다. 원숭이를 키우는 한 상인이 생활이 어려워지자, 원숭이의 끼니를 조정하려 했다. 상인은 원숭이들에게 매끼 콩을 5개씩 줬는데, 어려움을 하소연하고 "아침에 콩 3개를 주고, 저녁 때 4개를 주겠다"고 제안했다. 그러자 원숭이들이 크게 화를 내며 불만을 나타냈다. 상인은 즉시 말을 바꿔 "그렇다면 아침에 콩 4개를 주고 저녁에 콩 3개를 주면 어떻겠는가?"라고 했더니 원숭이들이 크게 기뻐하며 좋아했다는 이야기다.

조삼모사는 눈앞의 손해를 보지 않으려 하는 자세를 빗댄 말이다. 이후엔 어떻게 되더라도 상관 않겠다는 것인데, 이런 조삼모사의 방식이 우리 인생을 지배해 왔다. 대학을 갓 졸업한 청년들은 대기업에 취업원서를 내고 저마다 '대기업에 취직됐으면… ' 하고 기대하고, 부모들조차 "우리 아이가 어느 대기업에 취직했다."며 자랑한다. 대기업에 취직했다면 또한 결혼할 때도 유리해진다.

기업에 취직한다는 의미는 30년 동안 매월 얼마씩 받지만 정년(60살)이 되면 한 푼도 받을 수 없게 된다는 것이다. 이런데도 사람들은 '60살은 나중의 일이요, 우선 30년은 매월 조금씩이나마 받을 수 있기 때문에 좋다'고 생각한다.

반면 취직을 못했거나 안 한 사람들은 장사 등 자영업에 종사하게 된다. 자영업자는 이제부터 30년 동안 매월 얼마나 벌 수 있을지 모르며, 60살이 되더라도 한 푼도 없을 수 있다. 여차하면 마이너스(-) 상태에 처할 수도 있다. 자식이 자영업자인 부모들은 쓸모없는 인간이 됐다며 실망하고 자식 이야기를 입 밖에도 꺼내지 않는다. 이런 경우 심지어 결혼에도 영향을 미친다.

요즘 자영업자는 실업자라는 말과 유사어 쯤으로 사용되는 경향이 있다. 하지만 지금 대기업의 회장들은 대부분 이런 사람들이라는 것을 알면 깜짝 놀랄 것이다. 대기업이란 자영업이 커져서 된 것 아닌가. 대기업이란 조금 더 큰 가게일 뿐이다.

'헤아리는 사람'이란 뜻의 상인은 대기업에 취직 못해 할 수 없이 하는 직업이 아니다. 그리고 부모가 부끄러워한다고 감춰지는 그런 직업도 아니다. 또한 결혼의 결격사유가 될 만큼 무능한 것도 아니다. 상인이란 야망을 갖고 자본을 이용해 이제부터 30년 동안은 매월 적은 돈을 벌지만 60세 이후부터는 매월 많은 돈을 버는 사람이다. 벌려고 해서 벌리는 것도 아니지만 안 벌려고 해서 안 벌리는 것도 또한 아닌 것이 상업이다.

상인은 젊어서는 적은 것을 헤아리지만 나이가 들면 많은 것을 헤아린다. 그러나 대부분 사람들은 나중에 많이 벌지 모르겠지만 지금 당장 적게 벌기 때문에 상업을 할 수 없다고 한다. 포기하는 것이다. 그러나 반대로 움직이는 사람도 있다. 이들이 상인이다. 상인은 본래 값이 쌀 때 물건을 사고, 값이 비쌀 때 파는 사람이라는 속성답게, 상인은 나이가 적을 때 일을 시작하고 나이가 들면 많이 거두어들이려는 사람들이다. 즉 조삼모사에 흔들리지 않는 사람인 것이다.

부정적인 생각

일이란 본래 그대로 두면 되지 않는 경향이 있다. 자연 역시 완성된 상태가 아니다. 모든 것이 원소로 이뤄져 있어 한마디로 '안 된 상태'로 존재한다. 이런 자연을 인간이 생각과 노력을 통해 되도록 실현시키고 있는 것이다.

어린아이는 자라는 동안 수많은 실패를 경험하면서 세상을 배운다. 그런데 아이가 무엇을 하려고 하면 "노!" 하거나 "안 돼!" 하는 부모가 있다. 주의를 줘 사물을 인식하게 하는 것도 중요하지만 자칫 아이가 부정적인 생각을 가질 수도 있다.

잭러셀테리어라는 종의 개 한 마리를 키우고 있다. 개는 눈앞에 비스킷을 놓아두고 손바닥을 벌리며 "노" 하면 절대 먹지 않는다. "예스" 할 때만 먹도록 훈련돼 있기 때문이지만 개는 경험상 주인이 금세 "예스"라고 할 것이라고 이미 알고 있다. 개는 생각을 하면서 이렇게 행동하는 것이 아니라 수많은 '예스' '노'의 반복으로 명령에 따르도록 훈련된 것이다. 그러나 사람은 이렇게 '예스' '노'로 훈련시켜서는 안 된다.

비즈니스는 안 되는 것도 되게 하지만 되는 것도 하지 않을 때가 있다. 곧 생각을 해 움직이는 것이다. 비즈니스는 대개 의논 단계에서 이미 이뤄진다. 일이 되지 않기 때문에 되는 방법을 찾기 위해 머리를 맞대는 것 아닌가. 그런데 의논을 하는 과정에서 시종일관 "안 돼"라는 부정적인 말을 하는 사람이 있다. 이럴 때마다 "안 되는 것을 알기 때문에 어떻게 하면 되는지 그것을 찾고 있는 것이 아닌가."라고 반문해도 그 사람은 역시 "안 돼"만을 되풀이한다.

한번은 의논 중에 상대가 '안 돼'와 '모른다'라는 말을 몇 번이나 하는지 세어본 적 있다. 그는 20분 논의 중 무려 60여 번의 '안 돼'와 '몰라'란 단어를 썼다. 참으로 무서운 부정관이라 하겠다.

자연은 본래 안 되게끔 돼 있다. 그러므로 "안 돼" 하고 말하는 사람도 한편으론 옳다. 그러나 사람은 안 되게 되어 있는 것을 노력해 되게 하는 능력이 있다. '하면 된다'고 하지 않았나? 그러니 하면 된다.

말벗

인생을 살아가려면 다가오는 미래를 알지 못하여, 누구나 다 어떻게 할까 생각하게 된다. 매일 새로운 일이 생기고, 매일 잘 알지 못하는 일이 생긴다. 이럴 때마다 가까운 친구에게 상의하거나, 아니면 가족, 선배 등에게 상의를 한다.

남의 어려움을 들어주고 자신의 생각을 조언해 주는 일은 참으로 중요하다. 이런 사람을 전국시대에는 책사策士, 모사謀士, 군사軍師로 불렀는데, 이들은 군사작전이나 국정수행, 외교 전략에 중대한 영향을 주었고, 책략策略이나 모략謀略이 우수한 집단이 우수하지 못한 집단을 지배하기에 이르렀다.

요사이에 들어와서는 중견기업이라면 이사理事가 있어 상점주를 대신하여 여러 가지 상책商策을 생각해 내어 영업을 계속해 나간다. 이사라는 직책이 바로 논리를 따져 수행하여 가는 직책이므로 이사理士로 표기하는 것이 옳다고 하겠다. 샐러리맨의 최고봉으로서 별을 달았다 하는 출세만의 직책이 아니라 바로 사장을 위해 사장과 함께 회사를 생각하는 책사策士의 직분에 이르렀다 할 것이다.

사람은 30년을 기준으로 생활양식, 가치관, 문화 등이 변한다. 그러므로 아무리 훌륭한 책사라 하더라도 부단히 노력하지 않으면 변하여 가는 환경을 따라잡지 못하고 퇴보하게 된다. 그러면 책사의 머리에서 나오는 조언과 모략이 날카롭지 못하고 열등하게 되어, 상점이 퇴보하게 된다.

그러므로 역사적으로 군주들은 훌륭한 책사를 찾으려 온갖 노력을 다하였는데, 한 예로 유비가 제갈량을 얻어 천하를 3분하여 촉을 세운 것과, 조조가 힘이 약하여 고작 7만의 군대로 원소의 70만 대군을 맞아 절체절명의 패배의 공포 속에서도 책사 곽가의 조언으로 관도대전에서 극적으로 원소군 70만을 완전히 격파한다.

이로써 인간의 두뇌 하나가 얼마나 큰 위력을 발휘하는 줄 알 수 있다. 삼성의 이건희 회장이 훌륭한 천재 하나가 10만 명을 먹여 살릴 수 있다 하여 천재를 갖지 못한 것을 한스러워한 것도 바로 훌륭한 책사策士를 갈망한 한 예가 될 것이다.

훌륭한 책사 한 명은 역사를 바꾼다. 인류 최초의 책사는 불을 사용하기를 권한 사람일 것이다. 이 사람은 인류 전체의 방향을 바꾸는 생각을 해낸 것이고, 최초로 씨를 뿌려 농사를 짓기를 권한 사람은 또 인류 전체를 기아에서 구제한 생각을 해낸 것이라 하겠다.

대부분의 상인들은 상점의 규모면에서 훌륭한 인재를 갖기가 힘들다.

그래서 의논상대는 대개가 친구, 선배, 형제, 배우자가 될 것이다. 이들이 서로 물어보며 서로 모르는 것을 조언 받는 것이다.

그런데 모처럼 어려운 일이 생겨 어찌하면 좋을까 하고 물어보거나, 새 사업을 해야겠는데, 어찌하면 좋겠는가 하고 물어보려는 순간, 책사 역할을 하는 친구나 선배, 혹은 처가 "안 돼요. 절대 하지 마세요."라고 한다. 싹도 나기도 전에 잘라버리는 어리석은 조언을 해버리는 것이다.

하고 안 하고는 새로 시작하는 상인의 결정이다. 책사는 그러한 결정을 하는 것이 아니라 상인이 결정을 내리기에 이렇게 하면 좋겠습니다. 저렇게 하면 좋겠습니다 하는 여러 방책方策을 주면 되는 것인데, 자신이 스스로 월권을 하여 "안 돼요" 한다. 이것은 책사의 역할을 하는 사람이 할 말이 못된다.

심지어는 의논상대가 된 자신의 말을 따르지 않고 상인이 새로운 일을 도모하였다 하면, "안 망하는지 두고 보자." 할 정도로 심하게 월권을 하는 사람도 있다.

상인은 항상 새로운 일을 시도한다. 그리고 시도하는 모든 일이 다 성공한다고 생각하지도 않는다. 그러나 시도해야만 하는 고난과 걱정이 앞서서, 시도하여도 된다는 확신을 받기 위하여 친구들에게 조언을 구하는 것이다. 곧 외로운 사람에게 말벗이 필요한 것이다. 상인은 이미 책략은 정해 놓았는지도 모른다.

신용

신용信用이란 사람이 말하는 그대로라는 뜻으로 말하는 그대로 쓴다는 의미이다. 사람은 말하는 그대로를 하여 가는 것이 바로 살아가는 생활生活이 된다. 실천하기 어려우면 말을 조심하여 하면 되나, 실천하기 위해 그렇게 한 말이나, 말을 하고 난 후에 상황이 바뀌어 그러지 못하는 것이 또한 생활이다.

말을 하고 난 후에 상황이 바뀌는 것은 흔히 있는 일이다. 그렇다고 내가 한 말이 바뀌는 것은 아니다. 또 말하기 전에 미처 상황이 바뀔지는 상상도 못하였다고 하기도 한다. 그렇다고 하더라도 내가 한 말이 상황에 따라서 바뀌지는 않는다.

생활生活이란 글자를 가만 뜯어보면 혀에 물기가 도는 한 살아 있다는 의미이다. 흔히 상인의 말은 믿을 것이 못 된다 한다. 그렇지 않을 것이다. 사람의 말이 그때그때에 따라 변하여 갈지라도 상인은 '나의 말'을 파는 사람으로 곧 '신용'을 파는 사람이기 때문에 신용을 잃어버리고서는 상업을 할 수가 없다.

신용이란 계약서보다 더 중요한 보이지 않는 약속이므로 상업이 이루어진다. 한 청년이 처녀와 아무 날 아무 시에 강다리 밑에서 만나기로 약속을 하였다. 때마침 홍수로 강물이 불어 다리까지 물이 차올랐으나, 청년은 다리 밑에서 만나기로 말을 하였으므로 그대로 기다리다가 처녀가 오기도 전에 불어난 물에 익사하였다는 일화가 있다.

아마도 이 청년은 상인일 것이다. 상인이란 이렇게 둔하여야 한다. 말을 한 것을 그대로 지키는 사람으로 고사에서는 경포(영포)를 제일로 친다. 초패왕 항우의 계약서보다는 경포의 말 한마디가 더 권위가 있을 정도로 경포는 신용이 있던 사람이었다. 경포는 본래 영포로, 죄를 짓고 죄수가 되어 이마에 죄인이라는 글자의 먹물을 넣었다(경) 하여 그때부터 경포라 불린 사람이나, 사마천의 사기 열전에 의하면 신용 하면 경포의 말 한마디로 축약할 정도였다. 얼마나 신용이 있었으면, 일개 죄수에서 신용 하나로 왕위에 올랐겠는가.

한고조 유방도 이러한 경포의 신용에 힘입어 많은 사람이 그를 따르는 것을 두려워하여 그를 죽이고 만다. 경포는 한다 하면 하였고, 안 한다 하면 안 하였다 한다.

이와사키 코야타는 미츠비시三菱 재벌의 4대 사주이다. 재임 시 미국의 GE와 합작투자를 시작하자마자 2차대전이 일어나 일본과 미국이 전쟁을 시작하였다. 서로 적국이 되었으므로 합작투자는 무산된 것과 마찬가지이고 적산은 몰수대상이었다. 그러나 이와사키 코야타는 상인이다. 전쟁기간 중 4년간 합작투자사 GE의 투자원금과 해마다의 이익금을 계산하여 적립하여 그의 이자까지 이와사키 코야타의 개인구좌에 계산하여 넣어 두었다. 종전이 되자, 종전 첫날 이와사키 코야타는 GE에게 이 돈을 반환하였다. 이와사키 코야타는 상인商人이기 때문이다. 미츠비시三菱는 상점商店이기 때문이다. 이것을 상인의 신용信用이라 한다.

정리정돈

흔히 그렇게 이해할 수 있다 하는 말을 '일리一理가 있다'고 한다. 일리一理란 한 가지 이론이다. 곧 규칙이 있고 논리가 통하는 한 가지란 뜻일 것이다. 이런 올바른 일인 일리一理도 여러 가지가 모여 서로 합쳐져 있으면 난잡하여져 일이 어려워지고, 나 자신도 어찌할 바가 없다. 소위 모든 것이 하나하나 다 올바른데, 그중에 무엇을 하여야 좋을지 모르겠는 난감한 상태에 놓이게 된다.

상인은 일리一理를 파는 사람이다. 사는 손님이 "그렇지." 하고 긍정을 하지 않는 한에는 절대로 팔릴 수가 없는 것이 상행위이다. 그러므로 상행위는 일리一理를 파는 행위라 할 수 있다. 수많은 상행위를 할 때 모여 있는 일도 다양할 뿐 아니라, 내놓은 상품도 매번 새로운 것이 파생된다. 그때마다 새로운 일과 새로운 상품은 '일리一理가 있다'고 소비자에게서 인정을 받아야 한다. 그러므로 상업은 속여서는 안 되는 것이다. 왜냐하면 속이는 것은 일리一理가 없기 때문이다.

상인의 상점의 창고에는 모든 것이 정리되어 있다. 일리一理가 많아지면 난잡하여져 어지러워지기 때문이다. 이것을 가지런히 바로잡는 것이 정리整理인데, 곧 일리, 일리를 하나둘씩 분리하여 두거나 일리, 일리를 하나둘씩 묶어 두는 것을 정리라 한다. 상인이 장래에 성공하는지 안 하는지는 정리를 잘하여 두었는지에 있는데, 바로 정리를 하는 공을 쌓아가는 것이 말의 의미대로 성공成功이기 때문이다.

정리만 하여 두었다 하여 만사가 끝나는 것은 아닌데, 정리하여 두어도 자리를 잡아두지 않으면 또 정리된 일리들이 흐트러져서 이곳에도 쌓이고 저곳에도 쌓이고 하여 상인이 어지러워진다. 그제는 저곳에 쌓아두었다가 이제는 이곳에 쌓아둔다거나 내가 마음 내키는 대로 정리를 하였다가는 도리어 어지러운 정리가 되어 버리고 말기 때문이다.

그래서 정리를 하고 나면 반드시 '이곳은 너의 곳'이라는 장소를 부과하지 않으면 어지러움이 계속된다. 어지러움을 난亂이라 하는데, 난은 바로 장소를 정하여 주지 않으므로 생기는 것이다. 움직이는 것을 고정시키는 것이 바로 조아릴 돈頓의 의미인데, 조개 패貝(돈)를 가지런히 놓아두는 형상으로 가지런한 것을 그 장소에 움직이지 않게 고착시키는 뜻이다.

그러므로 정돈整頓이란 의미는 '일리를 가지런히 정리하여 그 자리에 가지런히 붙이는 것'으로 바로 돈을 버는 방법을 의미한다 하겠다. "어떻게 하면 돈을 많이 벌어요?" 하고 묻는 사람이 많다. "정리정돈整理整頓을 많이 하는 것이지요." 하는 것이 답이 될 것이다. 그렇다면 정리정돈이 바로 돈임을 알 수가 있다.

경리

경영經營이란 본시 터를 닦아 집을 짓는다는 뜻이다. 개인이 자기 영역을 정하여 줄을 가지고 긋고 이만큼은 내 영역이니 들어오지 못하게 하여 집을 지어서 지킨다는 생존의 의미가 있다.

군대가 지키면 병영이 되고 많은 지역을 포함시키면 영역이 된다. 동물들도 일정 범위의 영역이 있어 목숨을 걸고 자신의 영역을 사수한다. 그런데 지키는 데에도 일정한 규칙이 있어야 효율적으로 잘 지킨다. 그래서 인간의 역사는 영역을 지키고 뺏고 하는 것의 오랜 반복인 듯하다.

줄을 그어 내 것을 정해놓고 지키는 규칙을 경리經理라 하여 지을 경經을 쓰고 다스릴 리理를 쓴다. 곧 지어놓고 잘 다스린다는 뜻이다. 다스리지 못하면 없어지게 마련이다.

일본은 오랜 세월 동안 어린아이들을 테라고야(서당)에서 요미讀, 가키書, 소로반算盤 즉 읽기, 쓰기, 셈하기를 가르쳐 상인의 길로 나가게 하였다.

상인이 되려면 무식하여서는 안 되는 것을 알고 있었다. 그리고 셈하는 것이 둔해서는 축적이 늦어지는 것도 알고 있었다.

나이가 들어가며 경영이 커지고 이것을 관리하기 위해서는 이제는 종이에 끄적여 셈하거나 주판을 가지고 셈하기에는 너무 큰 숫자가 된다. 어떤 이는 나는 하루 종일 가게를 지키니 모든 계산은 처가 알아서 다해 줍니다라고 하고 어떤 이는 나는 일만 하고 월급 받으면 봉투째 처에게 줘버려 나는 모릅니다 한다.

한편 대범한 인물인 것 같고, 사소한 것까지 신경 쓸 필요 없는 군자의 위용을 뽐내는 사람이 많이 있다. 그러나 경영은 적든 크든 간에 과학적이고 논리적으로 셈하여 다스려야 한다.

삼성이나 현대쯤으로 커지면 그때 가서 경리를 할 일이지, 지금 같이 가게를 하는데 뭐 하려고 귀찮게 일일이 적고 합니까, 척하면 얼마 되지 않은 것 다 알 수 있고, 적어 보아야 항상 모자라니 짜증이 나는데, 라고도 한다. 삼성이나 현대도 이병철 회장이 대구의 조그만 삼성상회의 국수다발 장사를 할 때이거나 정주영 회장이 경성의 조그만 쌀가게 경일상회를 할 때에도 경리를 하였다. 삼성이란 내 가게보다 좀더 큰 가게이고, 현대란 내 가게보다 오래된 가게가 아닌가.

경리를 하지 않고서는 조그만 삼성상회가 지금의 대재벌 삼성이 되지 못하였을 것이고 경리를 하지 않고서는 조그만 경일상회가 지금의 대재벌 현대가 되지 못하였을 것이다. 상회가 작든 크든 셈하는 방식은 같다. 이치가 같다는 의미이다. 이치가 같다면 셈하는 것을 처와 같이하는 캔디가게에서라도 삼성이나 현대가 셈하는 방법으로 경리를 할 수 있다.

작은 상점이 큰 상점이 된다. 작은 돈이 큰 돈이 된다. 이렇게 크게 하는 방법은 대박이 터져서 되는 일이 아니고 부지런히 계산하는 것으로 이루어진다. 그러므로 경리經理란 내가 지어놓은 것을 잘 다스리라는 것이다. 없는 것을 한탄하지 말고 있는 것부터 잘 셈하여 다스려야 할 것이다.

운세

1부터 10까지 숫자에는 각기 다른 의미가 담겨 있다. 특히 동양에서는 각각에 심오한 철학적 의미를 부여하고 있다.

일(一·하나)은 시작한다는 의미다. 이제 막 시작해 '아무것도 못한다' '어리다'라는 뜻이 내포돼 있다. 학교의 1학년이 예다.

이(二·둘)는 마차가 두 개의 바퀴로 굴러 가듯 1이 두 개 모여 움직이기 시작함을 의미한다.

삼(三·셋)은 움직이기 시작한 둘이 너무 왕성하게 움직이면 화가 생길 수 있으니 제동을 걸어 안정을 취하며 '작은 완성'을 이룬다는 의미를 담고 있다. 삼성, 삼릉(三菱·미츠비시), 삼정(三井·미츠이) 등 기업들이 안정을 추구하며 회사명에 '3'을 쓴 듯하다.

사(四·넷)은 '3'으로 작은 완성을 이뤘지만 이를 지휘하는 것이 필요해 하나를 더 붙인 것으로 '첫 완성'의 의미를 담고 있다. 대학을 4년제로 하고 군대의 최고 지휘자인 대장의 계급을 별 4개(4성 장군)로 한 연유라 하겠다.

오(五·다섯)은 '첫 완성(4)'을 다시 힘차게 움직이게 하기 위해 이를 이끌고 추진하는 하나를 더한 것으로, 다섯 명의 우두머리를 오장이라 부르고, 군대의 총책임자(원수)를 별 다섯 개로 한 것이다.

육(六·여섯)은 '작은 완성'(3)이 두 개 모여 '중간 규모의 완성'을 이룬 것을 의미한다. 육은 또한 작은 완성을 왕성하게 움직여 정한 큰 목표의 절반 가량을 달성한 상태를 의미하기도 한다.

칠(七·일곱)은 중간 정도의 완성(6)을 지휘하고 이끌어갈 하나를 보탠 것이다. 양쪽 모두 안정된 것을 지휘하며 나아가니 인간이 노력해 다다를 수 있는 최종 단계를 말하기도 한다. '7UP', '칠성사이다' 등에는 초고봉에 도달하려는 꿈이 담겼다고 볼 수 있다.

팔(八·여덟)은 인간의 능력으로 다다를 수 있는 '최고봉'(7)을 넘어서겠다는 의지가 들어 있다. 팔(8)이 들어간 '사방팔방', '사통팔달'에는 막힘(한계)이 없는 경지에 도달하고자 하는 인간의 도전이 담겨 있음을 엿볼 수 있다.

구(九·아홉)는 신(神)이 아닌 인간이 노력해 다다를 수 있는 그야말로 최종의 단계다. '작은 완성'(3)을 세 차례나 달성한지라 평생을 바쳐 이룰 수 있는 가장 큰 완성을 의미하기도 한다. 그래서 신과 같은 지위의 황제가 만세를 산다고 했을 때, 황제 밑의 재상은 인간이기에 구천 세라 한 것이다. 또한 왕이 사는 대궐이 100칸인 데 비해, 재상이나 극히 부유한 사람들의 집은 대궐보다 한 칸이 모자란 99칸인 것이다.

십(十·열)은 모든 것을 다 이뤄 더 이상 할 것이 없다는 뜻이 담겨 있다. 십의 뜻은 여기서 더 확대돼 '모든 것이 있다'(유·有)를 의미하면서도 모든 것을 다 이루었기에 '더 이상 이룰 것이 없다'(무·無)는 뜻이 숨어 있다. 또한 모든 것을 다 이뤘으니 '다시 원점으로 돌아간다'는 의미가 있다. 다시 말해 일의 끝남과 동시에 새로운 시작을 의미하는 것이다.

이같은 숫자의 의미를 바탕으로 '2010'으로 기록되는 내년의 운세를 점쳐보자. 2000의 2는 2개의 수레바퀴가 있어 왕성하게 굴러가는 격동기를, 2000의 000은 십(10), 십, 십으로 이룰 수 있는 모든 것을 3차례나 이뤘다는 의미로 볼 수 있다. 즉 극치를 3차례나 경험했으며, 올라갔다 내려가기를 3번이나 반복했고, 더 이상 이룰 것이 없어 다시 원점(무·0)으로 돌아간 것이 3차례라는 것이다.

2010 가운데 '10' 역시 모든 것을 다 이루어 더 이상 할 것이 없다는 완성을 의미함과 동시에 다른 한편으론 다시 시작하는 원점을 뜻한다.

이를 종합해 보면 2010년은 극렬한 격동기를 거친 인간세가 극에 달해 더 이상 갈 곳이 없고, 이에 따라 새로운 갈 곳 즉 또 다른 시작을 찾는 시기라는 의미가 들어 있다. 자연의 운세가 이같이 새로 시작하는 것이라면 인간은 자연에 따라 새로운 시작을 위해 생각을 가다듬어야 할 것이다. 오늘이 지나면 2010년이 시작된다. 지난 한해의 모든 것을 깨끗이 잊고, 없었던 것으로 하고, 햇빛같이 순수한 마음으로 2010년 새아침을 맞이하자.

경륜

경륜經倫이란 실은 국가를 다스린다는 뜻이나, 살펴보면 시간이 지나간다는 경經을 쓰고 인륜의 윤倫자를 써서 실은 시간이 흘러가며 사람이 굴러간다는 모든 것이 쌓이고 쌓인 것을 말한다. 시쳇말로 사람은 지내보아야 안다는 말이 그 뜻이고, 늙은 말이 경험이 많다는 뜻과도 같다 하겠다. 고여 있는 물은 썩고 흐르는 물은 청정하다. 이것처럼 자연은 움직여야 새로워지는 것인데, 자연은 움직이지 않고 정지되어 있는 것이 없다.

진시황이 급서하자 절대권력이 붕괴되어 중국 전국에서 많은 신흥세력이 발호하였다. 가장 빨리 발호한 것이 진 지역에서 평민 진승이 기치를 들자, 차례로 초 지역에서 발호한 항우, 한 지역에서 유방, 경포 등 이루 헤아릴 수 없는 영웅들이 진 제국에 반란을 일으켰다.

종내에는 초패왕 항우와 한의 유방의 2대 세력 간 군사적 무력충돌이 이루어졌는데, 한나라의 고조 유방이 최후의 승리를 하게 되어 한 제국을 건설한다. 이때까지 유방은 진 제국에 대항하여 군사를 일으킨 후 한 번도 이렇다 할 전승이 없이 소위 백전백패의 허약한 형세를 띠고 일생을 초나라의 항우에게 뒤쫓기는 신세를 면할 수 없었다.

그러던 유방이 장자방의 보좌로 드디어는 초나라에 승리하고 전국을 통합하였을 무렵 그의 나이 이미 61세였다. 그러니 한고조 유방은 평생을 패자로 근근이 생계를 이어가는 옹색한 군주였으나, 유방 자신은 늘 낙천적이었고 패하여도 망하는 것이 이제는 부끄러운 일도 아니고 망한 듯하다가 일어서고 또 망한 듯하다가 어느 결에 다시 서고 하는 생활을 평생을 하였다.

반면에 진 제국의 말기 군사를 일으켜 한 번도 패한 적이 없는 상승장군 초패왕 항우는 백전백승의 유능한 엘리트 장군으로 애인 우미인과 추라 불리는 애마를 사랑하였는데, 평생을 패한 적이 없는 항우는 일류 중의 일류로 2등이라고는 해본 적도 없으며, 인생에 모든 싸움에서 전승을 기록한 초엘리트 장군이었다. 그러나 어쩌다가 유방에게 한번 패할 기색이 보이자 그만 자포자기하여 자학을 하였는데 이때가 난생 처음으로 패배를 느꼈다.

자존심이 상한 항우는 하늘이 나를 버렸지, 내가 무능하여 진 것이 아니라 하여 스스로 말에서 내려 한군의 군사 300여의 수급을 따고 자신의 능력을 보이는 소인배적인 행동을 하였다. 그때 그의 나이가 31세였다. 이것에서 경륜을 찾아볼 수 있는데, 소위 실패의 경륜이 성공의 기본이 됨을 잘 알 수 있다.

상업에서 성공하는 길은 실패도 쌓아 놓아야 한다. 실패도 경륜이다.

믿고 쓰다

신용이란 믿을 신信 쓸 용用을 써서 저 사람은 믿을 만하다거나 쓸 만하다는 판단에 의거하는 의미일 것이다. 현대는 신용에 바탕을 두고 모든 것이 시작되는 것인데, 신용이란 신용카드를 의미하는 것은 아니다.

고사에 보면 신용 하나로 살아간 사람이 있다. 경포는 육땅 사람이다, 성은 영씨이므로 영포라 하였는데, 남의 죄에 연좌되어 얼굴에 먹물로 죄인이라 새기는 자자의 형(경이라 한다.)을 받고 난 다음부터는 경포가 되었다. 경포는 죄수의 우두머리나 권세 있는 정치가들과 폭넓게 사귀었는데, 한 번도 자신이 약속한 말을 어긴 일이 없었다. 경포는 말 한마디라도 바로 지켰는데, 그 다음부터는 초나라의 항우나 한나라의 유방의 법률보다도 도리어 경포의 말 한마디가 더 믿음이 있을 정도로 말에 대한 신용이 정확하였다.

현대 한국에서는 정주영 현대회장이 나는 부자가 아니고 한국에서 가장 신용이 있는 사람이라 스스로 평가하였다. 신용의 시작은 사람의 입에서 시작하고 입에서 나온 말이 그대로 실천되는지를 가늠하는 일이다. 입에서 나온 말이 그대로 지켜지는 것을 성실誠實이라 하는데, 말 그대로 말을 한 대로 이루고 그대로 열매 맺는다는 의미의 "저 사람은 말한 대로 실행하여 그대로 된다."는 의미일 것이다.

이렇듯 신용은 인격의 기본을 이루는 단어인데, 나의 사람됨이 아무리 격조가 높은들 그 밑바탕이 되는 신용이 없어서는 인격이란 존재하지 않는다 하겠다.

그러나 요즈음과 같은 경제가 어려운 시기에 다다르면, 아무리 내가 노력하여 성실하려 하여도, 상황이 따라주지 않는 경우도 있다. 그러나 이와 같은 경우에도 경포의 신용에 비하면 아무것도 아니다. 경제가 어려운들 그것이 이유가 되지는 않는다. 신용이란 '저 사람이 나를 평가하는 것이기 때문이다.'

나만을 생각하면 한없이 게을러지는 것이 인간이다. 나는 나에게 한없이 관대하다. 너만을 생각하면 한없이 야박한 것이 인간이다. 너라는 인간은 나에게 한없이 잔인하다. 이 모순 속에서 우리는 거래라는 것을 하는데, 거래에도 규칙이 있다. 빌린 자는 갚는다. 이유가 없다.

경제가 어려워져 신문을 보거나 라디오를 듣거나 하면 곧잘 '론모디피케이션', '월 페이먼트를 줄여드립니다.' '부채탕감', '파산', '크레디트교정' 등의 단어가 수없이 나온다. 필자는 과연 그렇게 될까 하고 잘 이해가 안되지만 빌린 돈은 갚아야 하고, 한 말은 이루어야 한다는 극히 단순한 원리에 의하여 어렵다 하여도 시간을 두어서라도 갚는 것이 도리이지 갚지 않고서는 어떠한 것도 빚이 없어진다거나 편하게 갚아갈 수 있다는 허상에서 벗어나야한다.

경포의 말 한마디가 신용이듯이 아무리 현대가 되어 신용이 허물어진다 하여도 내가 빌린 것은 갚아야 한다는 정의는 없어지지 않는다 하겠다.

범려

사마천司馬遷의 사기 권129 화식열전貨殖列傳에 도주공陶朱公 범려에 대한 자세한 기록이 있다. 범려는 월나라의 왕 구천勾踐을 도와 오나라를 멸망시키는 데 큰 공을 세웠지만, 권력의 속성과 물러날 때를 알고 과감하게 월나라를 떠난다. 소위 '명예퇴직'을 자청한 것이다.

범려는 그 후 산동지방의 제나라에 가서 상업을 시작했다. 그는 3차례 상업을 일으켜 3번 모두 천금의 재산을 벌어 들였다. 범려는 이렇게 많은 재산을 혼자 호위호식하는 데 쓰지 않고 모두 사회에 환원해 추앙을 받았다. 그래서 그를 '상업의 신'이라는 뜻의 '상신'으로 부른다.

범려의 비법은 뭘까. 사마천에 따르면 범려는 바닷가에서 아들과 함께 온 힘을 쏟아 농사일을 하면서 틈틈이 물건을 사서 쌓아 뒀다. 그러다 때가 되면 1할의 이윤을 남기고 되팔아 큰 부를 쌓았다. 범려의 이런 방식에 대해 사재기를 통해 폭리를 취한 것 아니냐는 비난을 할 수 있을 것이다. 하지만 범려는 사는 사람들이 합당한 가격이라고 여길 때까지 열심히 일하면서 때를 기다렸고 20~30%의 폭리를 취하지 않고 1할의 이윤(10%의 마진)을 남겼다고 한다.

이런 범려에 대해 사마천은 "근면하게 일한 것 이외에는 별다른 비법이 없다."고까지 했을 정도다. 만약 범려가 편법을 썼다면 3번 모두 성공해 천하에 이름을 떨칠 수 없을 것이다.

경제가 어려워진 탓에 한국은 물론 미국에서도 직장을 잃은 사람들이 많다. 청운의 꿈을 안고 대학에 들어가 열심히 공부했던 대학 졸업자들은 대학문을 나서자마자 실업자라는 비극을 겪고 있다. 직장이 없는 사람들에게 "어떻게 할 작정이냐?"고 물으면 대부분 "이것저것 해보다 안 되면 장사나 해야죠." 한다. 한국에서 대기업에 다니다 명예퇴직 한 한 사람은 "나도 미국 가서 주유소를 하든지 장사나 해야지."라고 말했다고 한다. 심지어 국회의원 선거에서 떨어진 사람은 이제 무엇을 할 예정이냐 하고 물으니 당분간은 장사나 하고 있어야지요 했다고 한다. 이곳에 있는 한국 사람들도 "어이, 뭐 한 달에 한 1만 달러 들어오는 장사 없어?"라고 묻는다. 장사를 너무 쉽게 여기고 하는 말들이다.

장사란 '시장에서 일을 하는 것'이라는 뜻이며, 시장이란 사람이 모여드는 곳을 말한다. 곧 사람이 많이 모이는 곳에서 사람에게 필요한 일을 해주고 그 대가를 받는 일이 장사다. 내가 살아가는 데 필요한 돈만큼 갑자기 사람들이 와서 그냥 가져라 하고 주고 가는 것이 장사가 아니다. 그때까지 오랫동안 인내하며 기다려야 하는 일이다.

또한 여러 사람이 필요한 일을 해준다는 것은 서비스를 의미하는데, 여러 사람이 만족할 만큼 내가 근면하게 일을 해야 그 대가를 받는 어려운 일에 속한다. 상인이 벌어들이는 대가는 근면하게 일하면 신이 주는 상이라 하겠다. 내가 돈을 벌려고 애가 타는 것이 장사가 아니라, 남이 나에게 필요한 것을 주어 고맙다고 돈을 주고 가야 그것이 장사가 되는 것이다. 그리고 이것이 장사의 목적인 것이다.

직장이 없다고 해 내가 먹고 살기 위하여 그저 간단히 "어이, 뭐 한 달에 한 1만 달러 들어오는 장사 없어?" 하는 그 장사는 자연의 원리에 위배되는 장사가 아닌 '장사의 연극'이라 하겠다.

장사의 이런 본뜻에 비춰보면 '상신' 범려는 참으로 인내심을 가지고 소비자에게 신용과 신뢰를 제공해 남을 기쁘게 했나 보다. 범려가 성공했던 방법은 단순하다. 새벽에 일찍 일어나 가장 싱싱한 물건을 가장 좋은 가격에 파는 것이다. 이런 식으로 사람을 기쁘게 하는 일을 어제도 오늘도 내일도 변함없이 반복했다. 낙숫물이 바위를 뚫는 것처럼 쉼 없는 노력만이 성공의 비법인 것이다.

출가

같은 출出자를 쓰더라도 출가란 집에서 나온다는 뜻이고 출세란 세상에 나온다는 서로 다른 뜻이 있다. 출가란 생로병사의 기본이 되는 집의 고뇌를 끊음으로써 번민을 끊어 수도의 생으로 들어간다는 의미일 것이고, 출세란 출가의 역순으로 생로병사의 기본이 되는 집의 고뇌를 짊어지고 다른 여러 집이 모여 있는 세상으로 나온다는 의미로 번민에 다른 이의 번민도 짊어져 다툼의 세상으로 들어간다는 의미일 것이다.

세상은 반이 나와 같은 생각의 부류이고 반이 나와 다른 생각의 부류이다. 이러한 세상에 나왔으니 참으로 처신하기가 어려울 것이다. 나와 같은 생각의 부류와 나와 다른 생각의 부류를 융합하여야 하기 때문이다.

학자란 본시 진리를 깨우치기 위하여 출가를 한 사람이다. 그래서 집과의 연을 끊고 생로병사의 인간사를 떠나 자신의 깨우침의 즐거움을 목표로 집을 나온 사람이다. 그리하고자 마음을 정하고 출가를 하여 출가의 목표를 이루었는데, 이번에 다시 나의 집의 고뇌뿐만 아니라 다른 집의 고뇌까지 떠맡는 출세를 하고 만 것이다.

다시 되풀이하면 세상은 반이 나와 같은 생각의 부류이고 반이 나와 다른 생각의 부류이다. 그런데 출가를 한 사람은 그러한 세상을 뒤로하고 나의 생각만을 달성하기로 목표를 삼은 사람이다. 세상의 반이 나와 같은 생각의 부류이든지, 반이 나와 다른 생각의 부류이든지 관계치 아니하고 언제나 나에게 이익이 있는 쪽으로 선택하는 것은 나와 같은 상인의 일이다. 즉 출가하지 않고 나의 가족의 생로병사의 고뇌를 한 몸에 뒤집어쓰고 다른 가족의 생로병사의 고뇌까지 생각해볼 겨를도 없는 것이 상인인 것이다. 이익이 있는 방향으로 서로 다른 생각의 부류를 세상에서 융합시키는 것은 상인이 더 쉬울 줄도 모르겠다.

변신

환경이 변신을 하도록 요구한다는 말은 맞다. 환경을 포함한 자연은 끊임없이 변화하는데, 이 변화에 맞추어 순응하는 것이 생이다. 환경에 순응하는 것이 변신인 셈이다. 순응하여 변신하는 것은 다시 생존하는데, 역으로 움직이면 생존 불능이 된다.

사업이란 인위적으로 변화시키는 부분이 많은데, 지금에서 되돌아보면 나로서는 인위적이라 생각되는 부분도 실은 나 자신도 모르는 사이에 순응하며 잘 적응한 셈인데, 이것이 바로 자연이 하는 일이 될 것이다.

동양에서의 순천자가 실은 서양의 믿는 자로서 그리 되리라 희망한 것을 그대로 믿는 것인데, 그 결과 동양의 형통한 것이 바로 서양의 받은 은혜 아니겠는가? 나로서는 받은 은혜가 커서 무한한 감사를 느낀다. 내가 할 수 있는 일은 아침 일찍 일어나고, 주위를 정돈하고, 주어진 일에 최선을 다하여 하나님께서 맡겨두신 것을 항상 깨끗이 셈하여 보관하는 것이다.

강남의 귤을 강북으로 옮겨 심으면 탱자가 된다는 말이 있다. 장로들과 이야기하면 어느 새 그리로 끌려간다. 오랜 기도의 영력이 글로도 통하는 모양이라. 감사할 따름이다.

부지런함

새로운 것은 좋은 것이다. 이제는 될 수 있으면 새것을 받아들이지 않으려 몸이 방어를 하는 모양이다. 이 사실을 알았으니 적극적으로 새로운 것을 시도하여야겠다. 두 팔, 두 발 두어 무어 하겠나, 부지런히 움직여야 하겠다. 두뇌 두어 다 무엇에 쓰겠나, 부지런히 생각하여야 하겠다. 손가락 두어 무엇에 쓰겠나, 부지런히 움직여 써야 하겠다.

두 눈이 차츰 어두워져 가는데, 더 어두워지기 전에 아름다운 것 많이 보아야 하겠다. 두 귀가 멀어져 가는데, 더 멀어져 가기 전에 아름다운 음악을 많이 들어야겠다.

혹자는 뭐 하러 쓸데없이 그리하나 하는 도가의 사상을 피력하나 움직일 때에 많이 움직여야 한다는 생각을 나는 한다. 정신은 사물의 이해를 담아두는 그릇인데, 이것을 항상 깨끗이 해 두어야겠다 생각한다.

나는 노자나 장자의 유파에 속하지 않고, 공자의 유파에 속하나, 근본적으로는 제자백가에는 없는 사마천의 사기 맨 끝자락에 묻어 있는 상가商家

에 속하는 자이다. 상이란 헤아릴 상으로 무엇이든 헤아려야 하는 일을 하는 자인데, 헤아리려면 부지런하지 않으면 안 된다. 그래서 상가商家에 속하는 자는 근본을 부지런함에 둔다. 그밖에 무슨 재주가 필요하겠나.

새로운 것은 좋은 것이다. 이제는 될 수 있으면 새것을 받아들이지 않으려 몸이 방어를 하는 모양이다. 이 사실을 알았으니 적극적으로 새로운 것을 시도하여야겠다.

사물

인간은 내 것과 네 것을 참으로도 잘 구별한다. 현명하고 어리석다 하겠다. 내 것에 대해서는 온갖 힘을 쓰는 반면 네 것에 대해서는 터럭 하나도 움직이지 않는다.

나는 이제 사람을 만나면 그 사람의 30년 후가 떠오른다. 내 것과 네 것에 대한 행동을 살피면 알 수 있게 되는 것이다.

내 것은 부지런히 쓸고 닦으나, 네 것은 부지런히 쓸고 닦지 않는다. 한 가지가 이러니, 매사 즉 사물에 대해 모든 것을 부지런히 쓸고 닦지 않는다.

젊어서 내 것이란 극히 적다. 극히 적은 내 것만 부지런히 쓸고 닦고, 어마하게 많은 네 것에 대해 등한시하니, 그 결과는 사물에 대해 등한시한 결과에 이른다.

인간이 성공하는 길은 사물에 대해 내 것은 부지런히 쓸고 닦고, 또 아직 내 것이 되지 않은 네 것도 내 것으로 생각하여 부지런히 쓸고 닦는 것이다.

사물은 고유의 성질이 있다. 인간도 한 부분이겠으나, 즉 나를 사랑하여 주는 이에게 붙는 것이다. 자연의 법칙이다. 자석이 +/-는 붙으나, +/+는 배척하는 법칙과 같지 않겠나? 내 것/ 네 것이 붙는 것이지, 내 것/ 내 것은 더는 불어나지 않는다. 그래서 내가 사람을 만나면 그 사람의 30년 후를 알 수 있다 말한 것이다.

우공이산愚公移山

우공이산이란 어리석은 자의 산을 옮긴다는 뜻으로, 살펴보니 마을과 마을 사이에 산이 두 개 있어 사람들의 왕래가 불편하자 70이 된 노인이 그 중 산 하나를 옮기려 흙을 퍼 나르는 고사에서 나왔다.

똑똑한 마을사람들이 어리석은 노인의 우매한 짓을 비웃자, 우공은 내가 흙을 퍼 나르다가 죽으면 아들이 대를 이어 계속 흙을 퍼 나르고, 아들이 죽으면 손자가 또 그러다가 손자가 죽으면 증손자가 하는 식으로 하면 언젠가는 산을 옮기지 않겠는가 하였다 한다.

과연 그렇구나 하고 우공의 말에 공감하였다. 이 사람은 어리석은 사람이 아니요, 도리어 뜻이 있는 사람이다. 그리고 이 사람이 말한 대로 산을 옮길 수 있다. 불가능하지 않다. 단지 촌각을 다투는 인간이 어리석을 뿐이다.

산을 옮기는 완결부분은 필요하지 않다. 단지 산을 옮기겠다는 의지의 시작이고 근면하게 산을 옮기겠다는 의지를 중단하지 않는 투철한 노력이 중요한 것이다.

우공이산을 깨닫기 전에 나의 생각은 30년 전에 나는 상자를 하루에 1개를 날랐는데, 지금은 상자를 하루에 100개를 나른다. 내년에는 반드시 하루에 1000개를 날라야 되겠다고 다짐하였는데, 이것이 어리석은 줄 깨달은 것이다.

우공이산의 개념을 도입하면 하루에 상자 1개를 나르든, 100개를 나르든 힘 되는 대로 하루도 빠지지 않고 나른다로 고쳐 생각하여야 하고, 아들도 그리 하라 하고, 손자도 그리 하라 하고 힘 되는 대로 부지런히 나르라 하여야 하는 것이다.

그러다 보면 100년이 지나든 1000년이 지나든 우리가 알 수 없는 시기에 하루에 상자 1백만 개를 날라버린 결과가 될지도 모른다.

우공이산에서 배웠다.

충

모든 힘을 다하는 것을 충이라 한다. 충성이란 일이 성사되는 것에 나의 모든 힘을 다하는 것이고 충실이란 일이 있는 그대로가 되게끔 나의 모든 힘을 다하는 것이다.

박정희 장군의 구호는 충효사상인데, 풀이하면 충이란 나의 모든 힘을 다하는 것을 요구하는 것이고, 효란 내가 있게 된 연유를 지키기 위해 나의 모든 힘을 다하게 요구한 것이었다.

그러나 충효의 대상이 자신이 하는 일 그 자체에 초점을 맞춘다면 충효란 바로 충성을 의미하고, 충실을 의미하는 원천적인 '노력하는 것'에 있다.

어려운 시기이다. 이러한 시기는 세기적인 일로 인생에 3번 겪는 역경 중 가장 큰 역경이 되는 것이다. 이 역경을 이겨가는 방법이 있다. 바로 충 · 효이다. 고난과 역경을 도전이라 한다면 도전에 대해 응전을 하여야 한다. 도전에 대해 응전이 강하면 계속 진군할 수 있고, 도전에 대해 응전이 같으면 오늘과 내일이 같이 반복되고, 도전에 대해 응전이 약하면 계속 후퇴하게 된다.

응전에 대한 전략적인 방법이 충이다. 충은 다시 말하면 나의 모든 힘을 다하는 것이고 응전에 대한 전술적인 방법이 효인데, 효는 다시 말하면 나를 있게 한 그 자체에 감사함을 드리는 것이다.

도전에 대해 횡설수설할 필요가 없다. 회피할 수도 없다. 앞으로 가려니 적의 창끝이 내 목을 노리고 있고, 뒤로 물러서려니 백 척 절벽이다.

이때에는 100인 중 99인을 죽이는 한이 있더라도 절벽에 떨어져 죽기보다는 창끝을 목으로 막아야 한다. 그래야 1인이 살아남아 99인의 위령제를 지내줄 것이 아닌가? 이 정신으로 박정희 장군은 충 · 효를 강조하였으리라 생각한다.

그간 외적과 전쟁이 없던 시기를 1910년 한일합방 이후 100년이 지났다. 모두가 충의 정신을 잊어버리고 도망하기에 바쁘다. 도전이 그 어느 때보다 강하다. 그럴수록 응전을 강하게 하면 된다.

공황도 반드시 세력이 약화되어 지나가게 되어 있다. 공황은 나의 목을 요구한다. 강하게 응전하자. 뒤로 물러서지 말자. 조상과 자손을 위해서이다. 이것이 충 · 효이다.

업業을 받고 태어난다

인간은 생애를 지나야 하는 업을 가지고 태어난다. 업이란 행위의 본질을 말하는데, 본질에 충실한 자가 업을 이루게 된다. 삼성의 이건희 회장이 선대 회장 이병철 회장의 본뜻을 잘 이해하여 업이란 관념을 도입한 것이 지금의 성공을 이루었다 하겠다.

호텔업은 형태가 숙박업이나 형태로 벌지를 못하고, 결국 보유 부동산이 가치가 올라 돈을 버니 호텔업의 업은 부동산 투자업이라는 것이다. 업에 충실한 자는 업의 본질을 이루게 되는데, 사기 본기에 유방이 한 제국을 일으키고 신하에게 묻기를 "항우는 나보다 재력, 권력, 완력이 센데, 왜 나와 같은 필부에게 천하를 빼앗겼는가?" 하자 신하가 답하기를 "항우는 성을 공격하여 함락시키면 전리품을 나누지 않고 혼자 독차지하였기 때문이고, 전하는 여럿이 함께 나누었기 때문입니다." 하였다. 이것은 행위를 분석한 것이라 하겠다.

유방이 다시 답하기를 "그렇지 않다. 내가 항우보다 나은 것은 나는 군사를 움직이는 데는 한신보다 못하고, 물자를 움직이는 데는 소하보다 못하고, 계획을 세우는 데는 장량보다 못하다. 그러나 나는 이 세 사람이 그 일들을 하게 한다. 이 점이 내가 항우보다 나은 점이다. 그래서 천하를 차지하게 되었다." 했다. 업의 관념을 적확하게 파악한 것이라 하겠다.

나는 나다운 업이 있다. 새벽에 누구보다 일찍 일어나는 것이고, 일어나면 사물을 정돈하는 것이고, 일과를 정확하게 기록하였다가 행동하는 것이고, 저녁에 누구보다도 일찍 잠을 자는 것이다. 이리 하는 것은 건전한 정신으로 상업에 온갖 힘을 쏟아 넣으려 함이다.

상업의 업은 단순하다. "나의 정신을 파는 것이다." 혼신을 다하여 업에 임하여야 한다.

인연

운을 부르는 조건 중 하나가 인연이다. 살면서 끊임없이 이어지는 것이 인연인데 생각하여 보면 인생에 걸쳐 중대한 큰 인연이 존재하는 것을 알게 된다. 방향을 잡지 못할 때 방향을 제시하는 인연도 만나게 되고, 힘이 들 때 또 그 힘을 덜어주는 인연도 만나게 된다. 인연을 정하게 되는 것은 내가 의지로 만들어 내지는 못한다. 그런데 그때그때 필요한 만큼 인연이 이어지며 이 이어진 줄이 곧 인생이다. 생각하여 보면 주마등과 같이 모든 인연이 스쳐지나갔다. 내가 몰랐을 뿐이다.

<이와이 100년사>를 읽어 보았다. 창업주 이와이 쇼지로의 업적을 그린 것인데, 1862년에 태어나 1982년에 이와이 상점을 떠맡아 120년 만에 현 4

위 재벌인 니쇼이와이상사를 이룬 실업가이다. 그 안에

쇼지로는 성격이 급하여 그의 주판으로 두들겨 맞지 않은 점원이 없었다.

쇼지로는 성격이 격하여 누구보다 먼저 시작하지 않으면 참지를 못하였다.

쇼지로는 성격이 청결하여 새벽부터 일어나 주위를 정리하는 것으로 하루를 다하였다.

쇼지로는 성격이 고고하여 오사카에서 도쿄에 갈 때 기차의 특등석을 타고 갔다.

등등 누구나와 같은 사람이면서 다른 것이 있다. 인연이다.

쇼지로가 13세 때 먹고 살지를 못해, 이와이 분스케의 이와이 상점 점원으로 들어가 온갖 잡일을 하였는데, 3년 후 선배 점원 3명이 스트라이크를 하여 이와이 상점을 떠나, 이와이 상점은 절체절명의 위기를 맞게 되는데, 쇼지로가 분연히 혼자 분골쇄신하여 이와이 분스케를 도와 성공하게 된다. 이것이 다른 점이다. 모두가 나가는데, 혼자 남는 것은 어려운 일이다. 세상과 거꾸로 간 것이기 때문이다.

쇼지로가 한 일은 분스케와의 인연을 만든 것이다. 질긴 인연은 분스케의 사위가 된다. 이로써 이미 120년 전에 120년 후에 일어날 재계 4위의 기업을 이룰 이와이 상점을 떠맡게 되는 기초가 되는 것이다. 이후 1918년 1차대전 후의 공황, 1929년대 공황, 1941년 2차대전, 1945년 2차대전 후의 폐허를 넘어 지금까지 수많은 인연을 만들고 있다. 삶은 인연이다. 돈이 아니다.

부동산 매각

한국의 주요기업들이 보유 부동산을 매각하려 한다. 주로 사옥과 사무실용 빌딩이다. 유동성을 확보하려는 것이 목적이나, 실은 부동산 투자효율이 악화되었기 때문일 것이다.

100억을 다운페이를 하고 900억을 은행융자를 하여 1000억 가치의 빌딩을 구입하였다 하자. 빌딩 가격이 오름세를 중지하거나 도리어 하락세이면 디레버리지 효과가 엄청나다.

일 년에 10%가 떨어지면 1000억 빌딩이 100억이 가치가 하락하여, 10년 벌어 다운페이한 것이 일 년 만에 물거품이 되기 때문이다. 레버리지의 반작용이 일어나는 것이다. 그러니 서둘러 디레버리지 효과를 차단하는 것이 현명하기 때문이다.

상용빌딩의 사옥이 특히 더 디레버리지 효과가 크다. 사옥은 사치스런 집과 같이 소비재이므로 어떠한 렌트 수입도 없다. 경기도 나쁜데, 고급빌딩 속에서 사치스럽게 소비를 하고 있는 셈인 것이다. 해고와 사업축소로 재활의 기회를 얻어도 빈 공간을 자신의 돈으로 채워야만 하는 것이다.

그러나 영업장의 상용빌딩을 팔지는 않는다. 영업장의 상용은 판매를 하기 위한 공간이 필요하기 때문이다. 백화점, 시장, 상점, 호텔 등이 그러한데, 수익성을 스퀘어프트 당 수익 얼마로 계산하여 켑 몇%로 계산되어 켑%가 이자%보다 크면 수익이 있고, 켑%가 이자%보다 적으면 손실이 오는 것이다. 이 켑%로 계산하면 재벌의 사옥은 도무지 이치에 맞지 않아, 경비실, 청소실, 화장실, 메인룸, 반입반출 창구, 소규모 창고 등이 명동 한가운데 있어 10원이면 빌려 쓸 잡일의 공간을 10,000원 주고 쓰고 있는 셈이다.

그런 면에서 미국의 기업은 약다고 하겠다. 맨해튼의 고급빌딩 안에는 상징적인 주요부서만 손님접대로 존재하고, 기타 부대시설과 본진은 전부 허드슨 강 건너편 뉴저지에 존재한다. 고급브랜드의 패션회사도 디자인룸과 세일즈룸만 고급빌딩에 존재하고, 대부분의 몸통은 강 건너의 뉴저지 습지의 창고지역에 존재한다.

한술 더 떠, 커스터머 서비스는 전화로만 이야기하니 본사는 뉴욕에 있는데, 커스터머 서비스부는 네바다 시골의 중소 도시에 있고 빌 페이먼트를 받아 전산화시키는 곳은 앨라배마의 중소 도시 허름한 빌딩 안에 있고, 상담부는 전국 어디든지 재택 아줌마가 담당하든가, 아니면 인도의 뭄바이에서 전화로 상담을 해준다.

효율성을 찾아 효율성이 높은 곳으로 높은 곳으로 찾아 움직인다. 한 곳에 전부 모아 놓고 비싼 임대료나 빌딩비용을 지불하지 않는다.

사옥을 팔아 돈을 챙기고 그 사옥에 책상 하나 빌려두고 간판 붙이고 사원 전부 변두리로 나가려 하는 것은 잘한 일일 것이다. 성숙하였다 하겠다.

사원이나 사원의 사모님들에게는 기분이 썩 좋지 않겠지만 대리석 붙였다고 수출이 잘되는 것이 아니라, 품질이 좋아야 하는 것이다. 설렁탕집이 대리석으로 꾸몄다고 맛있는 것이 아니라, 설렁탕 끓이는 가마솥 정성이 중요한 것이다.

많이 벌어 중요한 것이 아니라, 쓰지 않고 세는 틈을 막아야 우선 살 수 있는 것이 아닌가. 창고에서 일한다고 삼성이 아니겠는가. 서울대학의 건물이 낡았다고 학생이 서울대학에 안 가겠는가. 재벌의 사옥 매각 시도는 잘한 일이라 생각한다.

부동산

80년대의 미국은 자동차가 자산인 적이 있었다. 그러나 이제는 소비재로 본다. 그리고 감가상각을 계산하여 5년 정도에 구매가의 60%이상을 상각 처리하여 중고차가격을 정하고 그후 5년 그러니 구매한 지 10년에 그 가치가 0이 되도록 계산한다.

이 개념으로 일본과 미국의 부동산 중 토지가 있는 개인주택은 건물 감가상각을 47년에 걸쳐 하여, 47년 후 건물이 0이 되게 하고, 토지에 다시 건축하도록 한다. 아파트(미국에서는 콘도라 한다. 일본은 맨션이라 한다.)는 토지가 포함되지 않기 때문에 세제상 47년 후는 실제가치가 0이 된다. 그러나 현실적으로는 약 10년이면 실제가치가 크게 떨어진다 하겠다. 토지는 생산할 수 없으나, 아파트는 무한대로 새것을 생산하기 때문이다. 차와 같다 하겠다.

이 원리가 인구팽창기에는 가격이 상승을 주도하였으나, 인구 축소기에는 가격이 하락을 주도하는 것이다. 원인은 간단하다. 사자팔자에서 사는 사람이 많으면 가격은 오르나, 사는 사람이 적으면 가격은 내리는 것이다.

미국의 집값은 내 인생 통틀어 집값이 100% 오른 셈이다. 그러니 오르는 것이 물가상승+은행이자율이 되지 않는다. 나는 소득세 이외에 따로 주택세로 한 채에 연 26,500불(4,000만 원)을 낸다. 집값 오르는 것이 주택세 내는 것에도 미치지 못하는 모양이다.

항상 주택세가 부동산 오르는 시세보다 많았다는 느낌이다. 이것은 다행이다. 2001년부터 2008년 지금까지 오르기는커녕 도리어 20% 정도 떨어져 있으니, 주택세도 깎아 받아야 되지 않나 하고 동네 사람들이 이야기한다.

오른들 내린들 살고 있는 집이 한 채이니 무슨 영향이 있나? 그냥 처와 오순도순 사는 곳이 아닌가. 팔고 어디 가서 집 없이 살 수도 없지 않은가. 집 한 채는 필요하잖은가. 집 가격도 잘 모른다. 서로 모두 다르기 때문이다. 잔디 잘 깎아 놓은 집이 좋아 보이는 것뿐이다.

어용상인

어려운 시절이다. 어렵다고 그냥 있을 수는 없지 않은가? 나이가 많아졌다. 그렇다고 무작정 은퇴하여 가만히 있을 수도 없지 않은가? 어려운 시절이 아니었던 적이 없다. 열심히 해왔던 것이다. 나이를 안 먹은 적도 없다. 다만 이 시점이 바뀌는 시점일 뿐이다.

사업을 시작하려면 무엇을 가지고 있는가를 먼저 살핀다. 우리가 확실히 가지고 있는 것은 두뇌와 경험 아닌가? 돈은 없으니 이것을 계산에 넣을 수는 없다. 나이도 많으니 젊은이와 경쟁할 수도 없다.

그러면 두뇌와 경험으로만 창업하는 곳을 살펴야 한다. 경험이다. 그간 직업상, 고도의 전문성을 취하지 않았나? 이것이 큰 재산이라. 그리고 사업상 친구들도 상당한 인맥이 될 것이다.

기초 인프라가 형성되었다. 경험과 인맥은 물자조달의 기초가 된다. 즉 물자조달의 소스를 갖춘 것이다. 남은 것은 두뇌이다. 기왕 시간은 24시간

흘러간다. 두뇌를 활용하나 안 하나, 그럴 바에야 두뇌를 쓰는 것이 이익이다.

조직 중에 가장 큰 조직이 정부조직이다. 지금 정부는 경기 활성을 목표로 무엇이든지 사준다. 미국 정부를 예를 들면, 모든 물자를 사주는데, 그리고 사주려고 소리소리 질러도 물자조달에 밝지 못하여 미국인이 조달을 할 수가 없다.

본시 사주기만 하던 미국인이라, 미국에는 무역과 무역회사의 조직이 존재하지 않는다. 여기에 우리가 살 구멍이 있다.

무역이란 두뇌와 경험 그리고 물자조달의 소스를 요구한다. 각자 나는 무엇을 조달할 수 있다고 찾아서 전 국민이 달려들면, 전 세계 모든 정부에 팔 수 있다. 심지어 나는 대전차박격포를 팔 수 있는 사람을 안다고 한다면, 그 사람은 대전차박격포를 공급할 수 있는 사람이 된 것이다.

정부에 물자를 조달하는 상인을 어용상인이라 한다. 이 사람은 두뇌와 경험을 어용상인으로 쏟아 넣어야 할 것이다. 여기에는 인종, 성별, 나이의 차별이 없다.

이면裏面

현재는 겉으로 드러난 것과 드러나지 않은 두 점이 있다. 드러난 것은 누구나 다 알기 때문에 재미없다. 드러나지 않은 것에 귀가 솔깃한 것이 사실이다.

가격이라는 것이 있다. 원가에 나의 마진을 더하여 판매가격이라 한다. 정상적인 경기에서이다. 그러나 팔 사람이 많고, 살 사람이 적을 경우에는 판매가격이란 존재하지 않는다. 경우에 따라 팔 사람의 처지를 인정하고 도와주면 그것이 가격이 된다. 은행은 모든 정보의 집합처이다. 은행에서 가장 센 놈은 돈 많이 가진 자이다. 그러나 그보다 더 센 놈은 신용이 있는 자이다.

한고조 유방이 항우를 제압하고 한나라를 기축하였으나, 못 이룬 것이 있다. 경포이다. 경포란 얼굴에 도적 도자를 문신하여 경포라 불렸다. 유방이 이 경포를 이기지 못하는 것이다. 모든 법률, 상거래에 법이 필요 없다. 경포의 말 한마디로 약속은 지켜지니 경포의 말 한마디는 처음 시작한 한나라의 법보다, 황제인 유방보다 더 중하다. 경포는 의협의 사람이라 그러하다.

지금의 세태에는 역발산기개세의 항우나 유방보다는 말 한마디의 세가 있는 경포가 필요한 세대이다.

상생相生

마츠시다 고노스케는 인생과 사업의 요소를 생성발전으로 보았다. 맞는 말이다. 생겨나야 커나가는 것이 아닌가? 그런데 내 관점은 생성발전에서 나 혼자서만 발전할 수 없다는 상생관계가 있다는 것이다. 생성상생 발전이 된다.

법칙이다. 어제는 오늘의 바탕이 되어야 하고 오늘은 내일의 바탕이 되어 지나가야 한다. 어제 오늘 내일이 상생한다. 앞의 일은 뒤의 일의 바탕이 되어야 하고 뒤의 일은 장래의 일의 바탕이 되게 이루어져야 한다. 앞뒤 나중이 상생한다.

할아버지는 아버지의 바탕이 되고, 아버지는 나의 바탕이 되고, 나는 아들의 바탕이 되니 할아버지, 아버지, 나, 아들이 상생한다. 이렇듯 생성, 나서 커가는 것만으로는 발전에 이를 수 없다. 어제 오늘 내일이 정확하게 상생하여야만 발전이 있다.

사업에 있어서는 먼지 같은 티끌이 모여 소자본이 되고, 소자본이 대자본이 되듯이 먼지, 소자본, 대자본이 상생한다. 상생은 혼란 속에서 개체 두 개가 서로 손을 잡는 것인데, 이것이 기본이 되어 돈이 모이게 된다. 즉 1불이 다른 1불과 모여 100불이 된다.

그러나 상생 못하는 것이 하나 있다. 애인이다. 이것만은 독생하는 것으로 아무도 알지 못하니, 아무것도 이루어지지 않는다.

생각의 준비

새벽에 일어나면 맑은 정신에 육체도 상쾌하다. 모든 것이 잠들고 있는 상태는 진행이 중지된 상태인데 이때는 어제 무엇을 하였고, 오늘은 어떻게 하여야 하고, 내일을 어떻게 준비하여 놓아야 하는가를 정리하는 시간이다.

사람은 생각하기 전에 모든 것을 단절하여야 하는데 생각을 깨끗이 청소하여 비워 놓아야 한다. 사물은 각각의 이익에 의해 인과관계가 형성되어 돌아가기 때문에, 사물을 움직이게 하기 위하여서는 사물 고유의 각각의 이익을 보장해 주어야 한다. 소위 모든 자의 밥그릇을 분량대로 만족스럽게 채워 주어야만 일은 된다.

사람은 자신이 기뻐하는 방향으로 움직이기 때문에, 기뻐하게끔 움직이게 하여 만족하게끔 하여야 한다. 내가 세상을 모두 가질 수 없고, 모든 것에 이길 수 없으므로 내가 이기기 위해서 혹은 사물을 움직이기 위해서는 49%를 지불하여야 한다. 반을 주어도 목적이 이루어진다면 주는 것이 당연하다. 다 가질 필요가 없다.

사물은 이렇게 나누는 구조로 되어 있기 때문이다. 즉 사물 고유의 존재를 존중하여야 한다. 오기장군이 병사와 숙식을 같이하고 병사의 상처의 고름을 입으로 빤 것은 그 병사를 죽음에 이르기까지 쓰기 위함이고, 대장군 이광이 병사를 자유롭게 놀려 편안하게 함은 유사시에 은혜를 갚으려 목숨을 걸고 돌진하게 함이라 한다.

이렇듯 사물은 자신의 이익이 있는 쪽으로 움직인다. 이익이란 좋아하는 것, 곧 선이리라.

창조성

창조성은 자유로움에서 나오는데, 인간의 생각을 억압하여 놓으면 창조성이 발휘되지 못한다. 경험은 오랜 기간 되풀이되는 것에서 나오는데 인간의 생각을 묶어 놓은 것에서 쌓여간다. 진화하여 나가는 데는 지난날의 경험도 중요하지만 많은 경험에서 반복되는 답보상태를 뚫고 나가는 것은 창조성이라 하겠다.

삼성의 이건희 회장이 '천재'가 먹여 살리는 시대라 하였다. 일맥 수긍이 간다. 아무리 1등 집단이라 하여도 경험에 의존하여 기존의 것을 되풀이하기만 하면, 어느 사이에 1등 집단에서 사라지게 된다.

인류 최초로 불을 사용한 인간이 있었을 것이다. 그 당시 경험으로는 불은 위험한 것으로 모두가 인식하는 것을 최초로 위험한 불을 가지고 고기를 구웠을 것이다. 우연이든 실험이든 최초로 '이상한 짓'을 한 것이다.

경험을 깨는 이 이상한 짓이 바로 창조성인 것이다. 창조는 천재가 하는 것이 아니라, 이상한 짓을 우연히 한 첫 인간을 그냥 '천재'라 부르는 것으로 천재는 경험을 깨는 행위에서 나오는 것이리라.

천재란 머리 좋은 것을 의미하지 않는다. 대신 경험의 사회에서 기존을 자기 마음대로 편리하게 바꾸어서 해보는 처음 사람을 의미한다. 억압된 회사조직에서는 천재가 존재할 수 없다. 경험과 상식만이 존재하는 곳에서는 창조성이 용납되지 못하기 때문이다.

경상도 합천 시골 산천에서 전두환이 나오고, 강원도 통천 두메산골에서 정주영이 나오는 것이지 서울 도심의 정형화된 아파트에서 천재가 나오기를 기대하기는 어렵다. 천재란 아무것도 아니다. 모두가 북으로 가는데 혼자서 남으로 가는 자를 말한다.

하면 된다

박정희 장군이 1961년 5월 16일 군사 쿠데타를 하여 정권을 잡았다. 박정희 장군이 쿠데타를 한 후 가난한 한국인의 정신에 '하면 된다' '우리도 할 수 있다' '잘살아 보세'와 같은 할 수 있다는 정신을 심은 결과에서 나온다.

요즈음 불행하게도 한국 국민들 사이에 '하면 된다'는 정신이 희미해져 가는 것을 느낀다. 하면 된다는 정신은 살아진 지 오래고 해도 안 된다고 생각하고, 잘살아 보세라는 구호의 잘사는 것은 소비하는 것, 즐기는 것으로 바뀐 지 오래이다.

이제 국민들은 특히 젊은 층이 치솟는 집값, 물가, 고용문제 등으로 해

봐야 소용없다는 자괴감을 느끼고 자신감을 잃어버려 이 땅에는 이젠 희망이 없다고 말한다. 불경기에 찌들고, 아무리 노력하여도 기울어진 사회구조에서 생존하기가 힘들다 한다.

해낸다, 하면 된다, 할 수 있다는 정신이 사라진 것이라 하겠다. 지난 10년은 이런 정신을 잃어버린 시절이었다. 패배정신의 시대였던 것이다.

지금의 경제위기는 석유가격이 100불을 넘고 미국 주식시장이 폭락으로 치닫고 있어 경제가 어려워진 것이다. 우리만 유독 어려운 것이 아닌 것이다. 세계가 다 어려운 것이다. 이렇게 어려울 때에는 정신 차리고 옛일을 잘 살펴보면 길이 보이는 법이다. 어려울 때에는 어려울수록 하면 된다는 정신을 가진 지도자가 나오기 마련이다. 이 지도자가 하면 된다고 하여 한 번 더 해보자고 노력하는 것이다.

한 기업의 창업주, 전문경영자들은 독창적인 성격과 일에 대한 끈기, 열정을 가지고 있다. 이것은 곧 불가능은 없다는, 하면 된다는 정신에서 나온 것이다. 끝이 좋아야 다 좋은 것이다. 우리가 1961년 국민소득 80불에서 시작하여 하면 된다는 정신으로 오늘날 국민소득 20,000불을 일구었다. 우리는 다시 한번 '하면 된다'는 정신으로 무장하여야겠다.

유동성 리스크

공자의 중용편에 제왕이 천하를 경영하는 9원칙을 조언한 것을 읽고 이치에 맞지 않아 적어본다.

공자 이르기를

1. 수신을 하라. 이것은 현 난세의 위급함에 직면해 불가하다.

2. 인재를 중시하라. 이것은 현 난세가 경험 없는 인재들이 머릿속으로 가설을 일으켜 금융난을 일으켰으니 불가하다.

3. 주변을 중요시하라. 이것은 현 난세에 세계가 누가 먼저 디폴트를 하지 않는가의 생사의 시대로 불가하다.

4. 장 · 차관, 중역을 중시하라. 이것은 현 난세에 새로운 질서를 도출하는 새로운 인간을 요구하는 시점이므로 불가하다.

5. 신하를 중시하라. 이것은 현 난세에 국가, 회사가 고용인을 대량해고, 파면하는 시절이니 불가하다.

6. 서민을 내 자식처럼 대하라. 이것은 현 난세에 은행, 기업들이 나의 이익을 위해 남의 이익을 짜내는 시절이니 불가하다.

7. 전문가를 초빙하라. 이것은 현 난세가 전문가에 의해서 약삭빠르게 급조된 일이니 불가하다.

8. 먼 곳의 사람들을 중시하라. 이것은 현 난세가 미국, 영국 등 먼 곳에서 온 것으로 불을 우리가 뒤집어쓰니 불가하다.

9. 주변국의 제후를 중시하라. 이것은 현 난세에 미국, 유럽 등 자본국가가 신흥국의 투자금을 회수하는 과정에서 일어나는 일이니 불가하다. 타국의 대통령의 자국보호의 이기적인 교묘한 전술에 휘말리지 말아야 한다.

공자의 말씀이 틀린 것이 아니라, 인용하는 자가 시절의 세를 파악하지 못하여 적절하지 못한 때에 적절하지 못한 조언을 한 것이리라. 공자 왈 길게 궤변을 늘어놓아도 위급한 공황을 면할 수는 없다.

현 난세에 답은 모든 것이 유동성 리스크에 처해 있다는 간단한 진리이다. 그 원인은 인구분포가 역삼각형이라는 점이다. 파는 사람이 너무 많고, 사는 사람이 너무 적다는 치명적인 사태이다.

공자도 현세에 계시면 우리와 똑같이 현금이 없는 유동성 리스크에 직면해 계실 터이다. 공자왈 할 필요가 없다. 자고 일어나면 무엇이든 가치를 상실하는 이때에 우선 밥 한 그릇, 물 한 잔의 해결이 시급하다. 서민들이 많이들 이야기한다. "돈이 안 돈다."고 아우성이다. 곧 유동성 문제가 발생한 것이다.

자로 잰다

자로 잰다는 말의 뜻은 경을 의미하는데, 경영은 자로 재어 내 영역을 확인하는 것이고, 경리는 자로 재어 이념을 잘 세우는 의미일 것이다.

2주일 정도 계속 움직여 가면, 머릿속이 정리되지 않아 무엇을 하는지 모르게 되고, 2주일 정도 계속 생각하여 가면 마음속이 어지러워져 무엇을 품고 있는지 모르게 된다. 소위 혼돈의 상태에 이르게 된다. 이때에는 하는 일을 중지하고 정리를 하여야 한다.

자란 영어로 룰러라 한다. 재는 것이나 통치하는 자란 의미이기도 하는데, 쉽게는 정확히 잰다란 말일 것이다. 머릿속, 마음속을 자로 재어 정리하여 두지 않으면 안 된다. 머릿속을 정리하는 방법 중의 하나가 서류나 메모를 재정리하여 몇 가지 이념을 세우면 되는데, 마음속을 정리하는 방법이 어려운 것이다.

나는 마음을 그릇이라 생각하는데, 항상 깨끗이 닦아 쓰기 좋게 두어야 한다 생각한다. 마음을 닦다라는 말이 있다. 어찌하는지 알지 못하다가 보이지 않는 마음 대신에 보이는 사물을 청소하는 것이다. 청소란 깨끗하게 하는 것인데, 닦아내어 원소를 밝혀내는 일일 것이다.

청소하는 방법이다. 깨끗한 걸레자루를 맑은 물에 깨끗이 빨아서, 먼지 있는 바닥을 정성으로 닦는다. 책상의 먼지를 정성으로 닦는다. 구석구석의 조그만 먼지도 빗자루로 정성스레 쓸어 담는다. 자기 자리에 있지 않은 물건은 자기 자리로 찾아준다. 보기에 좋다. 한 시간 정도를 쓸고 닦고 하면 눈에 보이는, 발이 닿는 영역이 모두 상쾌해진다. 마음을 청소한 것이다.

내가 청소하는 시간에 손님이 오셔도 앉아 있으라 하고 이야기하면서 나는 걸레자루로 바닥을 닦는다. 우선 내 마음을 닦는 일을 멈추고 싶지 않아서이다. 손님이 "청소는 사원들 시키지 힘들게 직접 하세요." 한다. 하지만 내 영역의 어디에 먼지 한 톨이 있다는 것을 아는 자는 내 이념의 어디에 허점이 있는지를 알 수 있을 것이라는 생각에서 그리 하는 것이다.

와신상담臥薪嘗膽

나만 어렵지 않다. 세계가 다 어렵다. 불과 몇 달 전에는 나만 좋았지 않다. 세계가 다 좋았다. 이런 시기에는 힘을 내어야 한다.

비올 때는 짚신을 삼아야 하고, 해가 날 때에는 우산을 만들어야 한다. 그런데, 온 인류가 지금 하는 일은 비올 때 우산 찾아 헤매고, 해가 나서 부지런떨 때 짚신 찾아 헤매는 일을 오랫동안 해왔다. 걱정할 것 없다.

초승달이 반달 되고, 반달이 보름달 되어, 보름달이 터질 것같이 둥글다가도 더 이상은 둥글지 못하면 다시 줄어들기 시작하다가 어느덧 초승달도 없어져 버릴 것 같다가도 더 이상은 없어지지 못하면 다시 보름달로 향한다.

비올 때 우산이 없으면 비를 피하지 못한다. 아무리 까치발로 이리 뛰고 저리 뛰어 보아도 옷이 젖는다. 없는 우산 탓만 할 것이 없다. 없는 것을 자인하고 지금이라도 다음 번 비올 때를 예상하고 오늘부터 우산 만들자. 기왕 젖은 옷 어찌 하겠나, 다 잊어버린다. 새로 시작하는 것이다. 독한 맘 먹고 절대 오늘을 잊어버리지 않으면 성공할 것이다.

사기 열전 오자서편에 사마천이 이야기하지 않았나, 와신상담. 그러나 요다음 번 비올 때 또 비 맞는 자가 나타나면 용서해서는 안 된다. 책상머리에 적어서 붙여 두라. 그리고 하루 3번씩 읽자. 다음 번 세상이 흥청망청할 때가 오더라도 나는 오늘의 고난을 잊지 않는다.

복습

어제가 월요일인 것 같은데 오늘이 벌써 일요일이다. 시간 구분, 날짜 구분이 선명하지 않은 채 순식간에 시간은 흘러간다. 이때 가장 어려운 점은 1주일 내내 한 일이 모두 중복, 혼동되어 머릿속이 정확하지 않다. 일요일에 모든 일들이 정지된 상태이니, 이때 새벽 4시에 일어나 일들을 정리하는 좋은 시간이다.

우선 주위를 깨끗이 청소하여 간소화한다. 마음을 정리하는 것이다. 브리프캐리어(이제는 서류가방-브리프케이스는 되지 않아 캐리어를 쓴다.)를 쏟아놓고 같은 일은 같은 일로 분류한다. 마닐라폴더를 사용해 분류한 것이 4개의 각각 다른 일이 서로 혼재되어 정신을 괴롭게 한 것을 알아내었다.

나는 메모노트를 평생 사용하여 오는데, 이제는 기억력이 저하된 듯하여, 메모를 어느 페이지에 적어두었는지 그것을 잊어버린다. 그래서 처에게 중요한 것은 어디에 적어두었다고 일러두고, 필요할 때 자주 처에게 물어본다. 처의 기억력을 사용하는 것이다.

이 문제를 해결하기 위해 고심하다가 한 방법을 생각하였다. 의외로 간결하다. 예습, 복습이다. 학교 때 선생님이 가르쳐주신 진리가 불변한다. 진리인 것을 알았다.

나는 메모를 복습한다. 새벽에 일어나 메모한 것을 전날부터 거꾸로 읽어가면서 2주간 정도 전 일까지 복습을 하는데, 완결한 것은 동그라미를 치고, 아직 해야할 일은 오늘 날짜로 다시 적는다. 반복복습이다.

그리고 기억하여야 할 메모는 오늘 날짜의 메모에 몇 페이지 몇 일자에 무엇이 적혀 있다는 메모를 해둔다. 메모한 것의 페이지를 메모하는 것이다. 나는 될 수 있으면 간략화하려 노력한다. 혼돈 사이에서도 질서를 찾으려 노력한다. 예습, 복습이다.

세론世論

일본어로는 한자 여론輿論(よろん)이라고도 쓰고 혹 한자로 세론世論이라 쓰고 요론이라 읽는다. 세상의 떠도는 말은 모두 같은 생각의 말이란 뜻으로, 세상 세와 같을 여를 같이 쓰는 모양이다.

프린스턴으로 돌아오는 길에 주간지에 난 결혼등급이 있다는 글을 보고 실소하였다. 남자는 전문의, 한의사가 1위이고 교수, 변호사가 2위이고 등등 하다가 맨 마지막 10위에 중소기업의 영업사원, 대학원생, 유학생, 고시준비생, 사관학교학생, 초급장교, 자영업이다.

학교는 1위가 서울 우수대, 2위가 서울 기타대, 더구나 서울 우수대의 지방분교는 8위 등등으로 10위가 고졸이다. 정주영 회장은 청년 시 결혼대상의 최저조건이었다. 이병철 회장은 말할 것도 없다. 노무현 대통령 역시 말할 것도 없이 꼴찌다. 에디슨은 어찌 되나? 링컨은 홀아비로 살 팔자 아이가? 멀리 찾을 것 없다. 이명박 대통령은 상고 출신으로 노점 리어카를 끌고 고학했다 안 하나?

곽수근 군은 미국 유학생으로 장래를 한 치를 못 볼 미국 고학생이다. 노봉수 군도 돈 없는 유학생이다. 육군대장 출신으로 국방장관을 하는 김 장수는 어째 결혼하겠노?

한국어로는 한자 여론이라 쓰고 세상에 떠도는 말을 일컫는데, 분석해 보면, 노력하지 않고 다된 밥 찾아 시작하여, 손가락 물 한 방울 묻히지 않는 것을 최선으로 하는 게으른 생각이 엿보인다. 소위 여론이 맞지 않는다는 것이다.

이래서 많은 사람이 성공한 사람의 아내가 되는 길을 걷어차고, 여론에 따라 그 당시는 성공한 것처럼 보이는 사람을 선택한다.

특히 곽수근 군이나 노봉수 군은 아내에게 감사하여야 한다. 결혼대상 맨 마지막 10위에서 아내들이 극단적인 모험으로 군을 선택한 사실을 알게 되었다. 어쩌면 아내 덕에 살고 있는지도 모르겠다. 그런데 아무리 찾아도 내 직업은 10위에도 들어 있지 않다.

실질

중국혁명 당시 사진을 보면 장개석의 복장은 잘 재단하고 잘 다리고, 깨끗하게 머리 깎고 훈장을 달고, 모택동과 주은래의 복장은 구거처, 볼품없는 인민복에 머리가 덥수룩한 모습으로 찍힌 국공합작 때의 사진을 기억할 것이다.

장개석은 대만의 주인이다. 모택동과 주은래는 중국 대륙의 주인이다. 장개석은 허세를 좇았고, 모택동은 실질을 좇은 것이다. 장개석은 과거에 살았고, 모택동은 미래에 산 것이다.

에드거 스노의 붉은 별을 읽으면, 주은래를 만나는 이야기가 나오는데, 허약한 털 빠진 말을 탄 인민군을 만나니 군화를 신지 않고 낡은 농구화를 신고 있었다. 얼굴에는 총기가 서려 네가 주은래인가 하였더니 그렇다 한다. 중국 대륙의 2인자가 이러니, 군수물자 사정이 극악한 것으로 생각하였다 한다. 그런데 동북전선에서 온 통신병의 복장은 두터운 군복에 새 군화에 살찐 말을 타고 와 보고하기를 동북면 전선에서 장학량군을 격파하여, 평정하였다 보고하는 것을 보고 기절할 뻔하였다는 대목이 있다.

이것이 바로 정신인데, 인간은 정신으로 이루어진다. 정신은 실질로 이루어져 있다. 주은래가 그리 하였으니, 나는 맨발로 다녀도 과하다. 우리는 전투중이다.

이利의 추구

옛 그림을 보면 화살, 돌, 뜨거운 기름, 모래를 성위에서 퍼붓고 있는데, 공격조는 기다란 사다리를 성곽에 걸치고 칼을 들고 사다리를 타고 기어오르다 죽고, 다시 그 다음 병사가 기어오르다 죽고 하면서 성안 수비군의 방어력이 쇠진할 때까지 계속 맞아 죽고 떨어져 죽다가 드디어 성을 함락하는 것을 본다.

나는 왜 공격조는 죽는 줄 알면서 성벽을 기어 올라가는 걸까? 왜 계속 화살, 돌, 뜨거운 기름을 뒤집어쓰면서 돌격할까 의문이었다.

답은 이익이 있기 때문이다. 대규모 후진이 주시하는 속에 초기 돌격대 병사들에게는 큰 상급이 정해져 있다. 약 1000배의 상급이라 할까, 그 정도의 보답이 있기 때문에 죽음을 알면서 공격하는 것이다. 군주는 보답을 확실히 보장하는데, 병사의 생명을 쓰기 때문이다.

이와 마찬가지로, 상인은 어떠한 악조건에서도 팔고사고를 하여야 하는데, 이것은 성곽을 공격하는 것과 같다 하겠다. 현명한 군주는 돌격을 준비하기 위해 거친 잠도 자고, 거친 밥도 먹고, 거친 의복도 입고, 거친 생활을 하는 것이다. 목적이 있기 때문이다. 거친 생활을 한다 하여 군주가 거칠어지는 것은 아니다. 강해질 뿐이다. 목적은 단 하나 성곽을 함락시키는 것이다.

잣대

지금까지는 정상적으로 이해되어 오던 한국이 미국산 쇠고기 수입반대 촛불운동을 계기로 시작하여 일반상식으로는 이해될 수 없는 한국과 민중으로 크게 바뀐 것을 느낀다.

사회현상의 급격한 변화 중의 일례일 줄도 모른다. 내가 보기에 두 가지가 현저하게 대두되었는데, 하나는 한국민의 공통된 사회목표가 없어졌다는 것이고, 둘은 가진 자와 갖지 못한 자로 극명하게 분리된 점을 들 수 있겠다.

공통된 사회목표에는 우리는 자본주의인지 사회주의인지, 미국이 우방인지 적인지, 적이 누구인지, 친구가 누구인지 등의 가치관이 붕괴되어 세계적으로 독특하고 개성이 강한 가치관, 다시 말하면 세계적으로 고립된 가치관을 형성하고 있다는 것이다.

갖지 못한 자의 권력과 지배에서 이번에 가진 자의 권력과 지배로 바뀌자, 그의 반동으로 갖지 못한 자는 무질서하게 되었고, 가진 자는 무질서를 방관하며, 가진 자의 기득권을 당연시하는 극명히 분리되는 이기적 사회현상을 보게 된다.

소위 새로운 사회가치관이 태동된 것이리라. 어떻게 대처하여야 할지는 모두의 숙제이다. 나는 나만의 개성이 있으나 일반상식을 가지고 있고, 사회는 지역적 특성을 갖추고 있으나 다른 지역의 특성을 존중하며 공존하여야 하는 것이 사회이다. 그러나 요즈음 한국 사회는 일반상식과 공통원리를 파괴하는 행위를 서슴지 않는다.

이 새로운 가치관이 어디에서 시작하였는지 깊이 생각하여야 할 일이다. 양적인 가치를 추구하다 보니 이리 된 것 같다. 서구는 오래전에 양적인 가치에서 질적인 가치추구로 바뀌었는데, 뒤늦게 우리는 양적인 잣대를 들이대며 서구를 판단하여 못산다고 무시를 하기 시작하였다. 서구사회에 미안하기 짝이 없다.

스위스, 덴마크, 노르웨이, 스웨덴, 벨기에, 네덜란드, 오스트리아, 룩셈부르크 등 서구의 국가들에 비해 한국이 이들 나라보다도 더 잘산다고 생각하는 중이다. 양적인 잣대를 가지고는 서구를 이해할 수 없다. 양적인 잣대는 60년 전 평가기준의 잣대이다.

이제는 질적인 잣대를 들고 겸손해야 한다. 잘살고 못살고는 다른 사람이 평가할 문제이다. 나 스스로 자화자찬할 것이 못된다.

나는 약 7개월 전부터 갑자기 한국이 세계 12위 경제대국이니, 10위에 들었느니, 7위에 들어가는 경제목표를 세우느니 하는 말을 자주 듣는다. 미국, 일본, 스위스, 독일, 영국, 프랑스 그 다음이 한국이라는 둥 떠들어대니 부끄러운 노릇이다. 못할 것도 없겠지마는 평가는 다른 사람들이 하는 것이다. 나 스스로 할 일은 수신을 하여도 덕을 기르는 일을 열심히 할 일이다. 부끄러운 짓은 하는 것이 아니다. 맑은 정신으로 사는 것이 잘사는 것이다.

잘산다는 것은 마음 편한 것을 의미한다. 배 터지게 먹는 것을 의미하는 것은 이미 지났다. 나의 검소함을 서구인이 부러워하면 이것이 바로 잘살고 있다는 증거이다. 몇 등 몇 등을 가려서 무슨 의미가 있겠는가.

조지 소로스

현 경제에 영향을 미치는 두 사람은 억만장자 조지소로스와 벤 버냉키 연방준비제도이사회의장일 것이다. 소로스는 특강에서 미국경제는 버냉키가 판단하는 것보다 더 큰 둔화를 하고 있다고 했다. 사실인가 보다.

세계는 웬만한 경기둔화의 조짐에 이제 둔감하다. 거의 주저앉고 나서야 불경기인가 보다 생각한다.

소로스 말에 미국은 너무 많이 돈을 차입하였다, 이라크전쟁 비용도 이제 부담으로 돌아왔다고 했다. 미국 내의 경제는 약 3달 전부터 급랭하기 시작해 1주일간 주식이 1,000포인트 하락했다. 주택은 가격이 하락하여 빌린 모기지보다 집값이 더 낮아지기 시작해, 사실상 미국인은 자산 가치 하락으로 자기자본-에퀴티가 제로 혹은 그 이하로 전락하였다. 가뭄, 한발 아니겠는가. 무서운 일이다.

주머니의 재산이 없으니 소비를 할 수가 없다. 그런 실정에 부시정부의 실책으로 유가가 거의 3배가 뛰어 나머지 잔돈까지도 쓸어버렸다. 이 상태에서 벤 버냉키가 9/30일에 0.5%, 10/31에 0.25%의 급격히 이자율을 내려 회사가 영업을 하여 벌어들이는 세전이익보다, 이번의 이자율 하락에 따른 이자비용 절감 그것이 도리어 영업이윤보다 더 커지게 되었다. 연말에 다시 이자가 하락하면, 장사는 안 되는데 회사는 더 많은 돈을 번다?

이러니 내가 상인인지, 금융업자인지를 모를 지경이 되었는데, 내가 느끼기에도 경제가 무엇인가 잘못 흘러가는 것이 아닌가 생각이 들어 조심하고 있다. 이것은 정상이 아니다. 요셉이 애굽으로 가서 바로의 꿈을 해석하여 3년 풍년이 든 후 4년 흉년이 온다 하여 미리 치세를 잘 하여 두었지 않은가.

지금은 3년 풍년이 끝난 4년 흉년 시작의 때이니, 모쪼록 아껴 쓰고, 기근 때 먹을 양식 미리 준비하여 두어야 할 것이다. 성경의 요셉부분을 매일 읽고 분석하여 준비하자. 왜 이런 일이 우리가 은퇴하여 잘 놀아볼까 하는 시기에 맞부닥뜨리는지, 그리고 왜 애써 모아 놓은 재산이 갑자기 증발하여 버리는지, 우리 탓만은 아닐 것이다. 요셉은 알 것이다.

청소

굼벵이도 구르는 재주가 있다는데, 나의 재주는 무얼까 생각해 보았다. 이것저것 중에도 가장 확실히 잘하는 것이 있는데 그것이 바로 청소하는 것이다.

나의 소원 중의 하나가 엠파이어빌딩을 나 혼자서 전부 깨끗이 청소해 보는 것이다. 25년 전에 뉴욕에 처음 무역회사를 열고 혼자서 저녁에는 사무실 청소를 하는데, 그때는 사원이 전부 6명이므로 나까지 책상 밑의 휴지통을 7개 비우고, 베큠을 하고 밤에야 집으로 갔다. 기뻤다.

그때 생각에 언젠가는 나도 치우지 못할 정도로 많은 휴지통을 치워봐야지 생각하였다. 그리고는 휴지통이 늘어나는 것만 기쁘게 기다리는 것이다.

내가 청소하여 지나간 곳은 먼지 하나 없다. 정성이 들어가기 때문이다. 보이지 않는 곳을 하기 때문이다. 바닥에 붙은 껌도 손칼로 깎아낸다. 사원이 청소를 하면 아무리 많은 사람이 하여도 먼지투성이가 된다. 정성이 없기 때문이다. 보이는 데만 하기 때문일 것이다.

"이보레, 니를 위해 청소하는 거이지, 내를 위해 청소해라 나?" 해도 소용없다.

그래서 될 수 있으면 내가 청소하며 지나가는데, 자세히 들여다보니, 청소하고 난 후 당장 고치라고 지적하는 것이 무서울 것이다. 그래서 내가 빗자루를 들고 나서면, 모두 물걸레라도 들고 바쁜 척 야단이다.

일본의 세계 최고 부동산재벌 모리빌딩의 회장 모리 씨는 하는 일이 자기 빌딩 앞 정원 나무 자르고, 비로 쓸고, 물주고 하는 것이 일이라 아침에 직원들이 출근하면서 그 앞을 지나기가 황공스럽다는 기사를 읽은 적 있다. 그 심정 이해한다.

얼마나 인생을 정성들여 살고 고마우면, 내 사는 것이 하나님께 황공스러워 내 손, 내 몸 들여 가장 숨겨진 곳까지 열심히 물질을 기쁘게 깨끗이 다루겠나. 곧 마음을 깨끗이 하는 일이 아니겠나.

스미토모住友

일본 3대 재벌인 스미토모 재벌은 처음 스미토모 마사토모 제1대주가 1630년 교토의 불광사란 절 안에 후지야라는 점포를 열고 책과 약을 팔았다. 그리고 점원들에게 정직하라. 베풀라, 깨끗이 하라는 지침을 가르치고 근검, 절약을 내세웠다. 그 교지가 '문수원지의서'라는 책으로 있다. 그것이 377년간 이어져 내려오는 것이다.

이것은 철학에 가까운 상인정신이 없이는 불가능할 것이다. 377년간 모든 스미토모 점원에게 가르치는 것은 간단하다. 요약하면 정신이 깨끗하라는 것이다. 성경에서 이야기하는 '깨어 있으라'라는 말과 상통한 것이다. 청지기인 것이다. 이것을 스미토모 마사토모는 377년 전에 깨달은 것이다. 벌어서 남는 것 있으면 뭐하겠냐, 평민들은 잘먹고 잘 쓸 것이고, 스미토모 마사토모 같은 상인은 간결하게 먹고 간결하게 써서 절약하여 다시 상업에 돌리는 것이다. 이것을 377년간 해보니 지금의 스미토모가 된 것이 아니겠는가. 업은 이어진다 하겠다.

부의 룰

자본주의란 인간의 룰로 무한대의 자본소유를 인정하는 제도인데, 여기에 모순이 있다. 8/2법칙이 있다. 2명이 8을 소유하고, 8명이 2를 소유한다는 룰인데, 가진 자와 가지지 않은 자는 기본부터 16배의 차이가 난다. 우리는 보통 운명이라 치고 살고 있다.

부는 인플레에 의해 축적되는데, 유산자 4를 가진 자는 5%인플레라 하면 0.2를 축적하고, 무산자 0.25를 가진 자는 5%인플레에 0.0125를 축적하게 되어 연간 9.30배의 축적 차이가 나게 된다. 이것도 운명이라 치고 살고 있다.

이 법칙에 의해, 현대가 정주영 회장의 형제, 자제, 친인척은 누구든 자본을 소유하게 되며, 기타 다른 재벌들도 같은 형세일 것이다. 그대로 두면 1대, 2대, 3대로 진행되는 한 8/2의 법칙은 9/1 아니 9.9/0.1로 바뀌게 되는 것이 중국의 1900년 초의 예가 되어 신해혁명을 통하여 그후 공산화하게 된 숙명이 될 것이고, 국가가 세금을 조절하여, 1대 2대 3대로 갈수록 평준화되게 조율하는 것이 일본형의 세제가 될 것이다.

우리는 지금부터 곧 세제를 조절하여, 요람에서 무덤까지의 행복을 만민에게 보장하여야만 된다고 생각한다.

여러분의 귀중한 집, 재산이 10억 있다 하면, 은퇴 후 5억을 쓰고, 5억 중 4억을 세금으로 내는 시대가 곧 다가올 것이다. 우리들은 그러고 싶지 않지만.

그리고 이 만나는 회식장소가 이번의 부민관도 너무 화려하고, 사치스러운 추억의 장소가 되는 시절이 곧 올 것이다.

나의 경우는 와세다대학 동문회에 나간 적이 있는데, (와세다는 게이오보다 졸업생이 월등히 많다.) 대개 연령이 70대 후반으로 한 중국집에서 자장면을 들면서 그래도 만주에서 복무한 일본 군대 얘기로 밤이 세는 줄 몰랐다. 그리고 버스 타고 귀가하는 할아버지들이, 고참부터 먼저 타는데, 그래도 행복한 것이 아니겠나? 나를 아는 이를 만난다는 그것 때문에.

법칙에 의해 더 이상 돈이 늘어나지 못한다. 그러니 이번 한창연군 회식 때 모두 나가, 그동안 벌어 놓은 돈으로 실컷 회포나 풀자. 이것이 상책이다.

스즈키 상점

이건희 회장이 천재론에서 한국에는 천재가 없다 하기에, 그러면 일본에서 사업의 천재를 찾아보았다. 여러 사료를 뒤지다가, 공통된 사업의 천재는 미츠이, 미츠비시에 있지 않고, 1927년에 파산한 스즈키 상점의 가네코 나오키치金子直吉에 이른다.

가네코 나오키치는 1866년도 사번의 몰락 상인의 집안에서 태어나 청소

년기를 향리에서 고학 노력을 한 후 1886(명치 19년)에 고베의 스즈키 상점에 사환으로 입사한다. 그후 망한 스즈키 상점의 초대 점주가 되어(4명의 사원과 1명의 사환 중에 4명의 사원이 밤새 도망간다.) 이 점포를 사환이 각고의 노력 끝에 부흥시킨다. 전 사주 아와지로가 죽은 후에 사장이 된다.

당시 일개 사탕(사당)거래상에 지나지 않던 점포를 전국 규모의 종합상사로 발전시키고, 이후 그의 귀재에 의해 50여 회사를 일으킨다. 특히 대만은행을 주은행으로 하여 대만강점의 독점을 이루고 미츠이, 미츠비시와 경쟁하기에 이른다.

1차 세계대전 발발 전에 전황을 예상하여, 전 세계의 철을 독점하여 거부를 쥐게 된다. 그러나 가네코 나오키치의 재능이 한계에 달하여 1927년(소와 27년) 파산에 이르게 되어 일본 경제계를 도산 정국으로 치닫게 하여 공황에 이르게까지 한다. 그가 세운 회사는 제국기선, 고베제강, 제국인견(테이진) 등 대규모 수십 회사가 아직도 남아 있다.

가네코 나오키치가 천재인 것은 그가 무학사환이었다는 데 있다. 그의 천재성은 짧은 당대에 일본 경제계를 장악하고, 곧 전 세계의 경제계를 장악한 것에 있다. 그리고 그는 일본의 천재들을 무한히 고용하였다. 그들의 두뇌를 사용하였다.

그것은 그의 타고난 노력에 의한 것으로 인정된다. 그것은 자신의 극단의 절제에 의한 것으로 가네코 나오키치는 자신의 별장은 그만두고라도, 그의 자택조차도 변변한 것이 없었다. 모든 것이 한국의 천재 김우중과 비슷하나, 내막에서 다르지 않는가?

스즈키 상점 파산 후 그의 후배들은 닛쇼우日商 종합상사를 세우고, 그 후 닛쇼우는 이와이산업과 병합하여, 닛쇼이와이가 된다. 일본 재계 4위이며, 세계종합상사 2위이다.

천재는 노력의 산물

천재

삼성의 이건희 회장이 천재가 없다 한 말은 일견 맞다. 천재란 머리 좋은 수재나, 학벌이 좋은 신사를 의미하는 것이 아니다. 그러니 아이큐가 높아 서울대도 모자라 하버드로 시험을 쳐 합격한 그러한 수재를 의미하는 것은 아니다.

천재란 상식을 뛰어넘는 새로운 짓을 하는 이인異人-이상한 짓을 하는 사람이라는 뜻일 것이고, 그러나 그 이상한 짓이 나중에는 전부에게 꼭 필요한 짓의 시작을 의미하는데, 그후 처음 시작한 이인을 두고 그 업적을 기리며 세인들은 위인偉人, 훌륭한 사람, 선두에 선 사람으로 존경하게 되는 것일 것이다. 이것이 천재이다.

곧 창조하는 자, 곧 노력하는 자일 것이다. 그러므로 천재란 이인일 시절에는 예술가에 가깝거나, 철학가에 가까울 것인데, 그런 사람은 보통사람의 눈으로는 식별이 불가능할 것이다.

일전에 누군가 에디슨이 한국에서 태어났다면, 학교중퇴의 학벌에, 가난한 집에, 쓸데없는 전구 만든다고 창고에서 시간 보내는 구로공단 공원으로 지냈을 것이라는 조크가 맞을 것이다.

천재, 아마 우리 주위에 많이 있을 것이다, 그게 눈에 띄지 않기 때문이지. 우리 주위에 그러면 천재들을 찾아볼까? 더 이상 무슨 천재를 찾으러 다니시는가. 내 보기에는 삼성에 천재가 없는 것이 아니라, 천재를 보는 눈이 없는 것이다.

샌드위치의 위기감은 느낀다? 사실일 것이나, 그러나 난관을 돌파하는 용기를 가진 자와 생각하는 자에게 듬뿍 시간과 자율성을 주어야 천재가 나올 것이다. 월급을 주는 것이 아니라, 그에게 삶의 의미를 주는 것이다.

우리도 할 수 있다. 왜 못하겠는가? 일본은 우리를 못 따라오게 누르고, 중국은 바짝 따라와 그 가운데 샌드위치가 되었다? 왜 그리 생각하는가? 우리가 일본을 바짝 추월하여 일본이 위기감을 느끼게 하고, 중국은 기술로 눌러 못 따라오게 하여 중국에 실망감을 주면 된다.

지도자는 부하를 믿고 용기를 불어넣어 주어 '할 수 있다'고 믿으면 믿는 바대로 된다. 그것이 천재를 만드는 길이다. 천재는 어머니가 만든다고 하지 않는가. 천재가 많다고 생각하면 천재가 많을 것이고, 천재가 없다고 생각하면 있던 천재라도 떠날 것이다.

용장 밑에 용졸 나고

졸장 밑에 졸졸 난다.

천재는 노력의 산물이다.

자딘 이화양행

자딘 메디슨상회는 홍콩[향항香港]을 거점으로 중국 무역에 종사한 영국 자본상사이다. 중국명은 이화양행怡和洋行·사전양행渣甸洋行이며, 스코틀랜드 사람 W. 자딘과 J. 매디슨이 1832년 마카오[오문澳門]에 이화양행을 설립하여 아편과 차(茶)의 무역업을 전개하였다.

동인도회사의 중국무역독점권 폐지와 아편전쟁 등을 계기로 광둥성廣東省의 광저우[광주廣州]에서 홍콩의 대안對岸인 주룽[구룡九龍]에 이르는 철도. 길이 약 180㎞을 1898년 영국이 청淸나라로부터 철도부설권을 획득하여 성의회盛宣懷와 자딘매디슨상회[이화양행怡和洋行] 사이에 차관借款 가계약이 체결되었으나, 의화단義和團사건으로 교섭이 중단되었다.

자딘이 일본의 요코하마상관에 주재할 때이다. 하루는 아침에 출근을 하려 인력거를 타고 거리로 나서자, 갑자기 일단의 사무라이 청년들에게 둘러싸여 생명의 위협을 받았다. 그러나 자세히 보니, 사무라이 청년들은 열심히 무엇인가를 설명하려는 태도를 보이자, 자딘은 그들을 자택으로 데려와 사정을 들었다.

그들은 우리는 영국의 문물을 배우고 싶으니, 영국으로 데려다 달라는 것이었다. 이름을 물으니, 비범한 청년들은 죠슈한長州藩士 인 것이었다. 자딘은 자사의 3본 마스트 White Arrow 호에 이들을 실고 홍콩을 경유하여 영국으로 보내주었다. 그리고 자비를 들여 이들을 버밍햄대학에서 교육시켰다.

상인 자딘은 가장 확실한 물건을 싸게 산 것이었다. 이들이란, 총리대신 이또 히로부미伊藤博文와 그의 동료 政商 일본 철도왕이 된 이노우에井上勝 마사루이다.

시부사와 에이이치

시부사와 에이이치涉澤榮一는 일본 명치기의 실업가이다. 무사시노 구니 치아라시지마무라武藏國血洗島(현 사이타마켄 후카타니 시)의 호농으로 태어났다. 도막到幕운동에 참가하였으나, 후에 히도츠바시가一橋家를 받들어 막신이 된다. 1867년 유럽으로 가 신지식을 흡수하였다.

유신 후 귀국하여, 막부관료 출신이나 이토 히로부미伊藤博文에게 천거되어 대장성大藏省에 출사하여, 초창기 국립은행조례 제정에 진력하였다. 1873년 퇴관한 후, 제일국립은행第一國立銀行(제일권업은행 전신으로 미국의 State Bank라는 의미의 사립은행이다.), 일생 동안 왕자제지王子製紙, 대판방적 등 500여의 회사를 설립하였다. 일본 자본주의의 효시라고 일컬어지며, 그중 은행만 100여 개를 창설하였다.

미츠비시를 창업한 이와사키 야타로(사업은 개인의 이기심의 발로이니, 개인을 위하여 사치스럽게 소비한다는)와 시부사와 에이이치涉澤榮一의(사업은 공공의 복지를 우선으로 하니, 개인은 극도의 절제를 하여야 한다.)는 자본주의를 보는 관점에서 심하게 언쟁을 하여 사이가 좋지 않았다.

일본의 기업은 이와사키 야타로가 만든 것이 아니면, 시부사와 에이이치가 만든 것이라 하여도 과언이 아니리라.

조선과 중국에도 투자를 활성화하여, 일본 자본주의의 국제화의 발전에 공헌하였다. 1916년 실업계를 은퇴하여 동경상법강습소(동경상과대학 전신)등 실업교육기관의 창설과 각종 사회사업에 진력하였다.

시부사와 에이이치의 아들은 방탕한 사생활로 인해 시부사와로부터 가문에서 폐적을 당하는 시련을 겪으나, 그 대신 손자 시부사와 케이죠涉澤敬三(1986-1963)를 총애하였다.

시부사와 케이죠는 동경에서 태어나 동경대 경제학부를 졸업한 후, 자신의 은행인 요코하마横濱 정금正金은행 이사, 제일은행 부행장을 거쳐 1944년 일본은행 총재가 된다. 제2차 세계대전 후에는 시데하라幣原 내각의 오오쿠라쇼大藏省 대신이 된다.

이때 유산상속법을 제정하여, 처음으로 시부사와 케이죠가 동경의 대저택을 처분하여 현금으로 상속세를 지불하려 하였으나, 대재벌의 저택인 이유로 처분이 불가능하자, 정부와 주위의 만류에도 불구하고 체납액을 계산하여 대신 현물로 대저택을 정부에 기증하여 세금을 완불하였다. 그 후 이 저택은 대장성의 공관으로 사용하게 하고, 자신은 대저택에 딸린 조그만 가옥으로 옮겨 만년을 보내었다.

일본 최대 재벌의 할아버지와 손자의 가치관을 적었다.

명치유신의 지도자

1868년 명치유신明治維新의 지도자 중 중심역할을 한 것은 사이고 타카모리西鄕隆盛, 오오쿠보 도시미치大久保利通, 기도 타카요시木戶孝允의 3인이다. 통상 유신3걸이라 칭하여진다.

그 가운데, 사이고 타카모리는 도량이 크고, 부하에 대하여 깊은 애정, 용기와 열정을 갖고 간소한 사생활을 하여 부하들의 폭넓은 존경을 받았다.

사이고 타카모리는 포용력이 풍부한 정치가로 특히 정에 약하였다. 그러나 정부군과의 교전인 서남전쟁西南戰爭에서 오오쿠보 도시미치에게 패하자 자결함으로써 비극적인 최후를 맞는다. 이 점이 일본인이 가장 좋아하는 인물의 1위에 오르게 하는 이유이다.

오오쿠보 도시미치 대구는 정한론, 대만출병을 둘러싸고 사이고 타카모리, 기도 타카요시가 하야하자, 혼자서 정부의 일인독재체재를 이루어, 근대 일본국가 건설의 기초를 이루는 명치유신明治維新의 입안자가 된다. 그는 사이고 타카모리에 비하여 일본 서민적인 인기가 부족하고, 전제정치가로서 맹렬한 반대파의 비난을 받았다.

그러나 때에 따라 냉혹하리만치 침착, 냉정하여, 결단력과 명석한 두뇌를 갖춘 과단한 인물로 현실주의에 입각하였다. 유신의 대변혁기에 수많은 반대를 물리치고 정책을 수행하지 않으면 안 되는 시기에 오오쿠보 도시미치가 가장 적합한 인물이었다고 일본인은 인정한다.

기도 타카요시는 가장 지적이며 개명적인 정치가이다. 다소 이상가적인 기질이나, 그의 참신한 착상은 명치유신의 개혁에 커다란 공헌을 하였다. 그러나 성격적으로는 도량이 넓지 않았고, 건강도 좋지 못하였다. 특히 만년의 정치적 격동기에는 기도 타카요시는 허약한 체질 때문에 거의 견디기가 어려웠다.

명치유신 정부 내의 세력은 오오쿠보 도시미치에 미치지 못하였다. 그러한 사실은 일례로 같은 장주번長州藩 출신으로, 기도 타카요시가 발탁하여 그의 휘하에서 정치가로서 성장한 이토 히로부미, 이노우에 카오루井上馨도 기도 타카요시의 만년에는 그를 등지고 떠나 오오쿠보 도시미치의 휘하에 들어갔을 정도이다.

하찮은 일

인간의 본능은 적은 힘을 들여 큰일을 이루기를 바라는 것인데, 이것을 생산성이 높다고 말한다. 또한 인간은 적은 힘을 들여 큰 효과를 보기를 바라는 것인데, 이것 또한 교육이라 말한다.

그러므로 어찌 보면 인간은 머리를 써서 생산성을 높이려 하는 본능은 육체를 움직이더라도 적은 양을 움직여 큰 효과를 보기 위하여 머리를 쓴다고 할 수 있는 게으른 가치관과 교육관에서 나온다 하겠다.

상대성이론을 만든 아인슈타인이라 하더라도 이러한 가치관이 적용되지 않는다. 공부를 하지 않고, 노력도 하지 않고, 아주 적은 양의 땀을 흘려, 기회를 엿보아 상대성이론을 만들어낸 것이 아니고, 수만 번 생각의 추론(정신적 노동)에서 이루어진 것이기 때문이다.

불에 고기를 구어 먹는 일은 대단히 하찮은 일이나, 이 일을 하기까지에는 인류가 수만 년이 걸렸다. 토기를 만들어 쌀을 담아 놓는 일도 이제는 하찮은 일이나, 이것 또한 그리 되는 데는 수만 년이 걸린 것이다.

술이 담긴 병을 파는 것도 대단히 하찮은 일이다. 그러나 이 일을 하기까지에는 상인의 인생 30년을 소비하였다. 그것을 보면 인간의 본능은 많은 힘을 들여도 적은 일밖에는 이루어지지 않는 것이 현실이고, 수많은 힘을 들여도 티끌 하나 생산성을 높이지 못하는 것이 현실이다. 이리 하여도 티끌만한 일을 이룰 수밖에 없는데, 많은 힘을 들이지도 않고 많은 일이 이루어지기를 바라는 것은 허상이라고밖에 할 수 없다.

콩 하나 심은 데 콩 하나 난다.

콩 하나 심고 콩 두 개가 나기를 바라는 것이 인간이라 하겠다.

상업의 수단

백규白圭는 주나라 상인이다. 시기변화에 따른 물가변동에 생각을 집중하였다. 세상 사람들이 버리고 돌아보지 않을 때에는 사들이고, 세상 사람들이 모두 사고자 할 때에는 팔아넘겼다.

백규는 자연의 법칙에 따라 거래를 하여 자산을 해마다 불려갔다. 구매를 할 때는 낮은 가격에 곡식을 사들이고, 생산량을 늘리기 위해 좋은 종자를 샀다.

자신은 거친 음식을 달게 먹고, 욕심을 억제하며, 의복을 검소히 하고, 일을 할 때는 노비와 고락을 함께 하였다. 그러나 상업에 임하여서는 시기에 따라 행동을 정확히 결정하였다.

백규가 말하기를 "내가 상업을 할 때에는 이윤이 정책을 실시하듯, 손자가 군사를 움직이듯, 상앙이 법을 다루듯이 했다." 그러므로 상인은,

자연의 움직임을 알아차리는 지혜를 가지고,

움직임의 방향의 결론을 내릴 용기를 가지고,

방향의 틀림과 바름이 계속되는 인내를 가지고

자산資産을 지켜내기 위한 극기를 가지고 있는 운運을 부른 자이다.

근면

적은 노동량으로 큰 생산을 하는 것을 노동생산성이 크다 한다. 이와 마찬가지로 인간은 적은 정신노동이나 육체노동을 하고 큰 결과를 바라는 것인데, 이것을 극대화한 것이 감나무 밑에 누워 감 떨어지기를 바라는 것이라 할 수 있다. 살아가면서 인간은 노동생산성을 높이는 일을 한다.

인간은 어릴 때부터 부모로부터 교육을 받기를, 될 수 있으면 머리를 써서 살아가기를 교육받는다. 그러므로 몸을 움직여 벌어들이는 직업을 천하게 생각하고 머리를 써서 벌어들이는 직업을 귀하게 생각하게 된 것이다. 그러나 자연은 몸만 써서 살아갈 수도 없고, 머리만 써서 살아갈 수도 없다. 부지런할 근勤이란 흙 위에서 힘들여 일하는 것을 말한다. 곧 흙 위에서 힘들여 몸을 써서 일하는 것을 말하지, 생각하는 것을 말하는 것은 아니다.

부지런하여야지 하고 늘 생각하고 있는 것을 글자로 표현한 것이 우수할 근勤으로 마음속으로 있는 힘을 다하여 부지런히 움직이는 것을 품고 있는 것을 나타낸 글자이다.

내 한 몸 먹기 위하여 부지런히 흙 위에서 일하여야 하는데, 이러한 마음을 잊어버리지 않고 늘 생각하고 있는 것이 우수한 사람이 된다는 뜻으로 곧 부자가 된다는 뜻이 된다. 그러므로 부자의 반대가 되는 가난한 자가 되는 방법도 잘 알 수가 있다. 부자가 되는 방향의 반대가 가난하게 되는 것이다.

흙 위에서 힘들여 일하지 않으면 가난하게 되고, 곧 흙 위에서 힘들여 일하지 않고 손쉽게 몸을 쓰는 방법을 머리로 생각하면 가난해진다. 그리고 내 한 몸 먹기 위하여 부지런히 일하지 않고 이러한 마음을 잊어버린지 오래되는 사람은 우수한 사람이 되지 못하는데, 이런 사람을 가난한 사람이라 한다.

가난은 어려울 간艱으로 간이란 어려움을 한탄하는 뜻이다. 흙 위에 서면 서자마자 어려움에 닥친다. 자연현상이다. 이것을 어렵다 하고 한탄한다는 뜻이다. 어려울 난難이다. 가난이란 흙 위의 모든 것이 어렵고 또 어렵게 느껴지는 이것도 어렵고, 저것도 어려운 모든 것이 어렵다는 것이 간난이다.

마음속으로 있는 힘을 다하여 부지런히 움직이는 것을 품고 있는 사람에 비해 마음속으로 있는 힘을 다하여 어려움을 한탄하여 움직이지 않고자 하는 뜻이 있는 사람은 노동생산성이 적어질 수밖에 없다. 이것이 간난의 원인이다.

그러므로 노동생산성이 큰 것만 찾아다닐 처지가 아닌가 보다. 상인은 노동생산성이 어찌되었든 간에 우선 일찍 일어나고 부지런히 일을 하고 또 부지런히 일을 하고자 늘 생각하고 있다. 부자가 되고자 하여 근면하게 일하는 것이 아니다.

생각이 그러하다.

상인의 실체

열매를 맺을 수 있는 몸을 실체라 한다. 그러므로 열매를 맺지 못하는 것은 실체가 아니다. 실체가 아닌 것을 허체라 하지 않고 허상이라 하여 비어 있는 형체라 한다. 곧 몸을 가지지 못하니 비어 있는 것이고 열매를 맺을 수도 없기 때문이다.

실제 권력을 가진 사람을 실세라 부른다. 그러나 실제 재력을 가진 사람을 실체라 부르지는 않는다. 실체가 보이지 않기 때문이다.

상업은 허상을 가지고 돈으로 바꿀 수 없다. 실체를 가지고 그 가치를 가늠하여 돈을 받기 때문이다. 상업을 다루는 상인은 이윤을 낳지 않는 허상을 다루는 사람이 아니라 반드시 실체를 다루는 사람이다. 실체는 항상 허상에 비해 적어 보이는 것이다. 그러므로 상인이 사람들보다 적어 보이는 것은 당연하다 하겠다.

상인은 실체와 허상을 잘 구별하는 사람이라 하겠다. 자연에 존재하는 것은 실체이나 그에 부가하여 부풀려진 것이 허상이다. 사람보다 그림자가 큰 것이 그와 같으리라.

명품이란 실체의 상품에 명성이 더하여진 것인데, 실체에 명성이 붙어 허상이 된 것이라 할 수 있다. 명예라 하는 것도 실체의 성품에 명성이 더하여져 허상이 된 것과 같다.

상인은 실체를 더하여 감과 동시에 허상을 제거하여 가는 사람이다. 최선의 상인은 실체를 더하여 남기고, 모든 허상을 제거한 상태에 이르는 것을 말할 것이다.

북청 물장수

상업은 생각하여 물자를 교역하는 것으로 일이 시작되고, 사업은 물자가 없이 생각하여 교역을 하는 것으로 일이 시작되는 차이가 있다.

북청물장수는 북청에서 한양으로 몸 하나 올라와 이내 굶는다. 곧 한양 사람들이 누구나 마실 물이 필요하다는 것을 깨닫는다. 마실 물이 오로지 한강에 있다는 것을 알아낸다. 물을 나르는 물지게를 만든다. 물을 길어오는 데 2시간이 걸리는 것을 계산한다. 사람들이 아침 6시에 물이 필요하다는 것을 알고, 역산하여 오는 데 2시간, 가는 데 2시간으로 4시간 전인 새벽 2시에 집을 나서서 한강으로 향한다. 그러므로 새벽 1시에 아침밥을 먹는다. 새벽 12시에 일어나야 하므로 물장수는 벌건 대낮인 4시에 자기 시작한다. 사람들이 가장 잘 놀기 시작할 시간이다. 사람들은 그를 이해하지 못한다.

북청물장수가 바로 사업가이다.

그러므로 상업은 물자를 준비하여야 하는 자금이 필요하지만, 사업은 물자를 준비하여야 하는 자금이 필요 없다 하겠다. 그러므로 사업가는 어느 누구도 할 수 있다. 그러나 하늘이 그 사업가의 그릇의 크기를 정하여 주신다.

사업이 상업보다 더 어렵다. 곧 자금이 없이 빈손으로 시작하는 업業이기 때문이다. 자금보다는 일이 바로 업 그 자체이고, 업을 이루기 위해서는 사업가 자신의 신용이 있어야 하기 때문이다.

사업이 일하는 것으로 시작하는 것인데, 사업의 근본은 어디에 있을까. 무엇이든 업을 이루는 요소가 있기에 물질이 축적되고, 물질이 발전하여 가는 것이다. 그러므로 사업가는 상인의 한 형태로 근면한 초기 상인이라 할 수 있다.

사람들 사이에는 이제까지 생각지도 못하였던, 존재하지도 않았던 새로운 업 일으키는 사람들이 나온다. 사업가이다. 사업가는 일을 일삼아 하는 사람으로서 매우 부지런한 자연현상의 관측자라 할 수 있다.

사업가가 쓰는 전략은 천, 지, 인의 자연조건에서 불균형한 것을 균형이 있게 정리함으로써 그 대가를 받는 사람이다.

천天, 시간의 형태를 이용한다. 사업가는 세월을 파악하여 둔다. 사람들은 수확기인 늦가을에 풍족하고, 봄이 되어 파종하기 직전에 심히 곤궁하다가, 새 수확기에 들어서기까지 오랜 시간 점점 더 궁핍하여 간다. 이 자연현상을 깨달은 사업가는 수확기에 흔한 곡식을 싼값에 사서 저장해두어 춘궁기에 필요한 사람에게 공급함으로써 시차를 이용하여 사람의 욕구를 채워준다.

지地, 지역의 형태를 이용한다. 사업가는 지역과 지역의 자연성에서 어느 지역이 물자가 풍부하고 어느 지역이 물자가 부족한지를 생각한다. 그래서 물자가 풍족한 지역에서 물자가 부족한 지역으로 물자를 공급함으로써 남아도는 것을 정리하고 부족한 것을 채우는 일을 한다.

인人, 사람의 좋고 싫음을 이용한다. 사업가는 사람의 심리를 잘 파악하여 두었다가 어떤 사람은 이 물자를 좋아하는데, 어느 사람은 이 물자를 싫어하는 것을 잘 안다. 그래서 싫어하는 사람의 뜻을 도와 싫어하는 것을 없애주고, 좋아하는 사람의 뜻을 도와 좋아하는 것을 갖게 도와준다.

아무것도 없는 사람도 사업가가 될 수 있는 이유는 자연현상을 깨달아 자연의 힘으로 움직이기 때문이다. 이리하여 사업가는 자연현상을 써서 노동한 대가로 자본을 축적하게 되는데, 이것이 상인이 되는 길인 것이다. 그러므로 상인은 다름 아닌 자연법칙에 따라 자본과 물자를 축적하는 자라 하겠다.

사람

나 혼자서 세상일을 전부 다할 수가 없는 것처럼, 기업도 나 혼자서 다할 수가 없다. 나는 일을 가진 사람으로 이것을 업業이라 한다. 그러므로 천직이라 하겠다. 업은 여러 사람이 분담하여 해야 하는데 이것을 직職이라 한다.

흔히 사람을 쓴다고 한다. 이 의미는 사람을 오직 노동력으로만 평가하던 오래된 습성으로 육체를 제어할 수 있으나, 사람의 생각과 의욕을 제어할 수 없다. 그러므로 사람을 쓴다는 말은 틀린 말로 사람으로 하여금 하게 한다는 말이 옳을 것이다. 이러면 사람의 생각과 의욕을 진작시켜, 제어하는 결과를 가져오게 된다.

사람을 제어하는 방법 중 하책이 그 사람을 엄격하게 규칙과 명령으로 따르게 하는 방법이다. 규칙과 명령이 없는 것은 그 사람을 제어할 수 없다. 전제주의이다. 중책이 그 사람을 교육하여 규칙 안에 규칙을 지키는 한에는 제제를 가하지 않는 방법으로, 정해진 것까지는 목표를 달성하는 보수적인 방법이다. 법치주의라 하겠다. 상책은 그 사람을 그대로 두어, 그 사람이 스스로 생각해내어 스스로 일하게 하는 방법으로 자신의 일에 대해 기쁨을 가지게 하는 방법이다. 자유방임주의이다.

상책은 대단히 위험한 시도로 겉으로 보기에는 직을 가진 사람이 모든 것을 전횡하여 업을 가진 사람의 모든 권한을 빼앗아간 것처럼 보이고, 무질서한 것처럼 보일 것이고, 나를 무시하는 듯한 느낌도 든다. 그러나 이러한 일은 사소한 감정으로, 목표한 기업의 실적이 무한히 증가할 수 있는 유일한 방법이라는 것을 여러 해의 경험에 의해 알아내었다. 그러므로 사마천의 사기 이장군열전에 나오는 이광리 장군의 군통솔 방법은 인간의 자율성을 중시한 방법으로 기업에서도 채용할 수 있는 인사관리법이라 하겠다.

쓰지 않는 6조

병법의 전술을 상법의 상술에 적용할 수 있다. 청나라 초기의 전술인 36계는 6계 6조의 전술이다. 승전계, 적전계, 공전계, 혼전계, 병전계는 상술에도 적용할 수 있는 법칙이다. 그러나 신용을 기본으로 하는 상술과 기만을 기본으로 하는 전술이 크게 다른 부분은 마지막 6조로 패전계이다.

상술에는 경쟁자를 패하게 해서는 안 된다. 이익을 서로 나누는 가치관으로 경쟁자를 패하게 하는 가치관은 가지지 않는다. 우열의 상술에 교육받은 요즈음은 경쟁자를 패하게 하기 위하여 미인계, 공성계(없는 것을 있는 것으로 부풀리는 짓), 반간계(거짓말을 하여 상대를 현혹하는 짓), 고육계(스스로 거짓으로 가장하는 짓), 연환계(모든 것을 묶어 한번에 투기를 하는 짓), 주위상(안 되는 것을 하여 결국 도망하는 짓)은 상인의 신용을 떨어뜨리는 결과를 낳게 하여, 자신이 설혹 이겼다고 하더라도 1회에 남을 속이고 영원히 자신을 회복하지 못하는 어리석은 계책이 되고 만다. 그러므로 36계의 전술 중 상법의 상술에 쓸 수 있는 것은 오직 5계 6조로 30계라고 할 수 있다. 상인은 신용이 자산이기 때문이다. 상법에서는 패전계인 6계 6조는 쓰지 않는다.

긴축緊縮

긴축이緊縮란 글자는 굵게 엮을 긴과 오그라들 축이란 의미로 쓰인다. 긴축은 이제까지 자유롭게 하여 오던 방식을 갑자기 여러 분야를 대충 뭉쳐서 줄이는 것을 말한다. 아무 제약이 없이 행동해 오던 것을 하루아침에 통제를 받아 줄이는 것으로 대단히 힘들고, 자신의 욕망을 줄이는 희생을 요구하는 것이므로 분하고 억울하다 하겠다.

사람의 생활은 절제하지 않으면 자연 상태에서 갈수록 지나친 치장을 하고 분수를 지나친 소비를 하게 마련이다. 특히 부유한 시절에는 남과 다른 나만의 개성을 찾고, 남과 조금이라도 다른 것을 강조한다. 남보다 나은 것을 찾는 우월감 때문에 늘 그래왔던 것처럼 나도 당연히 그렇게 하는 것이다. 그러나 이것을 사치奢侈라 한다. 그러나 현대에서는 사치 대신에 개성이라 부르기를 더 좋아한다.

일본에서 사무라이들이 말하는 사치란 "팥빵을 먹을 때 속에 든 팥만

골라먹고 빵은 버리는 것"을 말한다. 일리가 있는 말이라 하겠다. 검소라 함은 "팥빵을 먹을 때 속에 든 팥과 겉의 빵을 전부 먹는 것"이라 하여 아주 당연한 일이 도리어 욕망의 자제를 요구하는 검소라는 단어로 표현되는 것을 알 수 있다.

사람의 생활에 사치하기가 참으로 쉬운 모양이다. 사치奢侈란 글자에서 보듯이 크게 쓰는 사람인 뜻이 사치奢侈의 사이고, 많이 쓰는 사람인 뜻이 사치奢侈의 치이다. 그러므로 크게 쓰고 많이 쓰는 행동이 바로 사치로운 행동인 것이다. "오늘 내가 한방 쏠께" 하는 말도 사치에 들어가고 "오늘 많이 먹어" 하는 말도 어찌 보면 사치의 카테고리에 든다 하겠다.

장자莊子에서 나오는 송나라의 저공狙公의 고사에 조삼모사朝三暮四란 말이 나온다. 원숭이를 좋아하는 저공이 많은 원숭이를 키우며 좋아하였는데, 이제는 원숭이를 먹일 먹이가 늘어나 하루하루 생활이 곤궁해지자, 먹이를 줄일 생각으로 말했다.

"아침에 도토리를 3개 주고 저녁에 도토리를 4개 주면 어떻겠느냐?" 하였더니, 원숭이들이 화를 내며 아침에 어떻게 도토리 3개를 먹고 살아가겠느냐며 항의를 하였다 한다. 그래서 저공이 그러면 "아침에 도토리를 4개를 주고 저녁에 도토리를 3개를 주마." 하자, 원숭이들이 모두 좋아하였다는 고사이다.

이와 마찬가지로 인간도 내일보다는 우선 오늘 쓰고 보자는 생각이 큰 것 같다. 내일은 내일이고, 오늘 당장이 급한 것이다. 어떻게 보면 내일 일은 나몰라 하는 게으른 성격이 있다고 하겠다.

현실의 그리스 경제 사태를 보면 잘 알 수 있다. 그리스정부가 너무 많이 써 이제는 쓸 게 없어 절약하자고 하면 그리스 사람들은 몹시 화를 낸다. 지금까지 해오던 대로 하지 무엇 때문에 내가 희생하여야 하느냐고 수

많은 사람이 광장에 모여 데모를 하고 화염병을 던지고 항의를 한다.

어제는 학생이 수천 명 모여 데모를 하고, 오늘은 정부공무원이 수천 명 모여 데모를 하고, 내일은 데모를 단속하던 그리스 경찰들이 급료가 적다고 수천 명 모여 데모를 한다.

조삼모사의 고사는 비단 그리스 사람들에게만 해당하는 일이 아닐 것이다. 사람들은 어느 누구나 이러한 성격을 가지고 있다. 지금의 그리스에는 조삼모사도 통하지 않는다. 내일이 어찌되든지 간에 오늘 지금까지 해오던 식대로 8개의 도토리를 내놓으라고 한다.

스스로 절제를 하지 못하는 사람에게는 강제로 이루게 하는 법이 있다. 긴축緊縮이다. 우선 급한 대로 다발로 묶어서 강제로 절제를 시킨다. 그러면 급격히 오그라들어 선택할 여지가 없는 것이 바로 긴축인 것이다.

이제까지 자유롭게 하여 오던 방식을 하루아침에 통제를 받는 것이다. 통제를 받는 사람들은 줄이는 것이 대단히 힘들고, 자신의 욕망을 줄이는 희생을 요구하는 것이므로 분하고 억울하다 하겠으나, 스스로 절제할 수 없는 사치의 업보業報라 하겠다.

녹봉 없는 상인

사마천의 사기 화식열전에 기록되기를

녹봉이 나오는 봉토도 없고 작위를 가져 세금을 거둘 수도 없으면서도 즐거움을 누리는 것이 이러한 작위나 봉토를 가진 자와 같이 누리는 사람들이 있으니 이를 상인商人이라 한다. 상인의 수입이란 황제에게서 받은 것이 아닌 자연에서 받은 순수한 녹봉이라 하여 소봉素奉이라 한다.

1000호를 거느린 영주는 호당 200전의 세금을 거두어 1년에 20만 전을 얻게 된다. 1년에 만 전으로 20%인 2천 전을 벌게 되면 100만 전을 가진 상인은 1년에 20만 전을 벌게 된다.

그러므로 소발굽 뿔 1000을 가진 상인, 양의 발 1000을 가진 상인, 돼지발 1000을 가진 상인, 물고기 1000석을 가진 상인, 목재 1000장을 벌채할 임야를 가진 상인, 종자를 심는 1000묘를 가진 상인, 이러한 상인들은 1000호의 영지를 가진 제후의 녹봉과 같게 된다.

그러므로 이러한 부와 자원을 가진 상인은 시정에서 궁핍하지도 않으며, 타국으로 가서 노동을 할 필요가 없다. 이러한 상인들은 몸을 처사와 같이 유연하게 의를 지키면서 자산 1000을 유지하기에 힘써 노력하기를 기꺼이 한다.

이것을 자연에서 받은 상인의 소봉素奉이라 한다.

빈부지도貧富之道

사마천의 사기 화식열전에 빈부지도 막지탈여貧富之道 莫之奪予란 구절이 있다. 가난하게 됨과 부유하게 됨은 본래의 법칙이 있으므로 아무도 이것을 빼앗을 수가 없다는 뜻으로 부유한 자에게서 부유함을 빼앗더라도 그는 또다시 부유하게 될 뿐이고, 가난한 자에게서 가난함을 빼앗더라도 즉 가난함을 면케 하여 준다 하더라도 또다시 가난하게 될 뿐이라 한 것이다.

그렇다면 빈부지도, 본시 부하게 됨과 가난하게 됨의 법칙(도)이란 무엇일까? 무엇이기에 부함에서 부함을 빼앗으면 0이 되어 평민이 되고, 또 가난함에서 가난함만큼 더하여 주면 0이 되어 평민이 되는 것인데, 아무리 그리하여도 수학적인 계산이 맞지 않는다고 하는 것이다.

빈부를 만드는 자연의 법칙을 사마천은 어디에 두고 해석하고 있을까?

화식열전의 그 다음 문구는 이교자유 여졸자부족而巧者有餘拙子不足(그러므로 생각이 깊은 자는 남는 것이 있고, 생각이 낮은 자는 충분하지 않게 된다)고

하였다.

교자, 생각이 깊은 자, 생각이 치밀한 자 즉 사물을 헤아리는 자 상인商人을 말하는데, 상인이란 바로 남기는 것을 도道로 삼아 인생을 지나는 사람을 말한다. 남기기 위하여서는 써버리는 것을 없애야 하는 것인데, 들어오고 나가는 것을 교묘하게 계산하여 두는 행위가 상행위인 것이다.

졸拙은 손수 변에 모든 것이 다 나간다는 출을 쓴다. 손에 들어온 모든 것을 다 내보낸다는 뜻으로 남는 것이 없다는 말일 것이다. 생각이 교묘하지 않으며 헤아려두고 미리 하여두는 일이 없으므로 자연의 진행 상태에서 항상 현상에 마주쳐 대처할 여유가 없다는 것이 교묘하지 않다는 뜻이고 생각이 깊지 않다는 말이 된다.

이렇듯 교자 즉 상인은 자연의 진행 상태에서 항상 먼저 생각하여 두고 필요할 것을 준비하여 두는 반면 졸자, 즉 평민은 자연의 진행 상태에서 항상 생각하여 둔 것이 없어 늦게 대체 하여 이끌려 가는 것을 말하는 것이리라.

곧 빈부지도란 교자의 미리 준비함을 졸자의 늦게라도 준비하지 않음의 극히 작은 일에서 도道의 근원이 있음을 알 수 있다.

인생의 차이는 터럭이 60년 쌓여 태산이 되는 차이를 낳게 하는 것이고, 터럭을 무시하여 그나마 작은 터럭이라도 쌓지 못하는 결과가 난다고 하겠다.

빈부지도 막지탈여이貧富之道 莫之奪予而

교자유여 졸자부족巧者有餘 拙子不足

잘살고 못살고의 원인을 밝힌 글이라 하겠다.

내 탓

40대 후반에 식사를 할 때마다 땀을 많이 흘려 건강에 이상이 있나 하고 친구인 국립암센터의 조관호 박사에게 문의를 한 적이 있다. 특히 매운 음식을 먹을 때면 땀이 비 오듯하니 어떻게 하면 좋겠는가 물으니, "매운 것을 안 먹으면 될 것 아니겠나." 하신다.

아니 의사면 우선 진찰을 한 다음 어디가 어떻게 나쁘니 무슨 약을 먹어야 한다고 처방을 해주어야지, 대뜸 "매운 것 안 먹으면 된다." 하는 말은 나도 알고, 누구나 아는 일 아닌가. 매운 음식을 먹어도 땀이 안 나오게 위장을 튼튼하게 하는 약을 처방해 주는 것이 어떠한가 하니, 조관호 박사 말씀이 "매운 것을 먹고 매운 것을 느끼지 못하고 또 땀도 흘리지 않는다면 그것이야말로 네 몸이 병이 든 것이다. 그러니 되도록 매운 것을 자제하는 것이 땀 안 흘리는 방법일 것이다. 그 외에 무슨 방법이 있겠나." 한다. 참으로 올바른 말씀이라 생각하였다.

그러고 나서도 지금까지 매운 음식을 계속 먹고 있으며 땀도 계속 흘리고 있다. 명의의 진단을 듣지 않았기 때문이다. 명의란 병의 근원을 간단히 제거하므로 병을 없앤다. 원인을 없애면 결과도 없어지기 때문이다.

요즈음 경제가 심한 침체기로 누구나 어렵다고 한다. 이러한 어려운 시기에는 모두 다 불경기 탓을 하여 원망하기가 일쑤이다.

내 탓은 찾아볼 수가 없어졌다. 불경기 탓, 돈 없는 탓, 주택가격 하락 탓, 아프가니스탄 전쟁 탓, 중국 탓, 크레디트카드 탓 등 남 탓은 셀 수 없이 많다. 심지어 돌아가신 도널드 레이건 전 대통령 탓도 하는 사람도 많이 있다.

경기가 호경기였다 할지라도 지금 없는 돈이 그때는 많았을 리도 없었을 것이고, 크레디트카드 빚은 호경기 때에는 하나도 쓰지 않았다가 불경기가 되니 자고 일어나 보니 꽉 차진 것이 아니고 내가 호경기 때 쓴 것일 것이다.

그러니 불경기가 되었기 때문에 그 영향으로 나의 경제가 나빠졌다기보다는 호경기 때 이미 나빠져 가는 나의 경제를 내일은 어찌 되겠지 하고 기분 좋게 방관하다가 불경기가 되어 버린 것이다.

울고 싶은데 뺨 맞는다는 말이 있다. 오비이락烏飛梨落(까마귀 날자 배 떨어진다는 뜻으로 서로 관계없는 일이 우연한 같이 일어난다는 뜻)으로 잘나가던 내가 불경기에 닥쳐 창졸지간에 나의 경제사정이 기운 것이 아니고, 호경기 때에 이미 나빠질 대로 나빠져 있지만 생각만으로는 잘나간다고 내가 저지른 방만한 행동이 지금의 결과를 가져오게 된 것일 것이다.

역사를 분석할 때에는 예를 들어 청조의 멸망은 구미열강의 외세의 침입에 의한 것이라고 한 면만 보고 분석하지 않는다. 청조의 멸망은 내부적으로는 중국인의 개화가 늦어지고 외부적으로는 구미열강의 침입에 의한 것이었다고 내부, 외부의 양면의 요인으로 분석한다. 그러므로 역사의 분석에는 내부의 요인인 내 탓과 외부의 요인인 남 탓의 2가지가 항상 병존한다 하겠다.

모처럼 장만한 집이 주택가격의 폭락으로 모기지보다 가격이 더 내려가자, 주택가격보다도 빌린 돈이 더 많다고 집을 포기하는 사람이 늘고 있다 한다. 애꿎게 은행 탓을 하며 시대의 조류에 따라 모기지를 깎아달라고 요구를 하든가, 집을 포기하고 주택차압에 들어가는 사람이 많다.

주택가격이 올라가든 내려가든, 내가 사는 집은 호경기 때에도 똑같이 살던 그 집이고, 불경기 때에도 똑같이 사는 이 집이 아닌가. 집 한 채 변함이 없음에도 불구하고 내 집 가격이 올라가는 기대를 무너뜨리고 내려만

가니 화가 나 모기지 탓을 하고 원망을 하는 것이다.

탓이란 어쩌면 인간의 이기적인 본능인 줄도 모른다. 상인商人이란 문제성의 내부요인인 내 탓과 외부요인인 남 탓으로 2가지로 구분하여 탓을 할 수 없는 부류이다. 내 탓이든 아니면 남 탓이든 어찌되었든 그 결과는 모두 내 탓이 되어 상인이 손해損害를 보기 때문이다.

지나가는 손님이 내 상점에 들어오지 않는다고 손님 어리석다고 남 탓을 할 수가 없는 일이고, 지나가는 손님이 건너편 상점에 들어간다고 애꿎게 손님 욕을 할 수도 없는 일이다. 그렇게 손님이 오지 않도록 한 내 탓이 크기 때문이다.

마치 매운 음식을 먹으면 땀이 나오는 것이 당연한 일이지, 나오는 땀을 보고 욕하며 땀 탓 할 수 없는 이치와 마찬가지라 하겠다. 매운 음식을 먹고 땀이 나오지 않게 하려면, 조관호 박사가 "매운 음식 안 먹으면 될 것 아닌가." 하는 말처럼 내가 안 하면 되는 것이다.

남 탓은 없다. 내가 하지 않았어야 하는 것을 해놓고 후회하는 짓은 하지 말아야 할 것이며, 다 이렇게 된 것은 남 탓으로 돌리는 내 탓이 더 크다 하겠다.

모든 것이 내 탓이다. 다시 하면 된다.

업業으로서의 상商

좋은 일도 쌓여지는 것은 자연의 질량불변의 법칙 때문이다. 이 때문에 좋은 일 많이 하면 자손이 잘되는 것이다. 그리고 지성至誠이면 감천感天이라는 말처럼 지극히 행하면 하늘도 감복한다. 상인이 지성으로 상업에 종사하면 하늘이 감복한다. 지성으로 하는 것이 바로 상인의 노력이다.

자연은 모두에게 공정하다. 이 때문에 재벌의 자식으로 태어나 많은 돈을 손에 쥐고 시작해도 끝내는 다 없애버리는 사람이 있는 반면에, 멸시당하며 고생을 밥 먹듯 하는 못난 사람의 자식이라도 돈을 다스릴 줄 아는 재능을 부여받아, 마침내 엄청난 재산을 이루게 되는 사람이 생기는 것이다.

상업商業은 상인이 하늘의 보우하심으로 부과 받은 업業이다. 하늘의 보우하심이란 뜻의 천우天祐는 바로 선을 쌓은 데 대한 하늘의 은급恩給이다. 그러므로 상인이 현재 운영하는 모든 재물財物은 천우의 덕으로, 재를 다스릴 줄 아는 재능을 태어날 때 부여받아 이룬 것이기 때문에 상인의 것이 아니다.

이 때문에 상인은 자신에게 재물을 다스릴 줄 아는 재능을 주신 자연에게 기부寄附함을 힘써야 한다. 인간은 자연의 법칙을 제대로 알 수 없다. 좋다가도 나빠지고, 나쁘다가도 좋아지는 것이 자연이기 때문이다. 하지만 자연은 무지無知해 아무나 잘되게 하거나, 반대로 아무나 못되게 하지는 않는다. 자연의 법칙은 심오해 인간이 모두를 잘 알지는 못하지만, 그간 살아온 경험을 토대로 누구나가 아는 것이 몇 가지 있다.

그 중 하나가 적선積善일 것이다. 적선이란 선을 쌓는다는 말이다. 무엇이든 쌓으려 한다면 쌓여지는데, 착한 일도 쌓아 가면 많이 쌓이게 된다는 의미다. 노력도 마찬가지다. 자연이란 스스로 존재하는 법칙으로 누구든 탓할 수 없는 생존의 법칙이다. 잘난 사람의 자손만이 잘된다면, 못난 부모 밑에서 태어나 평생토록 운 나쁜 인생을 산다면 얼마나 억울하겠는가. 그리고 부익부富益富 빈익빈貧益貧의 순환고리가 끊어지지 않는다면 누가 노력하면서 살려고 하겠는가.

가족이 바로 세상이라, 가족 중에는 잘난 사람도 있고 못난 사람도 있다. 그리고 잘난 사람이라도 게으르면 못난 사람으로 전락하고, 못난 사람이라도 근면하면 어느 결에 잘난 사람으로 바뀐다. 당대에 잘나고 못난 것이 후대에 뒤바뀌는 경우도 많다. 역사를 보면, 당대에 잘난 사람일지라도 2대, 3대 후손이 잘못되는 예와 당대에 못나고 처지 곤란하지만 후대가 번창해 정승이 되는 예는 부지기수다. 이렇듯 사람의 운세는 예측할 수 없다. 자연自然의 법칙이 작용하기 때문이다.

상리商理

상점商店의 점店이란 언덕 밑에 비를 피할 지붕이 있는 보잘것없는 곳을 점유하여 겨우 자리 잡았다는 의미다. 참으로 눈물겨운 글자다. 우주에서 '내가 오직 주인이다'라고 말할 수 있는 비가 스며들지 않는 흙 둔덕의 한 곳인 것이다. 이곳은 남이 뭐라고 하지 않는 오직 나만의 장소라는 뜻이 담겨 있다.

바로 자립自立, 자존自存의 의미가 있는 것이다. 상인이 엄격히 금해야 할 것은 사행성이다. 상인은 100년을 보고 사업을 해야 함으로 한번 속여 한 번 큰 이익을 본다 해도 99번을 속을 손님이 없다. 실수로 한번 속이는 불미스러운 일을 했다 하더라도 한 번의 실수로 100년의 신용이 무너지는 쓴 맛을 볼 것이다.

모리배慕利輩는 특정인을 지칭하는 것이 아니다. 상인이 아닌 사람 모두를 말한다. 주택사업을 하지 않는 사람이 집을 사서 비싼 값에 팔기를 기다리는 사람이 모리배다. 바로 투자를 가장한 투기를 하기 때문이다. 아침에 해뜨기 전에 자신이 갖고 있던 물건을 들고 장에 가서 팔고자 한 사람이 아닌 사람은 모리배다. 자신이 배불리 먹고 남은 것을 자는 동안 값이 올라 또다시 비싼 값에 팔렸으면 하는 사행성詐行性이 있기 때문이다.

한마디로 모리배란 상인이 아닌 자가 상행위를 가장하거나 투자를 가장해 투기를 하거나, 어떠한 이익(利)을 남기기 위해 갖은 수단을 쓰는 사람을 가리킨다. 상인商人이란 상대의 이익을 극대화하고 자신의 이익은 최소화해 파는 사람이다.

상인의 반대 의미는 모리배다. 모리배란 이익을 사모하는 패거리라는 뜻으로, 상인과 반대로 상대방이 원하든 원하지 않든, 자신의 이익을 추구해 강매하거나, 상대방의 이익은 생각하지 않고 자신의 이익만 추종한다.

그러나 상업을 공부하는 학생은 상리商理를 깨우치는 것이 아니라, 합리合理를 배우게 된다. 왜냐하면, 상업이란 주관적으로 움직이는 학문이 아니고 제3자의 의지대로 움직이는 이타적利他的인 성격이 있기 때문이다. 너와 내가 합치한(合) 선에서 정해지기 때문이다. "내것만을 사시오, 여러분께 득이 될 것이요."라는 말은 없는 것도 이 때문이다.

문학을 공부하는 학생은 문리文理를 깨우친다. 사물을 공부하는 학생은 물리物理를 깨우친다. 그리고 법학을 공부하는 학생은 법리法理를 배운다. 여기서 '리理'는 한 분야를 다스리는 이치理治를 의미한다.

왕후장상의 씨

근검하고 부지런히 일하는 것은 부자가 되는 바른 길이다. 부자가 되는 것에 정해진 직업이 있는 것도 아니고, 재물에 주인이 정해진 것도 아니다. 재능 있는 자에게 재물이 모이고, 못난 사람에게는 재물이 기왓장 흩어지듯 흩어진다.

사마천의 기본개념을 추출하였는데, 권48 진섭세가에 나오는 이 말과 같은 개념의 말은 진시황 대에 노역에 끌려가던 진승이 농민왕으로 봉기하면서 하던 말이 있다.

왕후장상의 씨가 따로 있어 하늘에서 떨어진 것이더란 말이냐.

부자가 되는 것에 정해진 직업이 있는 것도 아니고, 재물에 주인이 정해진 것도 아니다.

재벌가에 태어나지 않아도 되고, 자본가의 자식이 아니어도 되고, 대기업의 사장의 아들이 아니어도 되고 권력가의 자식이 아니어도 된다. 빈손 들고 태어나도 누구나 공평하게 근검하고 부지런히 일하면 부자가 되는 법이다.

그러나 부의 많고 적음에는 능력의 차가 있어 재능 있는 자에게 더 모이고, 무능한 자에게 덜 모이는 것이지 하는 정치인, 상인 등 모든 이들의 공통된 개념이 있다.

'왕후장상의 씨가 따로 있나'

노력하면 된다. 더더구나 왕후장상의 씨가 아닌 우리들에게 더할 수 없는 말이 아닌가. 노력하면 뭐든지 된다.

상인의 모습

모든 사물은 번성하면 쇠퇴하기 마련이다. 사물은 자연히 변화하는 것이다. 사물은 이익(이)에 의하여 움직여 나가는데, 상인의 이익을 창출하는 근원이 크면 부유해지고 작으면 빈곤하여진다. 그러므로 근원을 소중히 간직하여야 한다.

세상을 가장 잘 다스리는 방법은 자연스러움에 따르는 것인데 이익을 나누어주는 것으로 이루어진다. 이것이 사물의 이치이다.

보통사람들은 자기보다 열 배 부자에 대해서는 헐뜯고, 백 배가 되면 두려워하고, 천 배가 되면 그 사람의 일을 해주고, 만 배가 되면 그의 노예가 된다.

근검하고 부지런히 일하는 것은 부자가 되는 바른 길이다. 부자가 되는 것에 정해진 직업이 있는 것도 아니고, 재물에 주인이 정해진 것도 아니다. 재능 있는 자에게 재물이 모이고, 못난 사람에게는 재물이 기왓장 흩어지듯 흩어진다.

천금의 부자는 한 도시의 군주와 맞먹고, 수만금을 모은 자는 왕처럼 즐긴다. 이것을 두고 소봉이라 한다. 관에서 주는 녹봉도 없고, 직위, 토지수입도 없는데 마치 이런 것을 가진 사람처럼 즐겁게 사는 사람이 있다. 이들을 일컬어 소봉이라 하는데, 상인을 일컬음이다. 이들은 이윤으로 생활하는 것이다.

재산이 없는 사람은 힘써 일하고, 재산이 있는 사람은 지혜를 써서 더 불리고, 상인은 시기를 봐 가며 이익을 더 얻으려 한다. 부는 인간의 본성이라 배우지 않아도 모두들 추구하는 것이다. 상인들은 만승의 제왕과 대등한 예를 나누고 명성을 천하에 드러내니 이것이 다 상인의 재력에 의한 일이다.

물자를 축적하는 이치는 물자를 온전하게 보존하여 유통하게 하여 막힘이 없어야 한다. 사람마다 자신의 일에 힘쓰고 각자의 일에 즐거워하면, 물이 낮은 곳으로 흐르는 것처럼 밤낮 멈추는 때가 없다. 빈부의 이치란 누가 빼앗거나 줄 수 있는 것이 아니다. 재주 있는 자는 여유롭고 능력 없는 자는 모자라는 것이다. 이것이 삶의 진리이다.

사업

사람마다 생각이 다르듯이, 내 생각은 단타이거나 치고 빠지는 것보다는 항상 장기간을 어리석게도 걷는 것이다. 그래서 주위에서 반짝하거나 두각을 나타내지 못한다.

내가 생각하는 상인이라는 것은 조잡한 가치관을 가진 것으로

일찍 일어난다.

오늘 할 일을 생각해둔다.

어제 한일을 복습한다.

내일 할 일에 대한 상상을 한다.

사업관은

어제까지 한 일을 잘 정리한다.

오늘 할 일을 반드시 한다.

내일 할 일을 찾아둔다이다. 그리고 이것을 되풀이하여 반복한다.

이래가지고는 어느 세월에 뭐라도 이루겠냐마는, 평생을 그리 해 와서 어쩔 수 없다.

내 보는 견지에서 이민자가 성공하는 한 생각은

1. 미국공항에 도착하자마자, 뭐할지 생각을 깊게 하고, 하고자 하는 상업에 종업원으로 들어간다. 배울 수 있는 한 열심히 배우고, 주인 보고 들어가 계시라 하고 열심히 경영한다. (남의 돈으로 연습하기)

2. 내 자금을 모으기 위하여, 밥 먹고, 자는 돈 이외의 어떤 인간의 행동을 자제하고, 기초 자금을 모은다. 그 돈을 투자한다.

3. 한번 투자하였으면 죽으나, 사나, 자나 깨나 그 길을 바꾸지 않고, 오직 초점을 한 점에 맞추어 인생을 걸고 세우나 쓰러지나 결투를 한다. 그러면 된다. 그것이 요소이다.

그렇게 30년을 하면 누구나 다 성공한다. 나는 그리 생각한다. 뭐 뾰쪽한 방법이 없다.

몰입沒入

이제는 하고 있는 일 한 가지에 온갖 정신이 집중되는 것을 느낀다. 하나씩 벽돌을 쌓고 그 위에 또 벽돌을 쌓듯 하나하나 정성들여 쌓아가는 것이다.

나는 내가 하는 일을 사랑하는데, 새로운 것의 기억력은 약하나 이전의 것에 대한 집중력은 그 힘이 가중되는 것 같다. 이제는 말을 많이 하지 않더라도, 많이 듣지 아니하더라도 내가 하는 일에 대한 흐름을 느낌으로 감지한다. 스님이 도를 많이 닦는 것과 같이, 목사가 기도를 많이 하는 것과 같이, 상인은 생각의 집중을 하는 가보다.

이제는 기본에서 일어나는 일 이외는 하지 않으려 하고 빨리 가기보다는 정확하게 가려 한다. 달라진 것이 있다면 어제에 바탕을 하여 오늘을 계산하고 오늘을 바탕으로 내일을 예측한다.

그것은 바로 일어나서 곧 이불을 개고 옷 입고, 옷을 꺼내고 곧 장롱의

서랍을 닫는 것과 같이 지나간 자리의 흔적을 흩트리지 않고 정돈하는 것이다. 고요한 수면 위에 배가 지나가는 것과 같은 이치이지 않은가. 인생은 나의 일에 몰입하는 것이 사랑하는 것이 아닌가.

사냥

제후들은 전쟁을 준비하기 위해 평소에 훈련을 쌓아두는데, 이것이 사냥이다. 실전을 방불케 하는 사냥을 매해 실시하여, 군사력을 기르는 것이다.

상인들은 확장목표를 준비하기 위해 평소에 기획을 하여 두며, 필요하지 않는 부분까지 사전에 조사 준비하여 두는데, 이것이 사냥에 준하는 일이다.

실제 흡수, 합병이 이루어지면, 가장 당황하는 일이 정보부족으로 판단을 할 수 없는 상황에 이르기를 많이 하는데, 대부분 이때에 동전의 앞면, 뒷면 하는 식으로 50%씩 리스크를 택한다. 운 좋으면 흥하고, 운 나쁘면 망하는 동전 하나가 몇 백억을 좌우하는 어리석은 짓을 한다.

현명한 군주는 전쟁을 하지 않는 평화 시에 실전을 가상하여 전략을 세워두나 어리석은 군주는 전쟁이 일어나도 무엇이 일어났는지를 판단하지 못한 채 제후국을 빼앗기는 것이다.

왜 태평성세에 혹독한 더위 속에 혹은 혹독한 추위 속에 무거운 갑옷을 입고 악식을 취하며 야전에서 고전을 마다하지 않겠는가? 이것은 제후국을 잃어버리지 않으려는 사전의 준비인 것이다.

예측

미국의 공황은 가시화되면서 인위적인 것은 축소되는 중인데, 가시화된 것은 크라이슬러가 파산에 들어가는 것이고, 이제 지엠만 파산에 들어가면, 거의 고질적인 문제가 가시화된다. 그리고 공황의 규모가 보일 것으로 판단한다.

그러나 여전히 자연적인 문제 즉 베이비부머의 고령화에 따른 계속적인 은퇴와 실질소비 규모의 축소이다.

거짓말 안 하기로는 NPR-National Public Radio가 정직한데, 이번 주 예측이 봄이면 활성화되는 부동산이 작년비 10% 축소, 가격이 3% 하락, 신축허가 30% 하락이라, 부동산거래가 상당히 악화되어 있다.

더 큰일은 베이비부머가 은퇴와 동반하여 집을 팔려 대거 값이 안정되기만 기다리는 형세로 값이 안정되면 더 많은 물량이 밀려나올 것으로 예측하여, 부동산은 장기간 애물단지로 변한다는 사설이다.

고령화에 따른 은퇴는 곧 소비인구 감소를 의미하며, 인구축소와 같은 효과이다. 이것이 자연재해인 것이다.

나의 예측이다.

북부 시카고, 디트로이트 추운 지역은 인구감소와 산업감소가 심해질 것이고, 줄어드는 만큼 남부 조지아주 및 인근 더운 지역은 인구증가와 산업증가가 심해져 둘 다 평균은 제로섬이 될 것이다.

자동차공업 지역이 시카고, 디트로이트에서 라그란지, 몽고메리로 바뀔 것이고, 애틀랜타가 시카고, 샌프란시스코를 제치고 자동차공업 중심지가 될 것이다.

북부의 백인은 경제적으로 많이 축소되고, 남부의 흑인이 중산층으로 등장하여, 사회에 많이 등장할 것이다. 백인은 드디어 흑인 소수인종 우대 쿼터를 폐지하려 하나, 기득권을 가진 흑인들에 의해 제지당할 것이고, 드디어는 백인이 만들어 놓은 법에 의해 백인이 법적으로 불이익을 당하는 곳까지 갈 것이다.

한국인 이민자는 이민생활이 30년, 40년, 50년에 이르러, 2세, 3세, 4세가 한국과 동떨어진 독립분산체를 이룰 것이다. 이들은 한국어를 모르며, 쌀밥을 먹지 않고, 김치를 모를 것이고, 대부분 귀화한 채로 동양계 미국인으로 생존될 것이다. 내가 어디서 온지를 모를 것이다.

1세가 자본주의의 사상을 가진 계통은 자본화하여 토착화할 것이나, 1세가 쾌락주의로 일관한 계통은 하류층으로 전락하여 노동계급에 속하게 될 것이다.

미국과 유럽의 여러 나라는 그리 경제적으로 우월한 나라가 되지 못할 것이다. 그러나 세계의 가치관은 벌써 양에서 질로 변화되어, 성공의 의미가 우리와는 크게 다를 것이다.

논객

경기가 어려운 시절이다. 산도 오르막이 있으면 내리막이 있듯이 호황이 있으면 불황이 있는 것은 당연한 이치라 하겠다. 그러나 이것을 인간의 눈으로 보면 감정이 개입되어 오르막내리막을 극단적으로 치우치는 것을 느낀다. 세상의 산은 오르지 못할 산도 없거니와 내리지 못할 산도 없다. 그러니 이번 경기도 언젠가는 스쳐지나갈 것이다.

경기를 판단하는 여러 논객이 있다. 시골의사, 평택촌놈, 미네르바, 이헌재, 장하준 등과 언론의 칼럼니스트 등이다.

혹세무민이란 세상을 어지럽게 하여 백성을 나오지 못하는 길로 유도하는 것을 의미하는데, 조정에서 금하였다.

경기를 가지고 사주관상을 보는 자들이 많이 생겼다. 소위 9월 위기설, 10월 위기설, 12월 위기설, 3월 위기설 등으로 약 3개월 이후를 극단적으로 파멸이 올 것이라는 혹세무민의 설이다.

증권을 업으로 하는 부류는 3개월도 3년과 같이 긴 세월이나, 일반 경제 활동을 하는 분야는 단지 더 어려울 것으로 예상되는 단기 예상기간일 것이다.

여러 곳의 경기를 가지고 예언을 하는 사주관상가들을 살펴보았는데, 주로 술에 취해 논하거나, 자신의 처지가 불안하여 사회가 더 불안하게 되어져, 내 처지가 용납되는 식의 비관주의자가 많았다.

사마천의 사기에 의하면 사주관상을 업으로 하는 이들의 이야기가 나온다. 정신이 맑으며, 자연의 이치의 변화가 규칙을 따라 가며, 되풀이되는 자연성을 통계에 의해 분류하여, 이것이 발생하면 그 다음은 반드시 이런 결과가 나왔다는 경험을 이야기하는 학자로 설명된다. 혹세무민하는 자가 아니라, 통계분석가인 것이다.

현세가 난세이니, 합종연횡의 변설가가 많이 등장한다. 내 나름대로 설득력이 있고, 학문에 의거하여 경제를 조언하는 경제가 2인을 찾아내었다. 이헌재, 전 금감원장으로 IMF를 직접 해결한 유능한 실리주의자이다. 그의 분석은 경험에 의거한다 하겠다. 장하준, 경제학자로 영국에 머무는 교수이다. 그의 분석은 예리한 학문에 의거한다 하겠다.

한국도 난세를 이겨낼 인재가 있다. 난세란 잠시 어지러운 세상을 말한다. 세상의 영원한 파멸을 의미하지 않는다.

이헌재, 장하준 이외의 대부분 논객들은 논리를 이론에 의하지 않고, 혹세무민하여 이것을 하면 주가가 올라 돈을 벌 수 있다든가, 3월 위기설을 주장하여 난세에 난세를 더하여 더 어지럽히는 유사 경제 사주관상가들이라 하겠다. 경제는 술 취해 비몽사몽의 비관적 감정으로 협기로 한번 논해 보는 것이 아니기 때문이다.

생각하는 때

새벽에 일어나면 맑은 정신에 육체도 상쾌하다. 모든 것이 잠들고 있는 상태는 진행이 중지된 상태인데, 이때는 어제 무엇을 하였고, 오늘은 어떻게 하여야 하고, 내일을 어떻게 준비하여 놓아야 하는가를 정리하는 시간이다.

사람은 생각하기 전에 모든 것을 단절하여야 하는데 생각을 깨끗이 청소하여 비워놓아야 한다. 사물은 각각의 이익에 의해 인과관계가 형성되어 돌아가기 때문에, 사물을 움직이게 하기 위하여서는 사물 고유의 각각의 이익을 보장하여 주어야 한다. 소위 모든 자의 밥그릇을 분량대로 만족스럽게 채워주어야만 일은 된다. 사람은 자신이 기뻐하는 방향으로 움직이기 때문에, 기뻐하게끔 움직이게 하여 만족하게끔 하여야 한다.

내가 세상을 모두 가질 수 없고 모든 것에 이길 수 없으므로 내가 이기기 위해서, 혹은 사물을 움직이기 위해서는 49%를 지불하여야 한다. 반을 주어도 목적이 이루어진다면 주는 것이 당연하다. 다 가질 필요가 없다. 사물은 이렇게 나누는 구조로 되어 있기 때문이다. 즉 사물 고유의 존재를 존중하여야 한다.

오기장군이 병사와 숙식을 같이하고 병사의 상처의 고름을 입으로 빤 것은 그 병사를 죽음에 이르기까지 쓰기 위함이고 대장군 이광이 병사를 자유롭게 놀려, 편안하게 함은 유사시에 은혜를 갚으려 목숨을 걸고 돌진하게 함이라 한다.

이렇듯 사물은 자신의 이익이 있는 쪽으로 움직인다. 이익이란 좋아하는 것, 곧 선이리라.

인구

불황의 원인을 자연에서 찾아보는데, 어딘가 자연의 부조화에 의해 자연이 깨어지고 그리고 자연은 자기실현으로 조정기를 거쳐서 안정을 찾는 것으로 본다.

자연의 부조화란 인구의 분포의 변화가 주요원인일 것이다. 2차 세계대전 후(1945) 인구가 부자연스럽게 급격히 늘기 시작하니, 1944년과 1945년 사이가 가장 크게 인구변동을 가져온 시점이다. 베이비붐이다.

인간은 60이면 은퇴를 하여 휴직기를 갖는데, 1945년생이 60이 되는 해가 2005년이다. 그러므로 2004년이 최대의 소비, 구매, 증산이 따르고 2005년부터는 소비, 구매, 증산이 사라졌다. 사라지기 시작한 지 이제 3년째인 셈이다.

그러나 한국은 해방이후 정변과 1950년의 6 · 25동란이 일어나는 시기가 있어 1954년 종전과 함께 인구증가가 급격하게 된다. 세계의 선진국보다 9년이 늦은 셈이다. 한국의 베이비붐 세대가 60이 되는 해는 2014년이다.

그러나 한국의 정년은 선진국과 달리 빨라 55세로 조정하면 2009년이면 소비, 구매, 증산이 사라지게 된다.

8시경 출근시간의 전철이 미어터지지만, 출근시간이 10분 지난 8시 10분경만 되어도 전철에 승객이 하나도 없는 이치와 같다 하겠다.

실물경제가 영향을 크게 받고 있다. 소비, 구매, 증산이 사라진 것이다. 소비자가 은퇴를 하기 시작한 것이다. 전 세계가 급격한 인구의 증가의 파도가 휩쓸고 지나가 파도가 지나간 다음의 낮은 수준이 된 것이다.

상인 누구나가 장사가 안 된다. 손님이 없다 한다. 곧 실물경제의 인구가 줄어든 것이다.

인간은 태어나 금방 자라지 않는다. 성경의 요셉의 말에 의하면 흉년은 7년이 걸린다 한다. 차세대의 인구분포가 늘어나는 시기까지 기다려야 할 것이다.

백수

자산가치가 나날이 떨어져 그만 떨어진 가치에 익숙하게 되었다. 부동산, 증권, 실물가격, 에너지, 우리가 아는 모든 경제단어의 가치가 함몰하였는데, 지구 전체의 가치가 추락한 것이다.

디플레이션이다. 어제보다 오늘이 오늘보다 내일이 더 못살고, 더 쪼그라드는 형상이다. 인간의 노력, 피땀을 허무하게 하는 것이 디플레이션이다.

산 넘어 산이라 하더니 정말 그런가보다. 그러나 살길은 여전히 있다. 디플레이션 뒤가 반드시 슈퍼인플레이션이다. 연방준비이사회가 7000억의 구제금융을 풀었다. 급속도로 풀어내니, 임시방편으로는 소생하겠으나, 풀린 과잉자금으로 몇 년 후 엄청난 대가를 치러야한다. 미국은 조만간 아르헨티나같이 될 것이다. 준비하여야 할 것이다.

주가가 내려 고생하는 모양이다. 일시적인 현상이다. 내렸으면 오를 것이다. 집값도 내려 고생하는 모양이다. 한 채인 집이 내린들 오른들 무슨 영향이 있나. 정작 큰일은 아이들이 직업을 가져보지 못한 채로 거리로 내몰린 것이 300만이라 한다. 이것은 인플레이션이나 디플레이션과 관계없는 정책 실패이다.

대부분의 백수가 입사원서를 50군데도 더 썼다 한다. 답이 없다 한다. 정책 실패이다. 백수의 잘못이 아니다. 300만이나 잘못할 일이 없다. 아이들이 학교에서 무슨 잘못을 하겠는가? 졸업과 동시에 백수는 국가의 잘못이다.

내 집 문제는 깊이 감추어두고 남의 집 탓만 해서는 안 된다. 이참에 300만의 젊은 청년들을 구제하는 길은 대토목 사업을 대규모로 일으켜 고속도로를 새로 10개 신설하고, 전철도를 테제베용으로 신규로 부설하고, 산악 고속도로를 새로 뚫고, 북한에 하수도, 상수도, 고속도로를 깔아주고 100년에 걸쳐 세금을 받으면 되고, 중동에 다시 건설을 싼값에 수주하여 인간을 돌리는 것이다.

하면 된다. 하라면 힘쓸 놈들이 300만이나 있는데, 무엇을 못하겠는가? 철강의 최고 제련소가 있고, 세계 1, 2, 3위의 조선소가 있는데, 그리고 대학 나온 노동인구가 300만이나 있다.

디플레이션시대이다.

세계를 주도하는 선박수주를 디스카운트하여 전 세계 선박건조를 덤핑수주를 시도하여 경쟁국 중국, 인도를 죽여야 산다.

철도차량 등 중공업의 덤핑수주를 시작하는 것이다. 질 좋고 값싼데 왜 안 사나? 디플레이션 때 살아남는 것은 이익이 안 남아도 일을 할 수 있는 자들이다. 바로 백수 300만 아닌가.

박정희나 전두환이 필요한 시대이다.

일단 300만의 백수들의 십장이 필요한데, 모두 모여 삽을 들고 단군이래로 게으름을 피우는 것을 타파하고 전 국토의 지방도로를 보수하기 시작하고, 교량, 터널을 1만 개 설치, 파기 시작하면 국가가 잘살 것이다.

못할 게 뭐 있나? 도심의 백수들은 하천정비에 나선다. 모든 것을 일직선으로 깨끗하게 파고 정리하면 파리의 센 강처럼 될 것이다.

농촌의 백수는 삽을 들고 산에 가 30년 후 목재로 쓸 묘목을 이 기회에 심기 시작하는 것이다. 수억만 그루의 묘목을 할 일 없을 때 심어두면, 국토는 스위스처럼 되고, 백수 30년하고 난 후 떼부자가 될 것이다.

내가 한다면, 이참에 토끼처럼 생긴 국토를 직사각형으로 변조시킬 대규모 국토개발에 백수 300만을 동원할 것이다. 필요한 것은 300만 개의 삽이 필요한 것이지, 300만 개의 책상이 필요한 것이 아니다.

청년백수 300만을 관리할 조퇴, 명태의 유능한 관리자가 100만은 있지 않는가? 이 인구이면 300명 노동자에 100명 관리자를 포함 400명 건설회사를 1만 개 창출할 수 있지 않은가?

1만 개 건설회사가 무엇을 못하겠는가? 백수가 300만이 남아도는 것이 아니라, 지금 우리는 3000만의 노동력이 더 필요한 줄도 모른다. 정책을 수립한다면.

기회이다. 디플레이션이다.

다우존스 지수

오늘 미국의 다우존스 지수가 올해 최고치에서 39.08퍼센트 떨어져 연중 최저치가 되면서 1929년 9월3일로 시작되는 통상 40%로 떨어졌다는 대공황기에 떨어진 것을 능가하는 수치를 나타내었다.

내 친구들이 회사 다니며 20년간 은퇴용으로 쌓은 IRA(은퇴연금으로 주로 주식에 투자되어 있다.)가 50만 불이었다면 약 3주 만에 20만 불이 날아간 셈이다. 피같이 월급에서 10%로 떼어 20년간 모은 돈이다. 세금유예를 받은 것이니 50만 불의 30%세금 15만 불을 더 빼면, 20년 모은 연금이 고작 5만 불이 된다.

집의 가치는 떨어져 모기지보다 더 싸서, 집 팔면 서역으로 몇 십만 불 은행에 물어내야 하는 형편에 곧 퇴직하여 받을 종신연금이 반토막 나 이제 5만 불이다. 퇴직 곧 다달이 집값을 낼 수 없는 처지에 퇴직으로 몰리면 집이 없어지면서 파산에 이른다. - 이것이 바로 새로운 대공황이다.

대형은행이 5개 중 3개가 파산하였다. 그 다음 스텝이 중대형 은행이 이미 수없이 죽어 있는 상태로 발표를 안 한다. 대부분의 엘리트가 직업을 잃는다. 이것이 위로부터의 공황이다. 1929년의 공황은 밑으로부터의 공황이었는데, 거꾸로 되는 셈이다.

드디어 지구 최고의 새공황이 가시화되었다. 이제는 모든 경제법칙이 맞지 않을 것이며, 신질서가 도출되기 전까지 카오스(혼돈) 속에 빠질 것이다. 모든 것이 가치를 상실할 것이며, 필요한 것은 가치를 지닐 것이나, 불필요한 것은 무가치할 것이다.

맥도날드의 빅맥 5불은 가치가 있으나, 리트칼톤호텔의 스테이크 60불은 무가치할 것이다. 카시오의 7불 시계는 가치가 있으나, 브라이트닝의 7000불 시계는 무가치할 것이다 등등 생존과 고유의 기능에 관계없는 사치한 것은 즉시 가치를 잃어버리는 시대가 되었다. 재택, 웰빙, 외국연수, 강남, 골프해외여행, 내 아이 귀족으로 키우기, 명품 등은 즉시 가치를 잃어버린다. 외국유학, 기러기아빠, 찬란한 생활은 이미 죽은 것과 같다.

이제는 내 행동과 생각이 얼마나 자연현실에 맞아드는가에 의해 생명에 관계되는 생존경쟁이 시작된다. 물 한 컵, 밥 한 공기, 연필 한 자루가 얼마나 귀중한지를 오늘부터 전 인류가 뼈아프게 경험할 것이다. 우리의 아이들을 위해서, 우리 먼저 모든 불필요한 것을 내려놓자. 빠르면 빠를수록 회복이 빠르다.

새로운 대공황에서 조금도 흔들림이 없는 인간이 한 분 있다. 무소유의 법정스님이다. 이분은 조금도 잃어버린 것이 없는 부자이시다. 워렌 버핏보다 한 수 위다. 아무리 공황이 무서운들, 밥공기 하나와 수저 한 벌을 앗아가겠나?

점주

금일의 월가의 공황은 세계를 강타한다. 생존하여야 할 것이다. 먹고사는 것 인간의 본능이다. 먹고사는 것의 거점이 상점이다. 모든 형태가 상점이다.

상점-사고파는 것을 행하는 곳이다. 삼성은 큰 상점이고 작은 상점으로부터 시작하였다. 상점의 주인을 점주라 한다. 행하는 곳을 가지고 있는 자이다. 이병철 회장은 본시 국수 팔던 작은 점포의 주인으로 시작한다.

자연의 섭리란 간단하다. 비가 많이 내리는 시기는 큰 그릇이 먼저 가득 찬다. 메마른 시기에는 큰 땅이 먼저 타서 갈라진다. 곧 변함없다는 뜻일 것이다.

점주인 주인은 상점에 대한 변함없는 의를 지니고 있다. 어떠한 것도 의를 저버릴 수가 없는 것이 의에 대한 책임이다.

주인-어떠한 경우에도 책임지는 사람이란 뜻이다. 의에 대한 책임을 지는 자이다.

세대가 생존을 갈음하는 시기가 되었다. 점주인 주인은 상점에 대한 변함없는 의를 지니고 있다. 어떠한 것도 의를 저버릴 수가 없는 주인의 책임의식이 있는 것이다.

상점에 대한 주인의 의가 있는 것이다.

난세의 영웅이란 말이 있다. 상점의 난세에 주인이 영웅이 된다는 법은 없다. 상점에 대한 주인의 의란 난세에 영웅심을 버리고 상점과 운명을 같이하는 충직함을 요구한다.

난세에는 길이 보이지 않는다. 그러나 보이지 않는 길은 자연히 존재한다. 점주인 주인은 보이지 않는 길을 올바른 정신에 의거하여 상점을 이끌고 갈 뿐이다.

나는 후대에 보면 일대 상점주에 해당한다. 상점에 대한 의를 지켜야 한다. 난세이다.

상류층

두산그룹의 초대회장 부인이신 명계춘 여사가 별세를 한 자리에 자식들이 도열해 조문객을 맞는 사진을 보았다. 박용곤 명예회장, 박용오 회장, 박용성 회장, 박용현 회장, 박용만 회장, 박용욱 회장 등 6형제이다.

두산은 박승직 상점에서 출발하고, 박승직 상점의 장남 박두병 회장의 부인이 명계춘 여사이다. 박승직 점포의 새색시가 된 셈이다. 현재의 아들들은 3세대가 되는데, 전부 나이가 있으니 이제는 4세대가 두산을 움직일 것이다.

박승직 상점이란 본시 박승직이 성실과 근면으로 품을 팔아 생계를 유지하는 작은 점포에서 시작되었다. 시작은 미미하여 세간의 눈에 들 만한 규모는 아니었다. 그러니 명계춘 여사는 신혼 시 절약과 근면으로 힘들게 시작하였을 것이다.

신문에서 손숙 씨가 운영하는 '나는 상류층과 결혼할 수 있을까?'란 결혼기사를 우연히 보다가, 나도 한번 응모해 보자 하여 설문지에 응해 보았다.

아버지가 100대기업에 근무하는가?

재산이 3억 미만, 5억 미만, 10억 미만, 50억, 100억?

나는 100대기업에 근무?

품위유지비로 한 달에 100만 원, 200만 원?

해외여행 수 1번, 2번, 3번?

주말에 즐기는 것은 골프, 수영, 등산?

아마 이 질문사항이라면, 두산의 창업자 박승직은 불행하게도 아무것도 위의 사항에 해당되지 않아 결혼을 할 수 없다.

아버지는 농사꾼이며, 재산은 없고, 나도 변변한 일거리가 없고, 품위유지는커녕 생존의 끼니를 걱정하며, 해외연수는커녕 과천에서 종로까지 매일 짐수레를 끌어야 하며, 골프는 무슨 나무하러 다녀야 하고, 수영 대신 땀을 흠뻑 젖어 집에 들어와 오늘 일 많이 하였다는 어리석은 사람의 부류에 들어가기 때문이다.

이런 박승직에게 누가 시집오겠는가?

현실의 사람들은 참으로 약다. 힘들여 노동하려 하지 않고, 힘들여 노동한 대가를 힘들이지 않고 취하려 한다. 상류층을 향하는 사람들은 많으나, 상류층인 사람이 드문 것이 이 이유이다.

상류층이란 소비하는 자들이 아니다. 소비를 막고 100년을 절약을 한 자들이다. 써대는데 무엇이 모이겠는가. 쓰지 않는 자가 써대는 여자를 집에 들이겠는가. 박승직 점포에 시집 온 명계춘 여사는 어느 누구와 마찬가지로 새벽에 점포문 열고, 밤에 점포문 닫고, 점원 보살피던 아마 평생을 써대지 않은 부인이었을 것이다.

체력

놀란 것이 2개 있다. 하나는 거대한 베어스턴스, 리만 브라더스, 메릴린치가 쓰러지고 골드만삭스, 모건스텐리 둘이 살아남았다는 사실이다. 인베스트먼트뱅크의 60%가 사라진 현실에 놀라울 뿐이다.

둘은 이것들이 사라질 때 내는 충격파는 하루 정도밖에 걸리지 않는다는 시장의 거대한 규모에 놀라울 뿐이다.

자연의 크기란 가늠할 수 없을 만큼 큰 것인가 보다. 인간이 만들어낸 어떠한 것도 자연성을 타격할 수는 없는 모양이다.

행하는 자 이루고 가는 자 닿는다는 말이 있다. 맞는 말이다. 행하는 자가 정으로 움직이면 정으로 이루고, 부로 움직이면 부로 이룬다는 말일 것이며, 가는 자가 정으로 가면 정으로 닿고, 부로 가면 부로 닿는다는 것을 이번 리만 브라더스의 도산으로 명심하게 되었다.

가치의 방향성을 중요시하여야 한다. 정으로 가치관을 지향하면 체력이 붙겠으나, 부로 가치관을 지향하면 체력이 저하한다. 이것은 자연의 본능이다. 리만 브라더스의 회장은 이 점을 간과한 것이리라.

출발하기 전 그리고 오늘까지 10년이라는 재고의 시간을 가지고 있었다. 체력관리에 사치와 오만으로 다스렸다.

체력관리는 따로 없다. 검약, 검소 즉 먹는 것을 줄여 나를 괴롭히는 것이다. 리만 브라더스에서 크게 자극을 받았다. 성공에 무슨 비결이 있겠는가? 적게 먹고, 거칠게 사는 것 이외 무엇이 있겠는가?

속박

내가 나의 생각을 속박하기 때문에 좀처럼 새로운 생각을 하기 힘들다. 나는 이러한 성격의 사람, 저러한 특성을 가진 사람, 어디 사람, 내 수준은 어느 정도 등등 내가 나를 너무 잘 알아 스스로를 포기시키는 일을 하는데, 내가 나를 방해한다.

친구 중에 박식한 분이 애틀랜타에 왔기에, 같이 대화하여 이점에 대해 물어보았더니 요지가 "인간은 안전한 것을 택하기 때문"이라는 결론이 나왔다. 소위 리스크테이크를 배제한다. 그러면 현재 내가 하고 있는 일이 가장 안전한 방법인가? 그렇지 않다. 단지 익숙한 방법에 길들여져 있는 것이 아닐까?

내가 하고 있는 방법이 최고의 선택이 아니고 가장 편한 선택이라는 말이 된다. 그렇다면 내가 하는 방법에 후회를 하거나 다른 방법에 대해 부러워하는 것은 용납되지 않는다. 왜냐면 내가 가장 편한 방법을 택하였기 때문이다. 답이 나왔다.

도전에는 내가 가장 편한 방법을 택하는 것이 아니라, 도전을 성취할 수 있는 최고의 방법을 취하는 것이다. 생각에도 자연의 법칙인 적자생존의 생각 방법이 있다는 말이 된다. 생각도 살아 움직인다.

노력

신년에 목표한 것을 진행 중에 있는가? 청년이여, 야망을 품으라는 말을 가슴에 새긴 지, 지금도 잊지 않고 야망을 간직한 채 지내고 있다. 죽을 때까지 잊지 못하는 나만의 야망의 세계가 있지 않은가?

개척, 도전, 돌파, 개혁, 시도, 존엄, 자신감, 패기 등 개인에게 있어서 혁신적인 단어들인데, 이것에 의해서 없었던 인격이 형성된 것은 아니겠는가?

아무것도 없던 청년시절, 오직 자신을 믿는 것 하나로 많은 일을 이루었다. 그러나 계속 많은 일을 이루도록 노력하자.

생은 생성발전의 단계를 거쳐 쇠퇴기에 들어가지만, 자연은 늘 생성발전 과정을 되풀이한다. 자연에 의거하여 우리도 몸을 맡기자. 자연의 생성발전의 굴레에서 오직 인간이 할 수 있는 것은 노력뿐이다. 죽기를 각오하고 더하려야 더할 것이 없을 것까지 노력하여 하루를 살고 하루해가 저물면 기쁜 마음으로 마음과 생각과 몸을 쉬도록 하자.

목표의 좋은 결과를 기대하여 살아왔으나, 우리가 어찌 하지 못하지 않는가, 털끝 하나 길게 할 수 있는가? 결과는 하나님께 의지하고, 내 할 노력은 오늘은 어제보다 더 노력하여, 얼마나 더 노력하여질 수 있는지 성능을 가늠하자.

발안

인생의 원대한 꿈도 알고 보면 규칙이 있다. 일생의 계획은 하루의 계획의 연속이며 그것의 총합체인 것인데, 하루의 계획은 아침에 일찍 일어나 발안發案을 하여 한나절 실행하는 것인데, 저녁에 아침의 안건이 어찌 이루어졌는지를 반성하므로 해가 지는 것이 아닌가?

이것을 이제 한 50여 년 하다 보니 이룬 것도 있고, 잃은 것도 있는 것이 아니겠는가? 그러하여 기본이 아침의 발안에 기초를 둔 것인데, 생의 근거는 그 발안을 계속하여 가는 것이다. 하루의 계획을 삼고, 한 달의 계획을 삼고, 일 년의 계획을 삼고 하다가, 어느덧 이제 3년의 계획을 삼는 때가 온 것이 아닌가.

인생 두려운 것이 결국 알지 못하는 곳을 발안한 것으로 인하여 가는 것인데, 매일매일 조금씩 간 것을 반성하므로 오늘까지 잘 왔다 안심하는 것이다. 오늘까지 잘 온 것을 감사드리고, 항차 두려움을 조금 제하여 받는 것이 아닌가 감사할 따름이다.

노는 시간

국가의 경제발전의 원인은 개인의 자기발전이 기초가 된 것인데, 개인의 자기발전을 가져오는 기본 생각을 추출해보니, '노는 시간이 아깝다'라는 가치관과 '노는 시간이 즐겁다'란 가치관의 차이에서 자기발전이 오고, 안 오고가 정하여지는 것이다.

사람은 하루 8시간을 움직이게 되어 있는데, 그 8시간이 흘러가는 것이 아깝다고 생각하며 움직이는 것과 그 8시간이 대충 흐르기를 바라며 살아온 사람과의 차이는 클 것인데, 이런 의식 노는 시간이 아깝다를 가지고 약 0.3% 정도 더 일하는 것이 상인인 것으로, 상인은 움직이는 데에도 이익을 도모하여 부가를 시키는 것이다. 최선을 다하는 것이 이 노력으로, 이 간단한 부가가 평생 큰 부가를 생산하는 것이 아니겠는가?

쉽게 풀이하면 티끌 모아 태산 아니겠나.

일신우일신日新又日新

날마다 새롭게 하여 간다는 것인데, 그것이 사는 형태 아닌가. 사물은 생성발전生成發展을 하여 가는 자연성이 있는데, 마치 아이가 나면 커가게 마련인 이치와 같지 않은가.

커간다, 넓혀 간다는 것은 날마다 새롭게 하여 간다는 것인데, 그것을 노력하는 것이 삶이 아니겠는가.

오늘은 어제보다 좋아지고, 내일은 오늘보다 더 좋아지는 것을 바라며 노력하는 것이 아닌가. 그리고 기뻐하는 것이 아니겠는가.

모두 힘내시게, 잘되게 되어 있는 것이 삶 아닌가.

모순矛盾

창과 방패를 팔고 있는 상인이 있었는데, 그 방패의 견고함을 자랑하기 위하여 상인이 말하기를 "이 방패는 어떠한 창으로도 찔러도 이것을 뚫을 수 없다."고 하고, 동시에 창을 집어들어 자랑하기를 "이 창은 어떠한 방패도 뚫리지 않는 것이 없다."고 했다. 그러자 그것을 듣고 있던 구경꾼들 중 한 사람이 그 창으로 그 방패를 찌르면 어떻게 되느냐고 상인에게 물어보자, 그 상인은 아무런 대답도 못하였다는 것이 모순矛盾의 이야기이다.

사람이 살아가면서 바라는 것이 부귀영화일 것이다. 부하게 살기를 바라고, 권세를 얻어 관직이 높아져서 대우받아 귀하게 살고 싶은 것이 그것이고, 문학의 재주나 타고난 재능이 있어 뛰어난 학식으로 고생하지 않으며 살고 싶은 생각이 있는 것이고, 빼어난 미모나 춤솜씨, 노래솜씨로 대중들의 인기를 한 몸에 받아 화려하게 살고 싶은 것도 사람들의 바라는 바이다.

부귀영화의 모든 것을 다 가지는 것을 바라는 사람은 아무도 없을 것이다. 또 그리 되지도 않는 것을 잘 안다. 부귀영화의 반대되는 말은 빈천욕척貧賤辱瘠이다. 가난하게 살고 천하게 행동하고 남에게 멸시를 받아 욕되게 사는 것이고 먹을 것이 없어 메마른 생활을 이어가는 것이 그것이다.

젊은 청년이 그동안 모아두었던 모든 돈을 다 털어 넣고 은행융자를 5년간 하여 한 달에 1천 불씩을 내기로 하였다. 그리고 하얀 BMW스포츠카를 샀다. 이 청년의 하는 말이 "BMW스포츠카를 사는 것이 나의 꿈이었어요. 그 꿈이 이루어져 너무 기뻐요." 한다. 그리고 "저의 크레디트로 꿈에 그리던 이 차를 살 수 있게 어프르브가 나게 해 준 BMW 파이넨스에 감사드려요." 하고 이제 청년의 꿈을 이루고 대망의 부귀영화의 대열에 들어선 듯한 기분을 자랑하였다.

또한 다른 이야기도 있다. 결혼한 신혼부부가 그동안 3년간 열심히 모아둔 저축을 다운페이 하여 2베드룸 렌트에 살던 곳에서 50만 불이나 하는 5베드룸의 5천 스퀘어프트의 주택으로 이사를 가 30년 동안 한 달에 5,000불을 모기지를 내기로 하였다. 이사를 가는 날, 이 신혼부부가 하는 말이 "벽돌로 지은 조지안 스타일 2층 주택을 사는 것이 우리의 꿈이었어요. 그 꿈이 이루어져 너무 기뻐요. 그리고 그동안 알뜰하게 크레디트를 쌓아 왔더니, 이 집을 사게 융자를 해준 BANK에 감사드려요." 하고 "이제 우리는 꿈을 이루고 부귀영화의 대열에 들어선 부부로서는 우리가 친구들 중에서 처음이에요." 하고 자랑하였다.

이 두 예가 바로 '이 방패는 어떠한 창으로도 찔러도 이것을 뚫을 수 없다'고 하고, 동시에 창을 집어 들어 자랑하기를 '이 창은 어떠한 방패도 뚫리지 않는 것이 없다'는 모순과 같은 일을 한 것이다.

젊은 청년의 BMW 스포츠카는 타고 다니기에는 좋아 보이나 이제부터

5년간 1천 불을 매달 내어야만 하는 숙명이 따른다. 이 청년의 월급은 2천 불이다. 이 청년은 부와 빈을 동시 산 것이 된다.

신혼부부의 첫 조지안 스타일 벽돌 2층집은 살기에 좋아 보이나 이제부터 30년간 5천 불을 매달 내어야만 하는 숙명이 따른다. 이 부부의 월급은 5천 불이기 때문이다. 이 신혼부부는 부귀영화를 사들이면서 동시에 빈천 욕척을 함께 덤으로 사들인 것이 되어 모순이 된다.

부유하게 사는 것과 부유하게 느껴지게 사는 것은 다르다. 모순되지 않아야 부귀영화의 삶이 된다고 하겠다.

만물유전萬物流轉

도법자연道法自然의 관점에서 본다면 자연의 이치는 모든 것이 정점에 이르면 위험에 처해지게 되어 머무를 수가 없게 된다고 한다. 무엇이든 극단적으로 추구하는 것을 회피하는 논리로서 가득차면 기운다는 순환의 원리이다.

도법자연道法自然은 천문지리, 역易을 통하여 시대와 환경에 대한 깊은 통찰력을 가지고 앞날을 예측하고, 사물의 흐름을 세밀히 관찰하여 이에 부합하는 책략을 세워 나가는 것이다.

오월춘추시대 월나라의 책사 범려는 월왕 구천이 와신상담 끝에 오왕 부차를 멸하고 오월전쟁에 승리하자, 과감하게 대장군의 관직을 버리고 상인商人으로 변신을 한다. 모든 것이 정점에 이르면 더 이상 올라가지 않고 위험에 처한다는 도법자연의 원리를 따른 것이다. 범려는 이름을 치이자피로 바꾸고 도陶현(산동성 정도현)으로 가 황무지를 개간하여 곡물을 생산하고, 소금을 만들거나 하여 각종 필요한 물품을 생산하여 판매하는 상업을 일으켜 크게 성공하였다.

전략가이자 비상한 책사策士 범려는 병법兵法을 상업에 적용하여 한 것이다. 범려의 상략商略은 사람들에 대한 깊은 통찰력을 가지고 사람들이 필요한 것을 예측하거나, 필요한 물자의 지역에 따라 많고 적음의 흐름을 세밀히 관찰하여 이에 부합하는 상책商策을 세워 경영한 것이었다.

경영전략經營戰略을 세웠다.

첫째, 기후변화를 관찰하여 작황을 예측하고, 농산물을 사들이거나 팔거나 하였다. 가격변동을 조사한 것이다.

둘째, 물자의 품귀를 관찰하여 물자가 풍부한 곳에서 물자가 부족한 곳으로 물자를 이동하여 교역에 힘썼다. 물동량의 이동을 조사하였다.

셋째, 완벽한 물건만을 상품으로 유통시켰다. Quality Control을 하여 품질향상을 지향하였고

넷째, 합리적인 가격을 정하여 이윤을 1할(10%)이 넘지 않도록 하였다. 가격안정을 주도하였다.

다섯째, 적기에 물건을 공급하여 수요를 충족시켰다. 수요공급의 안정을 기도하였다.

범려의 생각으로는 상인의 상술商術은 병가의 전술戰術과 통하고, 상략商略은 전략戰略과 통하며 상인의 상법商法은 병법兵法과 통한다 하겠다. 병법의 원리란 인간성의 본질적 양상에 대해 예리한 통찰을 하여 생존경쟁에서 승패를 좌우하는 행동의 기본원리를 찾아내는 것이다.

이와 마찬가지로 상법商法도 상도商道 또한 물자가 필요한 인간의 본질에 대해 예리한 통찰을 하여 인간이 필요로 하는 것을 찾아내어 공급하는

것이라 할 수 있다.

온갖 사물은 고정되어 불변한 것이 아니라 사물 스스로 바뀌며 변화하며 발전하여 가거나 반대로 퇴보하여 가면서 운동運動한다. 머물러 있는 것이라고는 없다. 이것이 병법兵法이건 상법商法이건 간에 적용되는 만물은 끊임없이 흐르며 바뀐다는 만물유전萬物流轉의 사유事由가 된다.

그러므로 과거의 대소大小, 강약强弱, 실허失虛가 오늘날에 서로 뒤바뀌고, 내일은 또다시 다른 형태로 바뀌어 가는 것이다. 이 원리에 의하면 지금의 대재벌은 장래에 언젠가는 사라지게 되고, 지금 이름도 모르는 소상인이 미래의 대재벌의 자리에 이르게 되어 바뀌어 질 것이고, 강한 기업이 점차 쇠퇴하고 약한 기업이 강성하게 된다는 뒤바뀌게 된다는 만물유전萬物流轉의 법칙을 쉽게 알 수 있다.

자연의 만물유전萬物流轉은 어떻게 바뀌어 갈는지 아무도 알 수 없다. 자연의 이치가 모든 것이 정점에 이르면 위험에 처해지게 된다는 법칙 하나에 의해서 예측할 수 있을 것이다.

무엇이든 극단적으로 추구하는 것을 회피하는 논리로 시대와 환경에 대한 깊은 통찰력을 가지고 앞날을 예측하여 사물의 흐름을 세밀히 관찰하여 이에 부합하는 책략策略을 끊임없이 세워 나가는 노력을 하는 것이 상인商人이라 하겠다.

사원

지혜가 부족한 상인은 사원의 재능을 분별할 만한 능력이 없기 때문에 많은 사람의 말을 듣고 다수가 그를 칭찬하면 그 사람에게 회사를 맡기게 된다. 이 일로 인해 화가 적을 경우는 단지 상인이 어리석은 사람으로 회사가 손해를 입는 것으로 끝이 나나, 화가 클 경우에는 회사가 망하고 상인은 파산에 이르게 된다. 이러한 일은 상인이 사원을 쓰는 일에 밝지 못한 탓에 일어나는 일이다.

본래 인간이란 이利를 좋아하고 해害를 싫어하는 이기적인 본성이 있다. 상인은 사람을 기쁘게 해 주면 나에게 이익이 돌아오고, 사람을 노하게 하면 나에게 해가 오는 것을 안다. 그러므로 상업 활동의 모든 것이 인간관계란 이해利害관계에 따라 움직이는 것이다.

상인과 사원의 관계 또한 이해관계에 따라 판단하지 않고 '저 사원에게 회사를 맡기면 아무 걱정도 없을 것이다'라는 정실에 의한 감정에 따라 정하게 되면, 상인이 아무리 혼자서 검약을 실천하고 근면하며, 소박한 옷을 입고 거친 음식을 달게 먹으며 상업에 열심히 임한다 하더라도 자연히 그 회사는 망하게 된다.

회사를 망하게 하는 사원 4가지는

첫째, 사원이 다른 사원에게 은혜를 베풂으로써 의리를 모으려고 하는 자.

둘째, 사원이 지위를 이용하여 자기를 따르는 자에게는 이익을 주고, 자기를 따르지 않는 자에게는 불이익을 주어, 자기에게 복종하게 하는 자.

셋째, 사원이 파벌을 만들어 될 수 있으면 파벌 안에서 일을 하려는 자.

넷째, 사원이 상인을 몰래 비방하거나, 회사 밖의 사람과 의논하여 상인에게 은밀하게 자기의 의견을 관철시키려는 자

이 네 가지의 사원은 반드시 배척하여야 한다.

상인 스스로 삼가야 하는 것이 또 4가지인데

첫째, 상인이 장자를 젖혀두고 차남을 더 사랑하여, 그 후계자가 될 아들과 다른 아들을 분명하게 구별하지 않으면 회사가 흔들린다.

둘째, 상인이 정실이 아닌 여자를 더 가까이 하여 정실을 박대하면 회사가 흔들린다.

셋째, 상인이 General Manger보다 낮은 직분에 있는 사원을 사랑하여 General Manager 보다 더 높은 일을 하게 하면 회사는 흔들린다.

넷째, 사원이 상인보다 더 부유한 자이거나, 더 권력이 있는 자이면 회

사는 흔들린다.

이 네 가지는 상인이 반드시 주의하지 않으면 안 된다. 이 네 가지를 없애지 못하면 상인은 평생 이룩한 회사는 망하고, 상인은 그 몸을 헤치게 된다.

직책

상인이 상업을 생각하는 것은 이利에 바탕을 둔다. 사람은 누구나 자기의 손해를 초래해 가면서까지 남을 위하여 힘을 다하지 않는다. 회사를 위하여 열심히 노력하면 이익을 얻을 수 있다는 것을 명백히 하여야한다.

그리고 직공職責을 명확히 하여 사원이 노력하여 할 범위를 정하고 자신의 직책 안에서 책임을 다하도록 한다.

사원이 잘 생각해 보면 직책에 열심히 하면 자기도 행복하게 된다는 것을 알 수 있을 터이지만, 직책이 정하여져 있지 않으면 상인은 사원을 열심히 일하게 할 수가 없다.

사람이란 명예를 구하려는 마음이 이익을 얻으려는 마음보다 훨씬 강하다. 그래서 명예를 얻을 수만 있다면 아무리 곤란한 일이라도 해낼 수 있다.

그러므로 언제나 성실하고 신의를 존중하며 상인의 맡겨진 책무를 다하는 사원이 있으면 합리적인 명예를 주어야 한다. 곧 합리적인 직책을 높이는 것이다.

추세

상인이 지혜만으로는 많은 물자를 팔 수 없다. 그러나 추세를 파악하게 되면 상인은 많은 물자를 팔 수가 있다. 상인이 지혜만으로는 많은 사원을 경영할 수 없다. 그러나 사원의 추세를 파악하게 되면 많은 사원을 경영할 수 있다.

상업이 발전하여 앞으로 나아가는 것과 뒤로 물러나는 추세는 자연적인 추세와 인위적인 추세가 있다. 자연적인 추세는 어쩔 수 없는 것이나, 인위적인 추세는 상인의 노력에 의해 정해진다.

추세가 경영할 수 있게 되어 있으면 어지러워지지 않고, 추세가 어지럽게 되어 있으면 잘 경영할 수가 없다. 그러므로 이러한 인위적인 추세는 상인의 현명함에 의해 앞으로 나아가는 추세인지 뒤로 물러나는 추세인지를 즉시 판단하여야 한다.

순욱의 업業

순욱은 163-212년대의 후한 말 조조를 섬긴 정치가이다. 자는 문약으로 조조의 최고의 책사이며 패업의 기초를 세운 참모이다.

순욱의 생각의 기본은 목표를 설정하여 달성할 때까지 목표를 잃어버리지 않는 초지일관 하는 자세로 관철한다. 자연의 법도를 무시한 도의 지나침을 견제한 것이라 할 것이다. 기업이 일어서려 하는 데에 가장 중요한 근거지를 기축하는 성격으로서 본받을 만하다고 하겠다.

순욱이 기본을 중시한 예는 여러 번 보인다.

194년 조조가 서주의 도겸을 공격하려, 근거지 연주를 순욱에게 맡기고 출병을 하였다. 그러나 조조가 출병한 틈을 타 모반이 일어나 여포의 공격으로 주인 없는 연주는 대부분 여포의 손으로 넘어갔다. 이러한 긴박한 사태에서도 순욱은 조조 진영에 남겨진 3개성을 조조가 귀환할 때까지 사수하였다. 귀환한 조조는 3개의 성이나마 근거지를 빼앗기지 않은 것을 감사하며, 또다시 서주를 공격하려 하자 순욱은 "고조 광무제께서 천하를 얻은 것은 자신의 근거지였던, 관중, 하내를 확실히 다스렸기 때문입니다. 그러므로 주공께서도 근거지인 연주를 확실히 다스리는 것이 먼저일 것입니다." 하고 헌책을 낸 것이다.

즉 목표를 설정하여 대업을 달성하기 위해서는 자신의 근거지부터 튼튼히 세운 후에야 성공할 수 있다는 뜻이었다.

200년 관도대전에서 조조가 강한 원소를 공격할 때, 순욱은 근거지의 수비를 맡았다. 조조가 강한 원소군과 전쟁도중 열세에 처해 순욱에게 그만 돌아가는 것이 어떻겠느냐? 고 문의하자, 순욱은 반드시 주공께서 승리할 것이라 격려를 하여 결과대로 조조가 원소에 승리를 하였다.

승리에 도취한 조조가 대업달성의 급한 마음에 한번 패배한 원소와 결전을 중지하고, 이참에 세를 모아 남쪽의 유표를 치려 하자, "아직은 죽지 않은 원소가 남은 무리를 수습하고, 시간을 벌어 빈틈을 노린다면, 주공은 성공할 수 없을 것입니다." 하여 조조는 철저하게 원소를 격파하여 드디어 하북을 조조의 세력권에 넣는 치밀함을 보였다. 그후 남쪽의 유표를 정리한 것은 두말할 여지가 없다.

이로서 조조는 남겨진 연주 3개성을 근거지로 삼아 확실한 발판을 마련한 후에, 북쪽으로 세력을 확보하는데, 철저하게 지반다지기를 하여 연주, 하내, 하북의 확실한 세력권을 기축하였다. 조조는 패업의 기초를 다진 것이 순욱의 지략에 의한 것이라 할 수 있다.

승계承繼

상인은 자신이 쓰고자 하는 돈을 버는 사람이 아니다.

사람에게 인권이 있듯이 상인에게는 상권이 있다. 사람이 인권을 잘 지켜나가듯이 상인은 상권을 잘 지켜나가야 한다.

상인은 상업을 통하여 상권을 형성하고 점차 넓혀 나가려 하는 사람이다. 사람은 누구나 자기의 인권에 대한 권리를 주장한다. 자기의 기존의 권리를 보호하려 한다. 그리고 권리가 더 커지고 더 넓어지기를 희망한다. 유력 영주가 자신이 소유한 영토가 더 강력하기를 바라고 한 뼘이라도 영토가 넓어지기를 바라며 온갖 전쟁도 마다 않는다. 또 적으로부터 자신의 성을 철저하게 방어하며 온갖 위험을 감수하면서 경쟁자의 성을 함락시키고 영토를 흡수하는 행동과 상인이 상업을 하는 것과 같다 하겠다. 상인은 수단이 상업이다. 곧 업業이 상商인 것이다.

상인은 상업에 진퇴를 되풀이하여 움직이는 업이다. 그러므로 상업이란 기본이 반복되는 것 끊임없는 것이라 할 수 있다. 수단이 되는 상업의 물자, 자본을 안전하게 보호하여 가며 움직여야 하기 때문이다. 이 일을 매일 끊임없이 반복하는 것이 상인이다.

상인의 승계는 선대 상인의 자본과 경영을 세습하여 상업을 계승하여야 한다. 세습이란 선대 상인이 물려주는 돈을 말하는 것이 아니고 절차탁마切磋琢磨(돌을 갈고 닦아서 빛을 낸다는 뜻)로 갈고 닦아 이루어 놓은 상업을 계승하여 여전히 갈고 닦아야 함을 말한다.

계승하여야 하는 것은 자본이 아니고, 상권을 계승하는 것이다. 그리고 상업을 멈추지 않고 끊임없이 반복하는 것을 말한다. 특히 계승 상인은 이룩해 놓은 상권유지에 필요한 상업자본, 상업부채, 상업자산의 철저한 보호 유지하여야 한다.

상인의 것이란 개인이 소유한 개인 돈, 개인 빚, 개인 재산의 의미와 현격하게 다르다. 상인의 상업자본, 상업부채, 상업자산의 주체는 상업 그 자체이고, 상인은 상업을 움직여 가는 운영자에 불과하며, 상업을 소유로 생각하지 않는다.

상인이 상업자산을 운영할 때에는 수도자의 자세로 임하여야 할 것이다. 상인은 단지 상업에서 자신의 노동에 대한 임금을 받을 뿐이고, 이것만이 사람들과 마찬가지로 상인의 수입이 된다.

상권에서 상업이 이루어지므로 생겨나는 판매금과 이윤을 상인의 상업자금이라 부른다. 상업이란 바로 이 상업자본을 증가시키려 노력하는 것, 상업부채를 증가시키려 노력하는 것, 그리고 더불어 상업자산이 증가하는 것을 의미한다. 상업자본이 감소하거나, 상업부채가 감소하거나, 둘을 합친 상업자산이 감소하는 것은 상인으로 치욕이라 할 수 있다.

한 세대 30년이란 고작 상업부채의 이자를 갚아가는 기간으로 이 기간에 상업을 크게 번성하게 하기는 어려운 시기이다. 이 기간에는 상업의 터전을 이루는 것에 불과한 시기라 할 수 있다.

자연이 상인의 앞날을 심판한다. 자연의 적자생존의 법칙은 상인의 생존의 적합한 능력을 시험한다. 상업 자본이 큰 규모로 이루어지기 전까지는 상인은 매일 적자생존의 자연의 법칙과 씨름하여야 한다. 그렇지 않을 때에는 아무리 오래된 상업자본이라 할지라도 적자생존의 법칙에 의하여 순식간에 도태되고 만다.

그러므로 영원히 큰 자, 영원히 많은 자는 상업에서 존재하지 않는다.

자연의 법칙이 존재하는 상업에서는 인위적인 것이 존재할 수 없다. 공평한 자연법칙에 의해 언제나 새로운 상인이 태어나고, 오래된 상인은 사라져 가는 것이 정상인 것이다.

그러므로 이제까지 살아남은 것을 감사드려야 할일이다. 천우신조天佑神助의 도움으로 지금까지 도태되지 않고 생존하여 내려온 것이 고마울 뿐이다.

오로지 자연의 적자생존에 합당할 수 있도록 노력하고 노력하는 것이 상인이다. 긴 시간이 걸리는 것이 상업이다. 그러므로 상인이 상업을 이루는 데에는 승계承繼가 필요하다. 긴 시간을 이루기 위해서이다. 승계에는 가장 상업을 잘 유지할 수 있는 인내하는 능력을 가진 상인이 승계하여야 한다.

실학實學

일반적으로 관념적이고 공허한 학문에 대하여, 경험과학이나 기술에 기초를 둔 실용적인 학문을 실학이라 한다. 조선조 초기 불교가 민간에 융성하자 불교를 허학이라 하여, 유교 특히 주자학을 실학이라고 생각하였다. 도덕적 실천, 인간적 진실추구야말로 실학이라고 생각한 것이다. 훈고파가 생겨나서 일상생활에 있어서 도덕적 실천과 연결된 학문을 실학이라고 하였다.

가치판단으로부터 자유로운 사실인식 위에 서서 실증적인 학문이야말로 순수 학문이라고 종래의 도덕적 실천을 중심에 두는 학문을 변혁하였다. 천문, 지리, 의술 등, 경세제민이라는 목적을 위한 학문을 실학이라고 하였다. 조선말 개화기에는 외세의 압력이 세어지자, 사회불안의 해결을 위하여 양학이 유익한 실학으로 대두되기도 하였다.

이후 윤리를 중심으로 하는 것으로부터 과학을 중심으로 하는 것으로 변하였다. 조선시대 도시상인에 대하여 농촌을 기반으로 하여 재력을 쌓은 상인들이 존재하였다. 조선시대에는 상업은 원칙적으로 중인의 독점이었으나, 조선 말기부터 일제시대에 걸쳐 상품경제의 발전에 의해 농촌 농민 가운데 상품유통에 종사하는 사람들이 점점 늘어났다. 이들의 반농, 반상의 상인은 농민으로부터 농산물을 사들이고, 유기, 약재 등 생필품을 팔고 양조, 도정, 운수업 등을 겸하는 대상인이 생겨나게 되었다.

농민과의 거래에는 주로 외상거래의 방식을 취하였는데, 한편으로는 농토를 담보로 돈을 빌려주고, 담보로 한 농지를 모아서 기생지주로 성장하는 상인도 있어 호농으로 불리었다.

신분은 농민이지만 실질적으로 금융업을 겸한 상인인 것이었다. 이 전환단계에 있던 반농 반상의 상인계층이 해방과 더불어 상업화, 공업화에 선구적인 역할을 하여 빠르게 자본축적을 이룩한 것이다.

대부분은 농촌에 기반을 둔 해방을 맞아 정치적인 전환기에 몰락하였으나, 상업자본 축적의 다각화에 성공한 삼성, 럭키 등 지방 호농들은 도시로 진출하여 그후 재벌로 성장하게 된다.

상인과 배움

상인商人이란 사물事物의 감추어진 이치를 추론하여 추론에서 추출된 이론에 의하여 나아가고 물러서는 것이지, 자신의 감정에 의하여 좋으면 나아가고 싫으면 물러서는 행위는 하지 않는다. 곧 자연의 세勢의 흐름을 관찰하여 때에 맞추어 움직이는 것이다.

상인이란 명예와 녹봉을 누구에게서 받는 사람이 아니다. 법을 어기거나, 남을 속이는 간사한 방법으로 부를 이룬 사람도 아니다.

상인은 청년일 때에는 자산이 작으므로 열심히 아끼고 노력하면 생활하는 데 유복함을 느낄 것이고, 장년이 되어 자산을 이루게 되면 상인 자신만이 터득한 독특한 방법으로 노력을 하면 부를 이룰 것이다.

부를 이루는 데는 특별히 정해진 업이 있는 것은 아니다. 남이 보기에 간사하고, 싫어하고, 천하고, 부끄럽고, 아주 작은 일이고, 천박하고, 간단하고 미천한 일이라 하더라도 상인은 한결같은 마음으로 자신의 목적한 바를 이루기 위해 노력한다.

부를 이루는 데는 일정한 업이 정하여져 있는 것이 아니다. 세상의 재물은 항상 주인이 같은 것은 아니다. 생활에 능한 사람 교자狡者에게는 재화가 모이고, 어리석은 사람 졸자拙者에게는 재물이 와해된다.

의돈猗頓은 춘추(기원전 600년경) 때 노나라 사람으로 원래는 가난한 선비였으나 부를 일으키기로 결심하고 도주공(陶朱公)이 돈을 많이 모았다는 소문을 듣고 달려가 축재의 비술을 물었다. 도주공이 가축을 길러 돈 버는 법인 목축업을 가르쳐 주자 의돈은 곧바로 지금이 산서성 임의현臨猗縣 남쪽의 서하西河 땅으로 옮겨 살면서 의씨猗氏라는 곳에서 소와 양을 크게 길렀다. 이어 10년이 되자 거부가 되어 그 이름이 천하에 알려지게 되고 그가 의씨라는 곳에서 거만금을 모았음으로 해서 성을 의猗로 삼았다.

의돈猗頓의 이름을 살펴보면 의씨라는 곳에서 은둔하여 사는 사람이라는 뜻이 된다. 곧 한 곳에서 아둔할 정도로 움직이지 않고 기거한 사람이란 뜻이다. 의돈猗頓은 본시 노나라의 가난한 선비였으나, 스스로 이미 부자가 된 도주공을 찾아가는 적극성을 보인다. 자본의 선각자인 범려에게 경험을 물어 본 것이다. 의돈은 선비였으므로, 사물에 대한 연구심이 대단하였을 것이다. 곧 스스로 알려고 노력한 사람으로 교자狡者(실생활에서 현명한 자)였던 것이고 범려를 찾아가 물어봄으로써 무일푼의 자산에서 한 푼의 자산을 일으키는 방법을 알아내는 스스로 운運을 불러일으킨 사람이다.

상인의 성공의 요체로 운, 둔, 근을 든다. 그리고 의돈이 부를 일으키고자 한 것은 재화를 축적하기를 원했던 것이다. 재화財貨란 사람의 물질적 욕망을 채워주는 것의 모든 물질을 말한다. 다시 말하면 돈값을 지닌 모든 물건의 총칭이다. 돈값을 지니는 것은 화폐만을 의미하지는 않는다. 화폐, 동산, 부동산, 부를 이루는 상품, 어떠한 가치를 지닌 모든 것이 다 재화에 속한다. 의돈이 범려에게 “어떻게 하면 돈을 벌수 있습니까?”라고 물어본 의식에서 재화는 싹트기 시작한 것이다. 마침 범려는 목축업을 가르쳐 주었다고 하였으나, 아마 도주공이 목축업뿐만 아니라 어업, 농업, 광업을 가르쳐 주었더라도 의돈은 성공하였을 것이다.

그러한 것은 바로 의돈이 범려에게 배운 것은 소를 기르고 양을 기르는 기술을 배운 것이 아니라, 재화의 자연성에 대해 들은 것일 것이다.

재화의 자연성이란 1+1=2가 되고 하는 식이 아니라 1+1은 일 년이 지나면 20% 이자가 늘어 2.4가 된다. 그리고 2.4는 또 일 년이 가면 20%가 늘어 2.88이 된다는 식의 복리개념일 것이고, 단지 이것을 소에게 적용하여, 소 한 마리가 일 년에 새끼를 한 마리씩 낳으면 일 년에 2마리, 2년에 4마리 3년에 8마리 4년에 16마리, 5년에 32마리, 6년에 64마리, 7년에 128마리, 8년에 256마리, 9년에 512마리, 10년에 1,024마리가 된다 하는 복리개념이었을 것이다.

의돈은 그러니 나는 100마리를 처음부터 키워야지 하고 계산을 하였다면 10년 후에는 102,400마리가 되는 것을 도주공 범려에게 들어 알았을 것이다. 그러나 의돈이 중간에 싫증을 내어 그만두었더라면, 복리의 개념은 중단되어 실패하고 만다. 의돈이 젊어 가난한 선비에서 스스로 운을 불러일으켜, 재화를 창출하는 기본적인 방법을 하나 터득하여 10년간 꼼짝하지 않고 일을 한 사람이라 할지라도, 끈기 있게 버텨나가 어떠한 어려움에도 견디었다는 근성이 살아 있었을 것이다.

누구나가 다 아는 소를 키우고, 양을 키우는 천한 일임에도 불구하고 의돈은 10년 후에 노나라의 대부호가 된 것이다. 의돈은 스스로 운運, 둔鈍, 근根을 불러일으킨 사람이다. 그래서 후세에서는 부를 이룬 것을 두고 도주의돈지부陶朱猗頓之富라 일컫게 되었다.

물질과 사람의 이치

자연의 이치에는 물질의 이치와 사람의 이치가 있다. 상인은 상업을 하므로 물자를 움직이는 사람이다. 물자란 눈에 보이는 것이므로 유형이다. 그러므로 사람들이 생각하기를 상인은 유형의 재산을 가지 사람으로 생각한다. 그러나 상인은 유형의 재산인 물자를 움직이는 사람이지, 물자를 소유하고 있는 사람이 아니다.

사마천의 화식열전에서, 눈에 보이지 않는 무형의 재산을 가진 사람은 군대, 가신을 거느린 봉건영주, 왕이 아니더라도 그들처럼 지낼 수 있다고 하여 소봉을 가진 상인을 서술하였다.

소봉이란 의미는 어느 누구한테서도 봉록을 받지 않고 오직 하늘에서 부여받은 직책이란 자연인을 말한다.

부자와 가난한 자의 원리는 누가 준다고 하여서 가난한 자가 부자가 되는 것이 아니며, 누가 빼앗아 간다고 해서 부자가 가난한 자가 되지 않는다고 했다. 이 말은 오로지 부하게 되고, 가난하게 되는 것은 오로지 하늘에서 부여 받은 물자를 다룰 수 있는 능력 즉 무형의 재산을 가진 사람, 상인인가에 달려 있음을 알 수 있다.

엄격하게 말하여 이 세상 사람은 어느 분야이건 상인이 아닌 자가 없다. 자신의 먹을 것을 찾아 헤매는 자체가 상인의 시작인 것이다. 그러나 상인이란 세상의 이치를 깨닫고 물자를 바꾸어 가는 일에 종사하는 사람을 작은 범위 안에 상인이라 부른다.

상인이란 자연의 이치를 배워, 유형의 물자를 흐트러지지 않게 규칙에 따라 정리하는 무형의 재능을 가진 사람이다.

상의 권리

상점의 구성요소는 주인의 자본, 경험과 주인, 점원의 기술, 상술, 정보, 유통술 등이다. 그러므로 자본이 없거나, 약할 때에는 커질 때까지 기다려야 할 것이고, 평생상술을 배워야 한다. "어떻게 하면 좋을까?" 하기보단, 상권에 들어가 "어떻게 배울까"를 먼저 생각하는 것이 상인의 자세라 할 수 있다. 돈도 중요하지만 우선 잘 알아야 하고, 알지 못하면 무엇이든 할 수 없다. 어느 상점이나 생성, 발전, 소멸의 과정을 거치는데, 따져보면 상점 그 자체는 계속 존재하는 대신 사람(상점의 주인)이 생성, 발전, 소멸한다. 즉 상점 고유의 성격인 기술, 상술, 정보, 유통은 언제나 진화, 발전한다. 하지만 시기에 맞지 않는다면 이들 역시 사라진다.

그래서 오랫동안 업계 1위를 고수했던 기업이라도 기술과 상술이 뒤진다면 작은 기업에게 밀려 쇠락하는 것이다. 대표적인 예가 코닥, 제록스 등이다. 상인의 성공요소는 시기를 장악하는 것이 첫 번째요, 계획을 잘 세우는 것이 두 번째다. 아무것도 없다고 하는 것은 돈이 없다는 뜻이지, 두뇌가 없다는 뜻이 아니다. 두뇌가 있으면 경험을 쌓을 수 있고, 기술, 상술, 정보, 유통을 배울 수 있다. 노력 여하에 따라 아주 높은 수준의 지식과 경험을 얻을 수도 있다. 자본이 없거나, 적은 사람은 상점에 점원으로 들어가 주인이 하는 것을 배울 수 있다. 흔히 말하는 실무로 이것은 대학에서조차 가르쳐주지 않은 상업에 있어 매우 중요한 것이다. 상점을 갖고 싶어도 수중에 아무것도 없고, 뭘 하려고 해도 할 수가 없는 사람은 어떻게 해야 하는가?

재벌들을 살펴보자. 그들도 처음에는 자본이 미약했고 유명하지도 않았다. 하지만 그들은 미약하나마 상권의 일부를 잡고 근면, 노력해상권을 확장했다. 상점을 소유했다고 해서 상인이 되고, 상점을 소유하지 않았다고 해서 상인이 못되는 것은 아니다. 본인이 상권에 들어서서 업業을 수행하고 있는지 여부가 가늠자다. 이런 사람들에게 당장 급한 일은 상권商權을 한 부분이라도 차지하는 것이다. 상권의 한 부분이란 두말 할 것도 없이 상점商店을 중심으로 한 판매 권리를 말한다. 상업에서 성공하겠다면 근거지가 되는 상점이 없다면 나머지는 모두 쓸데없는 말이 된다. 근거지인 상점이 상업의 기반인 것이다. 하지만 그렇지 않는 사람들은 "상황이 좋지 못하고 또 자금이 없다."며 "마음만은 아직도 한번 해보았으면 한다. 어떻게 하면 좋을까?"라고 말한다. 그리고 상인이 되고 싶은데, 어떻게 해야 되는지를 물어본다. 성공하겠다는 뜻을 세운 상인들이 곳곳에 상점을 개설하고 장래의 기회를 보는 경우는 이루 셀 수 없을 정도로 많다. 이 말의 의미는 많은 사람들이 성공을 위해 자신만의 단단한 근거지를 확보하고 도약의 발판을 다지고 있다는 것이다.